U0857482

“双创”者的脚步

张世松　主编

山东大学出版社

《“双创”者的脚步》编委会

为“双创”者而歌

在全国上下蓬勃兴起的大众创业、万众创新的时代背景下，山东荣成相继出台了一系列鼓励创新创业的优惠政策，为创新创业者提供广阔舞台和不竭动力，各行各业涌现出了一大批立足实际、发挥优势、顽强拼搏、奉献社会的创新创业者典型。前不久，荣成市入选“全国农村创业创新典型县范例”，荣成在创新创业方面走在了全省乃至全国前列。2018年正值我国改革开放40周年和荣成撤县建市30周年，旨在记叙此间荣成基层创新创业者成长历程的《“双创”者的脚步》即将付梓，实为一件喜事。

本书收集的59个财富故事，其主人公无不怀揣着深厚的创新创业情结，用汗水与智慧，靠坚守与坚持，在奋斗中体验着创业的艰辛和幸福，他们是一群富有典型意义的“草根”创新创业者。

成功的桂冠往往是由荆棘编织而成的。浏览本书，我们会发现，他们并不是都赢在起跑线上，他们付出的努力总是比别人更多。我们从本书叙述的故事中能够清晰地探析出他们的人物性格，于其奋斗的轨迹中辩证地体悟出其创富秘诀：他们善于把握机遇，把机遇视为挑战自我和实现梦想的途径，积极主动地去了解、分析和预判形势，以足够的心理准备和坚韧精神、青春活力，奋力开拓人生之路；他们精于终身学习，面对新形势、新环境、新挑战所触发的“本领恐慌”，以踏实的态度和行动与时俱进、勤学善干，终成行家里手；他们勇于突破成规，始终秉持并践行“惟创新者进，惟创新者强，惟创新者胜”的要求，终于闯出了属于自己的一片新天地。同时，以书中主人公创业成长经历为主线，较好地展示了其顽强拼搏、知难而进、矢志不移的奋进人生。应该说这是一本倾力塑造“草根”创业人物形象、颇具感染力和教育意义的励志之书，对每一位即将和正在投身创新创业的“草根”，尤具借鉴意义。

创新创业赖众擎。进入了新时代的创新发展，更加需要一大批优秀的“双创”者，需要更大限度地激发全社会的创新创业活力，使之成为全社会的一种价值追求、一种工作常态、一种时代气息。我们也需要一大批倾注真情于笔端、为“双创”者留影、为真善美而歌的宣传文化工作者，传递荣成“双创”者声音，讲好荣成“双创”者故事，借此引导更多人在荣成大地自由自在地创新创业，让“自由呼吸·自在荣成”更加精彩纷呈充满魅力。

中共荣成市委常委、宣传部长

2018 年 9 月

目 录

“点茶成金”的事业

——记浩润茶叶专业合作社理事长咸延国

□ 赵世喜

咸延国，浩润茶叶专业合作社理事长。因为参军，他与荣成结缘；因为荣成，他与茶叶结缘；因为“点茶成金”，他让茶叶成“茶业”，让茶山成“金山”，让“小茶叶·大产业”的愿景成为现实。

点“草”成金

咸延国，临沂市莒南县人，与荣成有着难分难解的缘分。

1982年，咸延国参军来到威海，就是在荣成接受了严格的军事训练。此后，虽然他不断地变换着职业和工作地点，但转了一圈，最终还是选择在荣成创业。

2005年，咸延国来荣成旅游，走到天鹅湖畔，发现了一片废弃的茶园。这个曾在20世纪60年代作为“南茶北移”试验品的茶园，因为管理技术不到位等，茶树品种严重老化，连续几十年“颗粒无收”，且荒废多年，无人问津。咸延国从茶树上采下了一些茶叶，请人炒制后，与亲友们一起品尝。他发现这里的茶叶质量上乘，加工出来的绿茶与其他地区生产的茶叶相比，具有耐冲泡、香气清高、滋味鲜爽的特点。他认为，由于荣成地处高纬度地区，昼夜温差大，生态条件独特，茶叶生长缓慢，休眠期长，因而生长的茶叶叶片肥大，氮素代谢旺盛，蛋白质和氨基酸等物质的合成积累多。只要精心管理，荣成茶是会成为继“日照绿茶”“崂山绿茶”之后北方茶叶中的又一新品。这片在别人眼里一文不值的茶园，顿时成了咸延国眼中的“聚宝盆”。于是，他萌生了承包茶园的念头。

不料，咸延国的这个想法遭到了家人的强烈反对。家人认为，一片废弃的茶园再怎么折腾，也还是一把“草”。因此，他要借钱创业的想法在亲友面前屡屡碰壁，但他还是坚持与茶园的产权单位签订了承包合同。为了筹集到创业的第一笔资金，咸延国正月初三就外出洽谈业务，在人们质疑的目光中不停地奔走，终于筹集到了第一笔资金。交上了承包款后，他就吃住在茶园，精心侍弄着这些“宝贝”。

要想实现在北纬 37 度出产合格的茶叶，困难可想而知。面对人们质疑与期待交织的目光，性格顽强执着的咸延国没有后退，他奔赴青岛、日照等地，四处探访科研部门，反复试验摸索，选择能够适应北方气候的绿茶新品种作为种植的突破口，采用无公害栽培技术改进种植工艺。他从改良土壤做起，将土壤进一步微酸化，并施加硒、铁等矿物质溶液。经过辛苦努力，茶园面貌焕然一新，焕发出勃勃生机。三年以后，茶场就取得了可观的经济效益，所产的春茶卖到每公斤 4000~6000 元，极品茶曾经卖到每公斤 1 万多元，乡亲们纷纷前来取经。

咸延国妙手回春，让别人眼中的那把“草”产生了金子般的效益，成功地迈出了“小茶叶 · 大产业”的第一步。

咸延国（右）正在检查茶叶

点“茶”生金

茶树种植与其他植物种植相比较，具有成本高、产值高、收益高的“三高”特点。茶叶平均每亩纯利润高达5000多元，按现行价格计算，其收益是小麦或玉米的20倍、花生的12倍、红富士苹果的3倍。咸延国种茶成功的消息很快在荣成不胫而走，前来参观取经的农民络绎不绝。咸延国很高兴选择了这项事业，一方面找到了展示自己的机会，另一方面为荣成高效农业的发展做了点事情。为感谢“第二故乡”天鹅湖人对自己的关爱和支持，咸延国确立了新的创业理念，要与乡亲们一起点“茶”生金，让茶山变成“金山”。

2007年5月，包括浩润茶在内的全市第一批春茶开采。虽然收获喜人，但由于知名度不高等原因，所产的几百公斤好茶放在仓库里没有人要，茶业发展一时陷入了困境。挫折面前，咸延国分析了荣成茶业发展的“软肋”：尽管荣成茶园面积在日渐扩大，“荣成绿茶”也多次荣获国家和省部级奖励，更被中国农科院茶叶研究所专家称赞为“继北方茶叶中的‘日照绿茶’‘崂山绿茶’之后的又一新品”，但一家一户分散经营、小打小闹，茶叶的加工、销售等缺乏规划管理，缺资金、缺品牌、缺技术如“三座大山”横亘在茶叶产业化发展的道路上。缺资金，茶山难变“金山”；缺品牌，好茶只能贱卖；缺技术，茶叶变成树叶。要让茶叶成“茶业”，让茶山成“金山”，就得“抱团取暖”，一体发展。

为摆脱茶业发展的“单打独斗”，整合资源，实现规模效益，2009年3月，咸延国领衔组织成立了浩润茶叶专业合作社，注册了“浩润茗茗”商标。浩润茶叶专业合作社现有社员31户，带动周边镇村农户38户发展茶叶种植，种植面积1000余亩。浩润茶叶专业合作社成立以来，以“浩九州三洋，润仁者生旺”为创业目标，秉承区域发展、大家发展、规模发展、共同富裕的理念，积极拓展业务，现已将业务范围扩展到威海市。在茶园管理方面，合作社编印了《茶园管理生产年历》，发至每个社员。合作社常年聘请专家开展指导和培训，先后多次举办各种茶叶种植技术讲座，按春、夏、秋、冬不同季节，及时进行技术指导、加强管理；技术人员亲临现场，实地解决问题，做到有求必应、有问必答。合作社及周边茶园的一年茶树、二年茶树、三年茶树的树苗又全又壮，受到茶农和上级领导的认可和表扬。荫子镇的30亩茶树，由于加强了越冬管理，茶树长势特好，茶农非常满意。2009年，经市委组织部批准成立了荣成市浩润茶叶专业合作社党支部，成为全市茶叶种植培训、炒茶基地，列入成山镇党员先锋创业扶助工程示范项目，当年产茶1000多公斤，农户人均收入增加1万余元。浩润茶叶专业合作社连年被评为威海市、荣成市“农民专业合作社示范社”。

2009年12月，“荣成绿茶”通过了农业部审核，成功登记为农业部地理标志农产品。荣成市政府将茶业作为农民增收的重要产业大力帮扶，这些好消息让咸延国格外振奋。为了提高茶叶的加工工艺，咸延国借款投巨资购买了杀青机、揉捻机、烘干机等设备，并派专人去青岛、日照、江苏、安徽等地学习，再自己反复试验摸索。经过一年多的实践，他的制茶工艺已相当精湛，一级茶出品率达98%以上，吸引了全市的茶农前来炒茶。咸延国帮助滕家镇鲍村茶场炒茶、购进设备，组织茶叶的统一包装，努力扮靓“荣成绿茶”的牌子。每年冬天，他都开着自己那辆SUV，往返于石岛、滕家、荫子、俚岛、埠柳、崖西、港西、王连等10多个区镇街，不论是不是合作社的社员，他都无偿为茶农提供技术指导，帮助大家“抗冻过冬”。有茶农戏言：“老咸的私家车都快成公车了。”咸延国说：“种茶的人越多越好，应当多种茶，这是个好项目。”在荣成，许多跟咸延国学种茶的人都后来居上，一起步面积就达到几公顷，而他的茶园规模仅略有发展。

咸延国还注重以文促销的尝试，组织专人结合素质教育，为市第二十八中学生物实验小组及同学中的茶叶爱好者举办茶文化专题讲座，努力增强全社会的“小茶叶·大产业”认同意识。

点“绿”增金

民以食为天，食以安为先。咸延国更加关注茶叶生产的绿色和安全问题，以自己的茶园为依托，潜心探索茶叶绿色、安全生产的路子。

咸延国意识到，要生产、经营符合国内外市场需求、有竞争力的茶叶，必须建立一定规模的基地，以高校或科研机构为技术依托，对基地实行统一管理、定点加工、集中经营，实行“公司＋科技＋基地”的无公害茶叶发展模式。他始终保持与国内茶叶科研机构的密切联系，针对烟威地区纬度高的特点，引进了福鼎大白茶、龙井43号、鸠坑等适合北方生长的品种，并身体力行，以“有机、绿色”的理念引领荣成茶业的发展。他以生产国家有机健康食品为中心目标，严格按照无公害茶叶生产的四大标准体系调整生产、管理方式。针对用鸡粪追喂茶树有产生重金属残留的可能，他宁愿增加投资支出选用饼肥、芝麻加工香油后的残渣以及鹌鹑粪作肥料，避免农药漂移对茶叶生产带来危害，努力让采制的茶叶达到国家绿色食品认证、有机食品认证标准。

咸延国与妻子一起查看茶树苗长势

咸延国致力于品牌打造。合作社成立后，他严格规范，坚持“统一农资配送、统一病虫害防治指导、统一生产经营、统一培训和学习交流、统一重要环节把关”的“五统一”标准，保证茶叶的标准化生产，提升加工质量，叫响“极地胜境看荣成，荣成绿茶品浩润”的口号。立足于无公害茶叶更强调绿色包装的要求，咸延国严格按照有关规定突出无公害茶叶特点，塑造鲜明独特的产品形象。目前，俚岛、人和、夏庄、王连、东山等镇街的一些茶农，正在按照合作社的要求，规范管理，组织生产，统一品牌包装，努力攥成拳头打市场，改变了过去收购价格、收购数量和茶叶等次基本由收购企业决定的弱势地位。尽管要全部做到这些还存在不少障碍，但咸延国坚持从自我做起，以自己的行为诠释着“在‘健康’‘环保’等绿色生活观念。他认为，绿色食品茶、有机茶已成为大势所趋，国内外市场需求和潜力很大”的道理，引导人们切勿急功近利。他常说：“不是没有市场，就怕你不按市场规律来办事。”咸延国坚持做给群众看，带着茶农干，浩润茶场荣获了“山东省文明诚信民营企业”的称号。

如今，咸延国仍没有停止探索的步伐。针对高纬度种茶的基本特点，他提出了培育荣成茶种的理念，以总结50多年的荣成“南茶北移”经验为切入点，力争将“浩润茶树”培育成国内的独有茶种，让“小茶叶·大产业”的梦想变成现实。

（采访时间：2016年3月）

扬 帆

——记刘敏模特职业培训学校校长刘敏

□赵世喜

刘敏，刘敏模特职业培训学校校长。她白手起家，爱拼敢赢，以一种专业化的精神，以引领行业潮流的姿态，开辟了一片事业的蓝海：用不到 3 年的时间，在威海、荣成，为和自己有一样梦想的孩子搭建起一个坚实的成长平台，在成就他人梦想的同时，也开拓了自己的创业之路。

心中有梦 何惧前路多波折

成为一名模特，一直是刘敏心中最璀璨的梦想，在她的心中扎根最深。

她说，小时候，只要电视一播放模特表演节目，她都看得如痴如醉，沉浸其中难以自拔，而且在学校里，她最喜欢音、体、美等课程，在自己心中一直有个绚烂的模特梦。但在传统观念浓厚的荣成，这样的梦想自然是“另类”的，很难得到家人和社会的认同。初中毕业时，刘敏只能服从父亲给她的职业设计，选择报考美术专业，以全省美术考试第五名的优异成绩考入了乳山幼儿师范学校（现威海艺术学校），那绚烂的模特梦，暂时被深藏于心底。

在乳山幼儿师范学校学习时，刘敏的一位同学中途辍学到青岛艺术学校学习服装模特表演专业，刘敏也偷偷地跑去学习了一段时间，这段生活经历，给了她巨大的心理冲击。因此，2001 年 9 月，当她作为最后一批分配的毕业生，拿到去小学任教的分配通知时，她作出了人生第一个“叛逆”的决定，放弃了在许多人眼中十分耀眼的教师职业。

刘敏讲述创业经历

2002年，刘敏被中国移动通信集团山东有限公司威海分公司招聘为前台营业员。市场竞争的需要，使她有更多的机会接触手机模特展示活动。许多接触过刘敏的人都认为，天生丽质、阳光洒脱是她的独特标签。“她不当模特真是浪费！”朋友、同事的撺掇，让刘敏再也按捺不住自己的职业梦想。2002年，在自己经营业绩做得最好的时候，她毅然报名参加北京服装学院模特表演专业函授学习，自费参加学院举办的各种培训活动。2004年9月，刘敏利用休假时间参加了北京服装学院模特表演精英班培训，认识了“世界超模”陈娟红。因为是在为圆梦而学习，刘敏学习、训练格外认真，引起了陈娟红的关注。这位从中国T台走向世界的第一人，也有着坚韧的性格，她对刘敏的严格培训和热情鼓励，让刘敏受益匪浅，这一个月的培训为她以后开办模特培训学校奠定了坚实的基础。从北京回来，刘敏在移动公司组织的市场推广活动中，更加从容自如、得心应手，让同事们刮目相看。

2009年，刘敏辞去移动公司的工作。在朋友的建议下，她选择了开办模特培训学校。

飞翔追梦　从容奏响创业曲

与刘敏交谈，她总是谈起别人对她的帮助和支持，说自己每前行一步都得到了亲友们的无私援助。她认为自己走上模特培训这条路太偶然，但在分享她的成功、成就的同时，你会发现这是她致力追求的结果。

从移动公司辞职后，刘敏暂时离开了工作岗位，在家中呆了一年多。她原本与丈夫一起打理新创建的装饰工程公司，恰在此时，一位朋友得知刘敏接受过正规的模特训练，请她帮助培训一下自己的孩子。刘敏用一个暑假对朋友的孩子进行了基本的礼仪、形体等培训，没想到效果非常理想。于是，当刘敏坦陈自己创业的打算时，大家异口同声地支持她创办模特培训学校。

万事开头难。在荣成开办模特培训学校，填补社会职业教育的一项空白，并非轻而易举。传统观念的束缚，导致了生源等一系列的困难接踵而至。但在紧张选址、筹备的过程中，刘敏得到包括政府、实业、媒体在内社会各界的大力支持。她与普利姆皮草有限公司一拍即合，承担了该公司全部的服装模特展示活动。2010 年 11 月 13 日，是刘敏模特培训中心（刘敏模特职业培训学校的前身）开业的日子。刘敏举行了一个简短而又别开生面的开学仪式，在振华商厦前举办了一次普利姆皮草模特走秀活动，刘敏模特培训中心开始进入市民的视野。

针对生源问题，刘敏运用逆向思维，反弹琵琶，在资金紧张的情况下，前期投入 30 万元资金用于宣传推介，与新闻媒体进行形式多样的演出推介活动，投资万元建立了学校网站，利用微博、QQ 等网络媒体造势，先声夺人。对前来培训的学生倾其所能，严格要求，追求最佳的培训效果；与海之韵大酒店、石岛人民医院等单位合作，进行专业礼仪培训，以口口相传的口碑效应扩大学校影响。刘敏善于借力，加入了中国职业时装模特委员会、中国商业模特委员会，成为会员单位，依托中介组织的抱团推介扩大影响；2011 年 1 月，加盟东方丽人模特艺校（青岛），投资 20 多万元创办了威海分校，利用和整合社会教育资源，提升学校的吸引力和凝聚力。通过细分市场，设立少儿班、成年班和高考班，将高考服装表演及空乘专业考前培训、专业模特培训、业余模特培训、少儿模特培训、形体矫正培训、礼仪形体培训等作为主要发展方向，为受训者矫正形体、培养性格，提升气质、审美观、时尚感及艺术修养。学校在社会上声名鹊起，参加培训的暑期班学员由 2011 年的 2 人增加到现在的 20 多人，高考班教学也取得了可喜的成绩，经过刘敏模特培训学校培训的学员，有的考入了西安交大等知名高校。2013 年高考，所有经过刘敏模特培训学校培训的学员均拿到了专业录取证书。

成人之梦 长风破浪会有时

刘敏坦言，自己开办学校不仅仅是为了自己圆梦，也不是为了刻意追求财富，而是在用真诚的心去点亮孩子前进的明灯，用全新的方式弥补孩子心中的缺憾。因此，尽管这是项劳心费力的事业，但她乐此不疲，忙并快乐着。

充电加能增本领。刘敏接受过正规的师范教育，深悟“学高为师，身正是范”的真谛。为此，她广泛涉猎模特培训方面的知识，每年参加两次“中国国际时装周”活动，吸收大量信息，寻找提升教育能力的新路径。

刘敏（左）与获奖学员合影

用爱助雏鹰腾飞。开办模特培训学校，结合自己成长的经历，刘敏深刻地感受到，前来接受培训的学员，无论年龄大小，他们的心中都有一个瑰丽的梦，希望通过培训来提升素质、挖掘潜能、拓展视野、奠基未来。有的孩子不一定想成为名模，但他们却希望通过培训而拓展人生，用时尚打造精彩。为此，刘敏和其他 4 名培训老师始终把学生放在第一位，以保证学生利益最大化为导向和目标，以宽广的胸怀使那些对生活感到不安的孩子重新回归自然，尽自己最大努力让学生满意、家长放心。她以积极、乐观的态度引导学员正确面对学习和工作中遇到的各种困难，把学习和工作当成一种乐趣，兢兢业业，用心去做。她的这种态度影响了很多学生，她也和许多学生成为知心朋友。许多参加高考班的学生都陶醉于这种氛围中，感恩学校给予自己全新的生活。为了给孩子打造良好的接触社会、展示自己的平台，刘敏模特培训学校经常组织学员参加社会文化活动，在活动中增强学员成长发展的信心。

用人性关怀弥补性格缺陷。现在的宝塔式家庭构成，使许多孩子养成了“小皇帝”“小公主”的性格。对此，刘敏看在眼里，急在心上。在培训的过程中，刘敏注重承担民办教育的社会责任，从点滴小事做起，通过悉心和柔性引导，让孩子明白“你可以不漂亮，但不可以没有气质”的内涵，让孩子学会与同学相处，学会过集体生活，学会独立自主，通过参加适合自身特点的活动来丰富见识，增长才干，不断矫正孩子形体和心理上的缺陷。

刘敏认为，人的一生中创业大好时机的出现只有寥寥几次，并且稍纵即逝。有志的创业者，一定要有在机会到来时判断的准确性和捕捉的主动性。抓住机会，还要发挥主观能动性，对机会进行后续的维护和放大，以保证发展的可持续性，这样才能创业成功。如今，用自己的奉献圆孩子成长成才梦想，已经成为刘敏创业的重要目标，她将“发现艺术天分，完美塑造自我，拥有自信人生，实现美丽梦想”作为办学宗旨，坦然面对学校知名度不高、生源相对不足等困难，一步一个脚印地踏实前行，在付出中品尝着成功的甘甜！

（采访时间：2016 年 3 月）

筚路蓝缕　以启山林

——记威海市威隆休闲农场经理邹积威

□陈峰　包玉倩　王佳卉

邹积威，威海市威隆休闲农场经理。10年来，他开荒拓土，苦心孤诣，与时偕行，打响了“峰山蜜柿”这一品牌，让这片200多亩的荒山因“柿”而美，也让他的人生因“柿”而鸣！

10年前，虎山镇黄山村峰山的那片山坡一片荒芜，极目荒凉。

10年后，这里柿树成林，花香果甜，是胶东地区单片最大的柿子园。

这一切都归因于一个人——威海市威隆休闲农场经理邹积威。

谋定而动　胜在不懈

阳春三月，草长莺飞。迎着和煦的春风，记者乘车来到虎山镇黄山村威隆休闲农场，也就是那个游客口中的“峰山蜜柿园”。

柿子园内正在进行水利设施的升级改造，之前铺就的地砖被泥土覆盖。远处山坡上几个工人在修剪树枝，苗木大棚外购买树苗的客商在搬运树苗。由于还没到开花的季节，整片园区显得有几分寂寥。“前不着村、后不着店，是什么给了他动力，能在这样的地方一干就是10年？”记者心中不禁产生了疑问。

思索间，一个清瘦的中年男子健步向我们走来，他就是威隆休闲农场经理邹积威。寒暄过后，记者将心中的疑问抛出，开朗的邹积威笑着说：“我是月子孩儿不怕狼！”

原来，2006年，在石岛从事摩托车销售及海产养殖的邹积威，偶然得知虎山镇黄山村有一片土地要对外出租，他便和几个朋友闻讯赶去。可到了实地一看，荒山野岭，杂草丛生，杂草最高处竟有一人高。眼前所见和预想的大相径庭，若是换了别人，也许早就败兴而归了，但邹积威没有打退堂鼓。他说：“虽然种地我是个外行，但多少还是有点想法的，想着种点果、栽点树。”不久后，有点小想法的邹积威投资300万元把这片土地承包下来，并着手平整土地。

万事开头难。这头一个难题就是不知道种啥。种苹果？一是200亩地实在难以形成规模；二是这片地位于风口处，只怕秋风一吹，刚挂的苹果就会和叶子一起散落一地；三是苹果市场相对稳定，很难独树一帜、分得一杯羹。

那该种点啥好呢？于是，邹积威一边平整土地，一边外出取经问道。他先后考察了省内的济南、临沂、龙口等城市，又远赴广西、陕西等外地学习。随着眼界的开阔和接触的深入，邹积威对种植柿子产生了浓厚的兴趣。

邹积威在修剪绿化苗木

“柿子比较冷门，但它营养价值高，产量高，管理成本低。而且除非成熟了，否则正常风力根本吹不掉它。”认准目标，说干就干。2007年4月，邹积威栽种了口感好、抗病能力强的十二三个品种、近1万棵柿子树苗。这个40岁的汉子就这样摸着石头过河，迈出了二次创业的第一步。

敏思笃行　善做善成

通常情况下，柿子栽好后3年即可挂果，但是邹积威园里的柿子却要五六年才挂果。

“我是个‘门外汉’，没有经验，干啥都得学。当时请来的技术人员告诉我，挂果早，树长得就小。如果树长得大，一个小枝都能顶上一棵树的产量。”于是，邹积威特意在院里栽了一棵柿子树苗，让它3年挂果，就是为了做个对比实验，看看3年的果和5年的果在品质上有什么区别，看看产量有多大差异。“较真”的邹积威更相信实践出真知。

斗转星移，2013年，邹积威的柿子开始挂果了。虽然第一批产量较少，但几名水果商还是闻讯而来，商量好价格后，直接交钱摘柿子。那一个个黄灿灿的柿子让邹积威看到了希望。

2014年，园里结了15万公斤的柿子。本想着还能和2013年一样被火爆抢购，可是没想到，前来收购的水果商玩起了“压价”的把戏。前一年收购价还是每公斤3.6元，当年就只给到每公斤1.8元。“这个价钱，真不舍得卖给他们。我一气之下，就说不卖。”可不卖也不能让这些柿子烂在树上，得找销路。

卖给谁呢？邹积威苦思冥想、四处征求意见，也没有个好答案。后来邹积威在逛超市时，看到货架上摆放的水果，突然灵机一动：“我也可以给超市供货啊，让超市卖我的柿子！”第二天，邹积威就带着柿子样品前往位于威海的家家悦集团股份有限公司总部。家家悦超市负责果蔬采购的负责人一“验货”，便非常认可邹积威的柿子。没过几天，超市就安排专人对邹积威的柿子园进行了实地考察。最终，色泽鲜亮、个大饱满、香甜润滑的蜜柿顺利拿到了家家悦超市的“通行证”。家家悦集团股份有限公司与邹积威签订了供货协议。

农超对接打通了销售渠道，同时也让邹积威明白了一个道理——不能坐以待毙，要主动出击，得想法把客人请进来。眼见着虎山镇众多乡村休闲采摘园办得有声有色，邹积威计上心头：咱当地一年四季都有乡村采摘，像草莓、樱桃、无花果、葡萄、网纹瓜应有尽有，可就是没有采摘柿子的，而且初春柿子开花时，叶子黄中带绿，等到秋天收获时，就好像一个个黄色的小灯笼

蜜柿丰收季，前来采摘的游客络绎不绝

挂在枝头，颇有一些“满山尽带黄金甲”的感觉。若是弄个采摘柿子的项目，那肯定是独一无二的，非常有卖点。

抱着试试看的心理，邹积威便在报纸上打了个广告。没过几天，他就迎来了首批入园的“客人”。原来，一些媒体看到了他的广告，对这片柿子园十分好奇，便组团实地探访。柿子园经过电视、报纸、广播的宣传，一下子火了起来，慕名而来的游客也逐渐增多。园子里经常是这边三五成群捧着柿子自拍，那边一家三口玩起了摘柿子比赛。由于在种植管理过程中没有施加化学药剂，所以在园中最常见的场景就是游客直接揭掉柿子蒂儿，把嘴对准豁口，轻轻一吸，柿子就立刻瘪了下去，游客再缓缓地抬起头，似乎还沉浸在甘甜之中。若是外地旅行团入园采摘，邹积威总会提前安排工人准备好打包箱，待游客临走时为其装箱密封好，并搬到旅游大巴上，服务可谓周到而细致。好多游客回家后，对邹积威柿园的蜜柿念念不忘，时不时地按照箱子上的联系方式给邹积威打电话，订购柿子。

供货超市、休闲采摘，双管齐下的策略帮助邹积威破解了 2014 年的销售危机。“峰山蜜柿”也因甜度高、口感好深受消费者青睐。

孜孜以求　锲而不舍

原本以为有了前两年的管理及销售经验，2015 年应该会更上一层楼，可没想到，邹积威又一次遭遇“滑铁卢”。

风云变幻，阴晴不定。由于受整体经济形势的影响，2015 年，邹积威的柿子销售形势不容乐观。邹积威并没有因此而灰心丧气，反而以此为契机审时度势，谋划全局——“得做深加工”。

柿子精深加工方向何在呢？邹积威首先想到了做柿子干。既然荣成特产的无花果可以冷冻成干再出售，那柿子是不是也可以呢？于是，2015 年，邹积威委托加工厂将 5 万多公斤柿子制成冻干柿子。

除了冻成果干，还可以挖掘柿子的哪些价值呢？很快，邹积威的这个问题在陕西、河南等地找到了答案。外出学习时，邹积威发现一些地方从事柿子醋加工生意。“柿子醋营养价值很高，但是从省内市场来看，这样的产品不仅寥寥无几，而且大部分被外省产品占据。所以，我觉得这个产品很有市场潜力。”

让邹积威更加坚定信念的则是老婆的一句玩笑话。一天，邹积威回到家中向老婆问起醋的价格，老婆说每公斤 40 多元。这可吓坏了邹积威。再仔细一问，原来老婆说的是自己买来用于洗脸的醋。尽管差点闹出笑话，但是却误打误撞地为邹积威带来商业信息。

谋定而后动。2015 年，邹积威筹建了自己的柿子醋加工山洞，并特意从河南郑州聘请专家为洞藏柿子醋指点迷津。“专家跟我说，你这么大的种植规模能坚持到现在已经很不容易，而且走深加工的路子非常有远见，一定要坚持做下去。”

专家的鼓励让邹积威信心倍增。“我要用真东西做出好产品，整个生产过程透明化，你来参观就能看到产品的生产流程，我要用事实说话。”邹积威斩钉截铁地说道。

2016 年是邹积威承包果园的第 10 个年头，除了这 200 多亩的柿子园以及在建的果醋山洞，邹积威还在王连街道承包了 200 多亩苗木和葡萄采摘基地。回首自己 10 年的创业历程，这位朴实的汉子思忖了一下说：“干什么都得有个目标，得把眼光放长远了。不能因为这些年都没赚到钱，就把园子撂下不管。只要找对路子，就要一直走下去，总会有收获的时候。”

（采访时间：2016 年 3 月）

爱拼才会赢

——记荣成市冠辰水产有限公司总经理卢冠辰

□赵世喜　于佳佳

卢冠辰，荣成市冠辰水产有限公司总经理。作为一名“80后”创业者，卢冠辰有着长于年龄的沉稳和谋略，也有着新时代年轻人的大胆和创新。面对飞来横祸，他摆正心态，积极乐观，敢拼敢闯。如今，他正在创业路上迎来属于自己的曙光。

作为“80后”创业者，卢冠辰的创业之路走得异常坚定和从容，让人佩服！

几年来，卢冠辰以“小荷才露尖尖角”的朝气，在蓝色经济大潮中坚持着自己的创业思路、方法、方式，以“初生牛犊不怕虎”的勇气，愈挫愈勇，攻克着创业初期资金、人才、市场和人脉等重重难关，努力将辉煌写在奋斗的征程上。

靠坚持挖掘人生“第一桶金”

2001年是卢冠辰人生中最昏暗的一年。那一年，他刚刚大学毕业，正准备去日本一所知名大学留学，一场意外的车祸却让他的臂丛神经受损，导致右手无法动弹。天生不愿服输的卢冠辰并未自暴自弃，积极进行体能恢复训练，坚持锻炼左手，让左手更加有力。但这一耽搁，就是5个春秋。

2006年，卢冠辰参加工作，从事电子商务管理工作。此后不久，为了心中不能忘怀的“留学梦”，为了“更上一层楼”，卢冠辰毅然辞去了那份安逸的工作。2007年，卢冠辰来到大连外国语学院进修英语，一年后，前往英国留学，主修英语和工商管理。正是这段重返大学“回炉”进修的经历，让卢冠辰在眼界和阅历上有了质的变化，也为他后来的创业积蓄了能量。

2008年，卢冠辰尚在英国留学，儿子的出生让身在异乡的卢冠辰思家心切，几番权衡，他无奈地放弃学业，回到荣成看望妻儿。卢冠辰在留学时便发现鱼类制品对孩子的成长很有利。为了给儿子制作营养丰富的鱼类制品做零食，他开始潜心研究鱼松制作等工艺。当时，荣成作为渔业大市，却只有三四家企业从事鱼松生产，且科技含量不高。敏锐的卢冠辰立刻意识到鱼松加工的背后，有着一个巨大的市场，值得自己好好去开发。

“创业之初，最难的是缺资金。”卢冠辰说。一开始，他有这个创业念头时，家人并不支持他，认为他在瞎折腾，亲戚也不看好这个项目，没人愿意借钱给他。这时，市工商联工作人员在甄选创业项目时发现了卢冠辰申报的这个项目，便主动联系了他，表示愿意扶持他创业，为他提供5万元的无息创业启动资金。正是这5万元创业启动资金的注入，为卢冠辰的创业带来了生机，极大地改善了创业之初流动资金紧张的局面，使他的企业慢慢地走上了正轨。经过长时间的发展，他不仅做优了鱼松产品，而且还涉足高档面包粉领域。

干事创业需要“真性情”

看似平坦实崎岖，成似容易却艰辛。当企业慢慢走上正轨之时，又一件事情让卢冠辰揪心：随着国际经济环境的变化，以日韩市场为目标的鱼松订单骤减，卢冠辰的企业陷入了前所未有的困境。

“走内销路线，变革产品结构，加强旅游产品开发。”在企业最困难时，市工商联为他指明了方向。为了更好地帮助青年创业，市工商联为每一名创业青年都安排了一名创业导师，这些导师都是来自各个行业中的精英人士，在商贸物流等领域有着丰富的经验。

为了让卢冠辰的企业早日走出困境，卢冠辰的导师与他进行了多次的深入交流，并就专业市场定位和流通进行了细致的分析。经过导师的指导后，卢冠辰对自己的经营进行了认真的思考，将企业竞争取胜的关键定位于技术创新上，在逐渐变革鱼松产品结构、将5公斤的大包装化整为零的同时，加强外观设计和改进，推陈出新，出产精细包装和礼品包装，让附加值低的原料鱼松逐渐转身变为附加值高的礼品鱼松，慢慢赢得了国内外市场的认可。2010年，经过科学的市场推广，产品逐步在哈尔滨、沈阳及广西、山西等地站稳了脚跟。

“闯市场必须要有远见，比同行先行一步才能在竞争中赢得主动权。”卢冠辰说。为此，卢冠辰将自己的产品营销分为三个阶段：销售一代、储备一代、研发一代。只有这样，才能在日趋激烈的商业竞争中永远领先。于是，他强化企业优势，带领自己的技术研发团队坚持集百家之长、走自己的路，研高做精，抢占产品技术、市场制高点。现在，企业每个月的研发投入达到了 3 万元，鱼松产品已经升级到第 7 代。正在生产的第 5 代产品不含豆粉和添加剂，解决了婴幼儿食用时口干的问题，经国际权威机构检测，每百克 DHA 含量指标达到 910 毫克，在国际同类产品中含量最高。如今，卢冠辰的鱼松加工企业，已经在同行业中拥有无可争议的话语权。

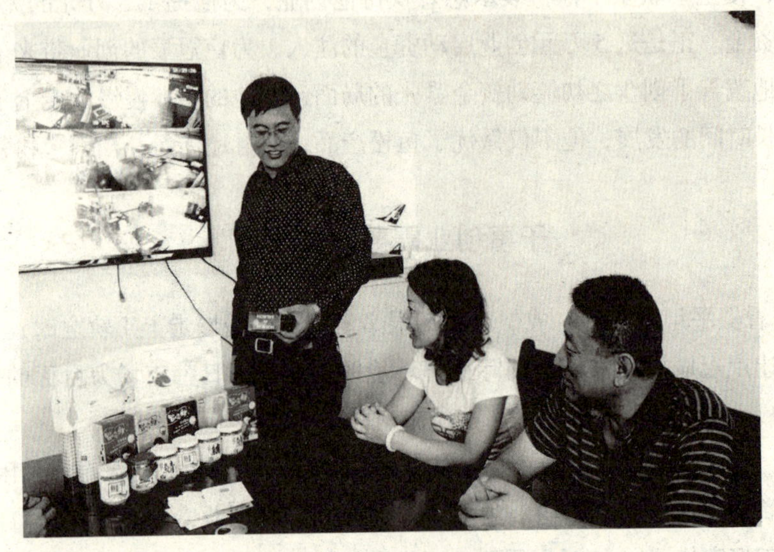

卢冠辰（左）与员工对公司发展规划进行探讨

“凡出言，信为先。”简单浅显的语句却蕴含深刻的哲理。带着诚信上路，是卢冠辰和他的企业成功度过创业风险期的一个法宝。在企业生产第 4 代鱼松产品时，因为一个小瓶盖的杀菌工艺出现了问题，让他遭受了一个不小的损失。但在义和利面前，他处置果断，毅然召回并销毁了这个批次的全部产品，用诚信呵护着自己的创业成果。“哲人知几，诚之于思。志士励行，守之于为。”几年来，卢冠辰和他的团队遵循行业管理规则，坚守诚信经营之道，信奉共同成长、回报社会的价值观理念，从未动摇。

让学习成为创业“加速器”

随着公司业务不断扩大，卢冠辰在困难面前显得更加从容。他的秘诀是：不断学习。他认为市场在不断变化，只有坚持学习才不会落伍。创业路上，他苦学不辍。他经常通过书籍、培训班、名家讲座、视频课程，与比自己成功的人交流经验，不断武装自己，提升自己，从电子商务到食品企业管理者的转型，他从容自如。如今，他已经获得国家二级食品安全师的资格。

随着业务的积累，卢冠辰在学习的过程中领悟到创业初期靠“硬件”发展、创业成功之后靠“软实力”取胜的道理。搞创业、办企业没有捷径可走，更要不得“小聪明”，只有脚踏实地、虚心好学并持之以恒，财富才能不断积累，卢冠辰深谙现代经营管理之道。为满足用户在产品、质量和服务上的需求，他把发展创新作为基础，在原料的选择订购、管理体制、市场定位、服务理念等方面不断完善自己，精益求精，至善至美。他生产鱼松所使用的原料，是将智利、日本、挪威3个国家的三文鱼进行反复比较后，最终选定用挪威三文鱼，虽成本较高，但他以独有的技术化解成本增加因素，打造出别人难以复制的成功模式。在车间推行的是标准化生产，只要进入车间随时均可参与生产。在人力配置方面，他推行弹性工时制，员工实行计时计件工资，这样不仅招工容易，而且还能够调动工人的劳动积极性，提高产品的产出效率。

卢冠辰（左）对产品质量精益求精

近年来，由于海洋过度捕捞造成西太平洋海域的鲐鱼数量、质量下降，鲐鱼的油分不足，导致食用口感差。“我们通过市场调查，很多消费者都反映鲐鱼的口感明显不如前些年。”“坐以待毙”绝不是卢冠辰的风格。2016年，卢冠辰再次选择挪威鲐鱼，研发出新产品——甜醋风味生切鲐鱼，于2017年初推向市场。甜醋风味生切鲐鱼有效控制了鲐鱼本身的鱼腥味，改变了传统红烧鲐鱼的吃法，并最大限度地保留了鲐鱼的营养成分。政策即机遇，由于国家出台二胎政策，卢冠辰抢抓机遇，于2017年新增了孕妇专用鱼松产品。由于女性怀孕后期体内对DHA需求量大，且容易出现情绪不稳定、炎症偏高等症状，卢冠辰在原有鱼松产品的基础上，添加荣成当地特色水果——无花果。利用无花果的消炎作用，在一定程度上消除孕妇炎症，且避免了孕期服药的风险。

“以后，我们要加强与大专院校、医疗机构的合作，打响‘智哆鲜’鱼松品牌。”目前，荣成市冠辰水产有限公司已开辟电商销售渠道，产品通过京东威海特产馆销往全国各地。

青年是早晨八九点钟的太阳。尽管卢冠辰的创业之路才刚刚起步，但我们于他的谈吐间，看到了他的闯劲和拼劲，爱拼才会赢！

（采访时间：2016年4月）

“红君”不怕育牛难

□杨 青 林巍强 鞠淑芹

田吉长，红君奶牛养殖场董事长。从出海打渔的船老板到奶牛养殖行业的“门外汉”，再到拥有300多头优质奶牛的养殖场董事长，7年来，红君奶牛养殖场董事长田吉长用辛勤和汗水谱写着养牛致富经。

2016年3月的一天，记者来到位于成山镇李家村北的红君奶牛养殖场。三排标准化牛棚整齐地排列着，棚顶通风轮呼呼直转，蓝色的彩钢瓦在阳光照射下熠熠生辉。栅栏开启，工人们将需要产奶的奶牛分批赶入机械化挤奶车间；机器启动，一股股新鲜醇香的牛奶流入制冷罐……完成挤奶任务的奶牛从另一侧回到牛棚内，时而悠闲自在地踱步，时而跪趴在地上享受日光浴，时而低头享受食槽里美味可口的饲料，一派逍遥自在之态。

认真关注整个挤奶过程的除了记者，还有红君奶牛养殖场董事长田吉长。他告诉记者，查看每个生产流程是他多年来养成的习惯。他边带记者参观，边跟记者讲述他这些年养牛的经历。

紧抓机遇定乾坤

2001年，从龙须岛海洋渔业公司离开的田吉长买下了两艘渔船，开始了船老板的生涯。但由于近海渔业资源逐渐匮乏，近海捕捞收益大不如前，田吉长一度十分犯愁，想要另谋出路。2008年，“毒奶粉”事件引起各方关注，一时间牛奶价格急速下跌，奶牛的价格也由原来的每头上万元低至每头6000

元。田吉长却从里面嗅到了商机。

“虽然‘毒奶粉’事件给我国的牛奶行业造成沉重打击，但我相信物极必反，在向朋友咨询后，我决定抓住这次机会，开办一个奶牛养殖场。”田吉长回忆起当时的决定，眼神中透露着坚定和自信。就这样，2009 年 8 月，田吉长从奶牛户那里买来 50 头荷斯坦奶牛，与同样从事奶牛养殖的朋友一起加盟了位于文登区文登营镇的巴西牛场，开始了他的养牛事业。

奶牛养殖并非易事，作为奶牛养殖的“门外汉”，田吉长可谓吃尽了苦头。奶牛原本就是耐寒怕热的家畜，养殖荷斯坦奶牛的适宜温度为 10℃ ~20℃。一到夏天，田吉长的奶牛就因承受不住文登地区的高温及喂料不到位等原因，濒临死亡。短短两年时间里，奶牛锐减到 20 多头。这可心疼坏了田吉长，他没日没夜地守在牛棚里，仔细观察奶牛的生活习性和饮食规律，还上网查阅资料，买来许多专业技术书籍认真翻阅，最终在他的不懈努力和精心照料下，剩余的 20 余头奶牛顺利地度过了适应期，产奶量、乳脂肪、乳蛋白等系列指标均符合国家标准。田吉长终于长长地松了一口气。

“在那段时间里，我整宿睡不着觉，家人都劝我放弃，但我坚信奶牛养殖是一个难得的机遇，必须要牢牢把握，所以我说服了家人，现在看来我当时的决定是完全正确的。”厚积而薄发，田吉长用日复一日吃住在牛棚的毅力和坚持，成功使自己的奶牛养殖走上了正轨，顺利收获了自己奶牛养殖的“第一桶金”。

田吉长（右）与员工交流养牛经验

学习技术扩规模

2011年，荣成市畜牧兽医局专门组织奶牛养殖户到潍坊、莱西等地大型牛场参观学习，田吉长积极报名参加。

在参观了拥有现代化设备及规范化管理的奶牛养殖场后，田吉长眼界大开。参观期间，田吉长虚心请教养殖场负责人如何规范建场、科学养殖等。上课期间，田吉长仔细将老师所讲的内容记录下来，便于以后回去慢慢钻研。短短几天外出学习的时间，各种新思想、新观念、新知识源源不断地注入田吉长脑海中。

回来后，田吉长作出了一个让人意想不到的决定：放弃与巴西牛场的合作，回到老家成山镇建设奶牛养殖场。放弃两年的心血，任谁都接受不了。妻子极力劝阻，但田吉长心意已决。就这样，2011年春天，田吉长带着自己原有的和从朋友手中收购的共70多头奶牛回到了成山镇，在一处风景秀美、绿草丰茂的土地上投资建场，建起红君奶牛养殖场。

外出参观学习期间，田吉长看到了先进技术设备的重要性，养殖场建起后，田吉长第一时间购置了包括TMR饲料搅拌车、铲车、叉车、青贮收割机、挤奶机等价值100多万元的仪器设备，并根据奶牛抗冷怕热的特性，在牛棚两侧安装了大型风扇，便于通风、降温。“要想养好奶牛，饲料是最重要的。既要保证饲料的充足，更要注重营养价值，传统用玉米面、干草等混合起来的饲料，根本无法满足奶牛的需要，而且奶牛需要的有机微量矿物质和维生素在添加时，往往掌握不好量，弄巧成拙，所以我才购进了这台TMR饲料搅拌机，这件大家伙可帮了我不少忙呢！”田吉长指着不远处草垛旁，一架墨绿色似锥筒般的机器告诉记者。

田吉长的奶牛场越办越红火，高品质、高指标的牛奶让雀巢乳业与他建立了合作关系，每天红君奶牛养殖场95%的牛奶都被雀巢乳业收购，剩余的则向威海奶吧输送。日子一天天过去，田吉长在享受新鲜牛奶给自己带来滚滚财富的同时，也开始为奶牛优生选育作起了打算。“奶牛一年有10个月的产奶期，但要想维持养殖场的正常运转，这70多头奶牛是远远不够的。但奶牛配种是一项技术活，一般人很难胜任这项工作。”为了保证配种的准确性及高效性，田吉长专门从河北牛场高薪聘请了一名繁育专家，在专家的帮助下为奶牛进行优生优育。“现在，我们养殖场已经有 300 多头奶牛了，个个都是‘优等生’。”摸了摸眼前凑过来的奶牛，田吉长笑着说道。

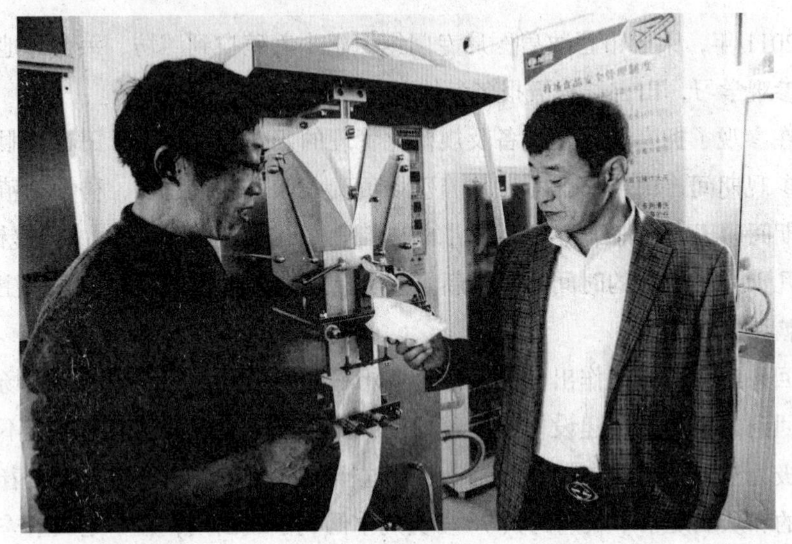

田吉长（右）与员工共同探讨如何提高牛奶保鲜冷冻技术

转换思路谋发展

民以食为天。食品安全一直是我国常抓不懈的重要民生内容。如今，国家对奶源及奶质的严格把关，淘汰了很多不达标的企业，这也为田吉长的优质牛奶养殖提供了更广阔的发展空间。“行业竞争力虽然降低，但我们对牛奶的品质把控绝不能降低。近年来，巴氏鲜奶逐渐走进人们的视野，我们打算下一步与生产巴氏鲜奶的厂家进行沟通与合作，为巴氏鲜奶提供奶源。”田吉长一脸认真地说道。

心动不如行动。田吉长一边积极与威海地区各大奶业公司沟通，争取合作伙伴；一边上网查询关于巴氏鲜奶的具体情况，同时请教相关专家，了解制作巴氏鲜奶所需要的原奶品质。

在掌握了大量信息后，田吉长胸有成竹：“巴氏鲜奶的特点就是纯天然、原汁原味，且最大限度地保存了牛奶里有益的活性物质，巴氏鲜奶最能体现牛奶的本质。要想做出地道的巴氏鲜奶，所用的牛奶必须具有极高的品质。我们牛场具备这样的优势，能生产出高品质、高规格的牛奶。”

思维活跃、善于思考的田吉长并不仅仅在巴氏鲜奶这条路子上谋发展，他还新引进乳肉兼用的西门塔尔奶牛，想在这上面做做文章。据田吉长介绍，生下来的西门塔尔小公牛可以育肥进行屠宰。“牛肉具有丰富的蛋白质和低脂肪，营养价值极高，是家庭餐桌上的‘常客’。以往市场上多以肉牛的牛肉为主，而我们这里养殖的西门塔尔奶牛肉质鲜嫩、营养价值高，口感丝毫不比肉牛差。既然要做大、做强奶牛养殖产业，仅仅一条路子是肯定行不通的，扩大销售渠道才是制胜的法宝。”田吉长指着不远处的几头颜色较浅、较棕的奶牛说道。

“到处是庄稼，遍地是牛羊”，这首歌中描绘的情景在田吉长的红君奶牛养殖场里生动展现。田吉长的奶牛实行散养模式。每天清晨，奶牛们吃饱喝足后，都会慢悠悠地在运动场上来回“散步”。田吉长告诉记者，奶牛浑身都是宝，除了肉质可食、牛奶可饮外，牛粪更是庄稼最天然的肥料，他打算再购置一台自动取粪机，将回收的牛粪加工出售，这既是一笔可观的收入，又可以保持牛场卫生整洁，一举两得。

从一窍不通的“门外汉”到如今的奶牛养殖大户，田吉长用自己的汗水和坚持，在奶牛养殖的道路上越走越顺……

（采访时间：2016 年 4 月）

王峰和他的“草莓王国”

□杨青 刘祺豪

王峰，阳光水乡果蔬采摘园总经理。3年来，王峰借助政策巧转行、绿色认证拓销路、引进新品扩规模，走上了一条健康、绿色、环保的良性发展之路，谱写了人生灿烂的新篇章，成为荣成市乃至威海市休闲采摘行业的一面“旗帜”。

阳春3月，微风如丝般滑过脸庞，带来春天温暖的气息。荣成市港西镇王官庄村的一条林间小路上人声鼎沸，记者循着声音找过去，发现里面别有洞天。两个色泽鲜艳的草莓模型好似水果超人守卫着这座庄园，透过大门向里望去，一排排整齐的塑料大棚敞开大门，游客们进进出出，谈笑风生，好不热闹。

原来这里就是号称“草莓王国”的港西镇阳光水乡果蔬采摘园。从2013年建起采摘园至今，3年创业的酸甜苦辣，采摘园总经理王峰体会最深。

借助政策巧转行

2013年，在龙须岛从事近海捕捞已经6个年头的王峰，在近海渔业资源锐减、渔业发展空间受到挤压的大环境下，决定借助好运角旅游度假区鼓励支持发展生态休闲游、养生度假游等规划的东风，转行从事休闲旅游采摘，打造属于自己的“草莓王国”。

2013年5月28日，经朋友介绍，王峰流转了港西镇王官庄村约200亩土地，建起20个塑料暖棚，引进甜宝、章姬草莓品种，开始草莓种植的探索之路。起初，王峰的创业道路并不平坦，草莓在开花期温度控制非常关键，白天棚内温度要保持在23℃~25℃，夜间棚内温度要保持在8℃~10℃，温度过低直接影响授粉。同时，由于草莓根系较浅，植株小，叶片大，蒸腾作用强，对水分的要求较高，湿度过高或过低都会影响草莓正常生长。因此，如何有效控制大棚内的温度和湿度，成了王峰当时面临的最大考验。

由于草莓的种植最佳时期为每年9月份，正值温差较大且空气干燥的时期，棚内温度、湿度把控困难，中午过强的紫外钱使得棚内温度骤升，天气干燥又让空气湿度下降很多。一天，王峰发现棚内的草莓叶子都耷拉着“脑袋”，一副打不起精神的样子。这可急坏了王峰，他一边联系青岛农科院的草莓种植专家，向其请教如何保持棚内温度、湿度均衡，一边上网查阅相关资料，寻找可以控温、增湿的应急方法。

“为了能够将棚内温度、湿度控制在适度范围内，我在每个棚子里挂上温湿度计，每天按标准值对照温湿度计上的数值进行调整。白天温度高，就把门帘掀开通风；天气干燥湿度低，则挨个大棚灌水，保持空气、土壤的湿度。20个大棚一圈走下来，我整个人就像是从水里捞出来的一样。整整一个月吃住在园子里，但我一点儿都不觉得辛苦，努力总会有收获的。”回忆起往事，王峰脸上露出了自豪的笑容。通过自己的不懈努力和有关专家的指点，草莓重新焕发了生命力。为了防止草莓再次出现问题，他专门聘请一位高级农艺师作为草莓采摘园的技术顾问，帮助自己管理。

就这样，王峰的草莓种植逐渐步入正轨，每季产量可达5万多公斤。

绿色认证拓销路

2013年11月下旬，在王峰及工作人员的辛勤努力下，第一批草莓正式进入采摘季，一颗颗娇嫩红艳的草莓掩映在绿叶间，散发出淡淡的清香，看上去甚是诱人。“一开始，来采摘的游客并不多，很多游客看到草莓的第一反应都是‘草莓这么红，是不是加了什么’，我理解大家的顾虑，但我可以保证，阳光水乡的草莓绝对是绿色、安全、健康的。”王峰自信地说。

草莓属于地生植物，根系在土壤层内，极易遭受病虫侵害，很多大棚种植户都需要喷洒农药，以达到消灭虫害的目的。为确保草莓在生长过程中不受农药污染，王峰多次请专家到现场进行技术指导，早做准备，防治病虫害。同时，在草莓种植过程中坚持不使用化肥和农药，采用蜜蜂授粉、农家肥腐熟发酵等方法，保证果实自然成熟，圆整饱满，色泽鲜亮，纯绿色，无污染。2014年，王峰积极申报绿色食品认证，经过有关部门对土壤、水分、草莓甜度等指标的考察和评估，阳光水乡果蔬采摘园历时一年多最终通过审核，成为威海市首家获国家绿色食品认证证书的采摘园。

拿起草莓，王峰（右）总是有说不尽的话题

有了绿色食品认证的保障，王峰的采摘园很快就名气大增，来自威海、青岛、烟台、济南等外地游客也纷纷前来一尝草莓的甘甜。随着阳光水乡果蔬采摘园的人气越来越旺，王峰考虑扩大销路，让更多的人吃上绿色、安全、健康的草莓。他借助港西镇临近威海的地理优势，与威海媒体主动联系，积极宣传推广草莓品牌，提高知名度；与烟威地区旅行社达成长期合作关系，吸引更多游客前来采摘；与各大连锁超市展开合作，将草莓销往全国各地。

与此同时，王峰意识到自己的采摘园里仅有的20个大棚、两个品种的草莓已经远远不能满足消费者的需求，再加上每年5~8月是草莓采摘的空档期。为维持采摘园的正常运转，他将目光放到了引进新品种采摘、扩大园区规模上。

引进新品扩规模

2015年，王峰先后到青岛、大连、乳山等地的果蔬采摘园观摩学习，积累经验。通过多次考察，王峰选中了太空一号、红颜、佐贺清香等品种的草莓，将其引进到自己的采摘园内。此时，阳光水乡果蔬采摘园已有塑料大棚30个，占地约60亩。然而，草莓毕竟只有七八个月的效益期，为此，王峰进一步寻找新商机，积极引进网纹香瓜、葡萄、樱桃等水果，尽可能减少因草莓采摘空档期而造成的经济损失。阳光水乡果蔬采摘园里一年四季各类瓜果不断档，吸引着众多游客前来采摘品尝。

每到节假日，前来阳光水乡果蔬采摘园采摘的游客络绎不绝

记者在采摘园里发现一种植物，它的叶面和茎上附着一层冰晶似的东西，在阳光的照射下闪闪发亮。察觉到记者的好奇，王峰介绍说："这叫非洲冰菜，2015年刚引进的新菜种，这可是采摘园里的宝贝。"非洲冰菜又称"冰叶日中花"，在非洲、亚洲西部和欧洲均有分布，叶面和茎上有大量大型泡状细胞，里面填充有液体，在太阳照射下反射光线，就像冰晶一样。冰菜富含氨基酸和抗酸化等机能性高的物质，是具有健康美容效果的特殊蔬菜。

"非洲冰菜一直受到人们特别是爱美女士的追捧，加上冰菜对环境的适应能力较强，又不用施用任何肥料，属于纯绿色食品，深受各大超市的青睐。2016年，冰菜长势十分喜人，约产1万公斤。下一步，我打算继续扩大冰菜的种植面积，提高产量，充分满足各大超市的冰菜需求。"王峰掐下一块冰菜递给记者，细细品尝，口感清爽，甜咸适中。如今，王峰已与大润发、家家悦等超市建立了长期合作关系，每日为超市提供新鲜可口的非洲冰菜。

"连上一张网，打开一片天。如今电子商务平台发展如此迅猛，我也得赶上时代潮流，利用网络把阳光水乡的水果蔬菜推广出去，打造具有荣成特色的蔬菜水果品牌。”接下来，王峰将借助电商平台，实现蔬菜瓜果线上销售，将采摘园的产品销往国内外。同时，在余下的空地上开挖方塘，打造一处水上垂钓休闲场所，计划 2016 年 10 月建成使用，届时，阳光水乡果蔬采摘园将以休闲采摘游为着力点，成为一处综合旅游娱乐的农业休闲产业园区。

（采访时间：2016 年 4 月）

三位“80后”的追梦之旅

□ 张天伟

董志全、董志伟、安然，三位都是“80后”城市青年。他们属于“不安分”的一代，但同时又是怀揣创业梦想的一代。为了心中的梦想，实现自己的人生价值，他们毅然放弃优越的工作，投身到电子商务的创业大潮中。经过一番艰难打拼，他们把事业做得风生水起，用努力证明了自己的眼光和实力。

在大众创业、万众创新思想的引领下，越来越多的年轻人投入到干事创业的大潮中。在石岛管理区港湾街道大鱼岛村，3位“80后”城市青年创业追梦的故事在邻里间流传。他们怀揣着创业梦想，放弃各自优越的工作，从大城市来到小渔村，开始了自己的“触电”创业之旅。

踏征程

见到董志全三人时，他们正在港湾街道大鱼岛村租赁的厂房内忙碌着。厂房虽小，但设备齐全，一条产品包装流水线正在繁忙地运转，工作人员不时将包装好的快递件运送到厂房外即将出发的运输车上。

“这些都是海产品，种类比较多，我们正在抓紧对产品进行精包装，然后通过快递公司发送给全国各地的客户。”董志全抹了抹额头上的汗水，笑着说道。

这处厂房便是董志全、董志伟、安然三人建立的威海渔人码头电子商务有限公司的“大本营”，虽然有些简陋，却是他们创业的根基所在。2014年底，他们3人放弃了各自的工作，一起来此开启了“电商”创业之路。当谈起为何要放弃优越的工作时，他们异口同声地表示，这是他们共同的梦想，为此付出所有，他们也无怨无悔。

在从事这行之前，1984年出生于青岛市的董志全曾就职于中国家居装饰行业前十强的武汉嘉禾集团，由一名业务员做到集团子公司的总经理，拥有丰富的市场营销、电子商务、网络营销的实战经验，曾创下多项市场纪录。董志全的弟弟董志伟和董志伟的同学安然，都曾是中国第一汽车集团长春总部的中层干部，月薪都在万元以上，事业处在上升期。但是，他们3人却毅然放弃原本被无数人羡慕的工作和自己多年打拼积累下的成就，辞职创业。“我们都有一个共同的特点，就是都有一颗‘不安分’的心，想要干点事业实现自己的人生价值。”董志全讲出了3人的共同想法。他们认为，给别人打工，实现自己的价值是有上限的，他们不想因循守旧地过着维持现状的生活，辞职创业便是他们最好的选择。

当然，他们不是仅靠着头脑中的梦想去莽撞创业。在正式创业之前，三人经过权衡商量，最终决定了做海产品电商，并一起到南方一家大型电子商务企业学习“充电”了半年。解决了家人、朋友、同事的不理解以及资金不足、技术欠缺等困难，他们终于踏上创业征程。

董志伟（左）、董志全（中）、安然（右）三人对客户订购的产品进行核对检查

迎百战

“我们知道万事开头难，做好了要付出很多努力的准备，但没想到创业之路会是如此艰辛难行！”每当说起创业之初的艰难，董志全都十分感慨。

2014年底，坚信“创业能实现自己人生价值”的董志全3人来到石岛湾畔的小渔村——港湾街道大鱼岛村，开始了他们的追梦之旅。

“从事海产品电商销售，是我们经过周密调查和仔细研究讨论后决定的。”他们通过调查发现，一是海产品具有较强的区域性，市场空缺较大；二是依托淘宝这个综合性电商平台，可以降低投资成本和创业风险，有利于创业团队快速立足。同时，荣成拥有非常丰富且优质的海产品资源，所以他们决定在大鱼岛“安营扎寨”。

在这个创业队伍里，每个人都有着明确的分工：董志全主要负责整体运营和线上服务，安然负责产品包装设计，董志伟则主要负责线下的产品供给。如何让创业之路越走越宽，他们有着非常清晰的思路，就是用品质最好的产品打造属于自己的电商品牌。梦想是美好的，现实却是残酷的。创业之初，他们遇到的困难几乎将梦想扼杀。

在线上商铺全部准备就绪的时候，他们需要的“东风”却迟迟没有到来，原来是产品的供货来源还没有确定。因为他们的电商团队刚刚成立，需求量太小，很多企业不愿意与他们合作。为了找到稳定的货源，他们兵分三路，几个月的时间里往返于人和、石岛、崖头等地，与众多海产品企业进行沟通、洽谈。虽然吃尽了闭门羹，尝尽了苦头，他们依然锲而不舍。正是这种坚韧不拔的精神，让几家企业经营者有所感动，最终与他们达成了供货合作意向。“每当想起这段经历，我们都非常感激那些与我们合作的企业，正是他们让我们这艘创业的小船在商海中不至沉没。当然，对于其他的企业，只要他们的货好，我们还要继续争取。”董志伟坚定地说道。

有收获

“我们目前已经投入了50多万元，基本实现了预期效果。2015年，投递至全国各地的各类海产品达5万多件，年销售额有200多万元。”董志全介绍说。当问起如何取得这样的成绩时，他们谦虚地表示，经验诀窍就是坚持——好品质的产品才能赢得消费者的口碑。

他们认为，现在的市场是买方市场，消费者就是上帝，无可挑剔的商品品质、细心周到的服务以及美名远播的品牌才是制胜法宝。“我们非常重视产品的质量。以海带为例，我们会挑选品质优良的产品，按照一定的标准切割再进行包装。我们毫不吝惜成本，采用的都是既环保又方便客户拆装的高质量包装袋。目前，市场反馈很好。”董志伟说，他们也是消费者，换位思考就知道消费者最想要的是什么。他们从与客户建立联系开始，从售前解答到售后服务，一直跟踪了解客户的情况，长期关注客户的动态，及时为其送上贴心的服务。同时，他们还竭力打造属于自己的品牌，已成功注册了品牌商标“渔人百味”，并在各电商平台上大力推广。

目前，他们经营的产品主要包括两大类：一类是高端干海参、鲍鱼，一类是日常消费食材、零食，共拥有有机生态海带、有机生态裙带菜、金钩海米、手剥虾仁、野生淡干虾皮、炭烤鱿鱼条等20余种产品。同时，他们还拥有4个365天仓储冷库，为产品24小时冷冻储存，保证所有产品的新鲜和口感。

创业做得有板有眼，董志全的团队也受到社会各界的瞩目。“在网上也可以做出一番事业，以前只在新闻中看过，没有想到我们自己身边就有这样的人，这群年轻人真了不起。”大鱼岛村的不少村民听说了他们的创业故事后都竖起大拇指称赞。荣成市电子商务协会工作人员也多次来到董志全他们的创业公司进行参观考察，了解他们的经营理念和模式，并计划为他们提供一些利好政策，帮助他们更好地发展。

“我们现在的想法是，不断提升自己，提升产品的品质、服务和体验，做大做强自己的品牌，把当地优质的原生态海产食材、零食推介出去，让更多的人品尝到鲜美的海产品。”董志全充满憧憬地说道。

（采访时间：2016年4月）

在希望的田野上

□ 赵世喜

毕建喆，苌丰农业机械销售有限公司经理。一个“80后”城里人，却将农机经营作为创业的起点，在希望的田野上耕耘、追梦，创造着与众不同的人生财富。

置身于改革开放的大潮中，许多人，特别是“80后”“90后”都渴望走出农村，去城里打拼出一片天地，但在城里长大的毕建喆却反弹琵琶——“子承母业”，选择将农机经营作为创业的起点，天天上山下乡，行走于广阔的田野上，为农民在孜孜以求中播洒希望，在默默耕耘中收获理想，在埋头苦干中尝试改变，为全面建成小康社会而奔忙。

选择：农业机械化大有可为

2008年，毕业于烟台职业学院的毕建喆在烟台市的一家企业从事了3个月的区域销售工作后，毅然回到了生他养他的荣成，希望能在荣成干出一番事业。毕建喆学的是营销策划，在当时荣成创意产业只具雏形的情况下，很难在这方面有所建树。于是，他一边在母亲经营的金岭农机商店帮忙，一边耐心地寻找适合自己的创业机会。

在农机大院里长大的毕建喆，见证了市农机供应有限公司的辉煌和衰落。农机经营，这个在我国受传统计划经济体制影响较深的行业，自20世纪90年代以来，随着改革开放和市场经济的不断深化，国有农机流通企业因种种弊端而不能满足市场需求，致使80%以上的国有农机流通企业破产、转产或停业，80% 以上的专业人才都选择离开这个行业，仅有 20% 左右的企业通过改制、重组等方式生存下来，整个行业依然呈现“小、散、乱、弱、缺”的特点。毕建喆的母亲是全国农机样板企业——荣成市农机供应有限供应公司的老员工。作为一个“农机通”，她深知“农业产业化发展离不开农机的支撑”，执着地经营着崖头金岭农机商店，主营拖拉机、挂桨机、柴油机、抽水机、旋耕机、植保机、充氧泵、起网机等主机与配件业务，凭着良好的信誉和优质的服务，赢得了客户们的好评。看到农户们在商店里购买称心的农机，联想到农业未来的发展前景，毕建喆觉得这是一个值得耕耘的领域，他找到了属于自己事业的蓝海——农业机械化大有可为！

在农村，那些先富起来的人，大多数都是依靠农机起步的。随着国家继续巩固农业基础地位和农机补贴政策的落实，农业现代化发展需求为农机产业提供了广阔的发展空间。如果说母亲选择农机经营是一种职业安排的话，那么在农机大院长大的毕建喆则是机缘巧合，水到渠成。在他看来，母亲的创业成功无形中给他树立了一个榜样，只要干一行爱一行，行行都能出状元。毕建喆心无旁骛，一心一意地在金岭农机店里磨练自己，进货、发货、送货，样样工作都一丝不苟，，在开展业务中学以致用，积累经验，丰富阅历。

如雏鹰展翅，2010 年 3 月 19 日，毕建喆以 30 万元的资本注册成立了建祥农机商店，租赁了 30 平方米的临街铺面，经销拖拉机、柴油机、船用挂桨机、抽水机以及配套零部件，并与多家零售商和代理商建立了长期稳定的合作关系，经营品种齐全，价格合理。几年里，毕建喆悉心学习借鉴同行或导师的创业创富经验，认真研究国家农机行业发展政策，及时跟踪农机市场信息，提升自己的经营本领。在七八名员工的共同努力下，2012 年 4 月，毕建喆组建成立了苌丰农业机械销售有限公司，注册资金增加到 100 万元，跻身全市农机经营大户行列。

拼搏：靠优质服务闯市场

从母亲和导师的身上，毕建喆学到了那种发自内心为客户服务的真诚，也正是靠优质服务，他逐渐闯出一片天地。为夯实发展基础，几年来，毕建喆始终把优质服务理念放在经营理念的第一位，并把这种理念系统化。他的农机业务在短短几年迅速扩大，不仅覆盖整个烟威地区，还辐射到东营等地。

毕建喆（右）与购买农机的商户探讨农机知识

积极靠强联大。近年来，随着国家农机补贴政策的推动，农机行业的发展如火如荼，农机经营业户如雨后春笋，遍布全市。但要在消费观念传统的农村赢得农民认可，靠的不是铺天盖地的广告，而是优质的产品和良好的信誉。“金杯银杯不如老百姓的口碑，金奖银奖不如老百姓的夸奖！”毕建喆坚持加大投入，积极争取与国内外知名的农机制造企业合作，把优质的农业机械引入荣成，让农民在家门口就能用上国内外知名的品牌农机。几年来，他凭着对产业链前端客户的真诚和信誉，成为日本洋马、中国华源莱动、安徽全柴天成、浙江宁波海鸥、福建海燕等知名农机品牌的威海区域代理商。客商的全力支持，让他在竞争中如虎添翼，脱颖而出。

重视并有能力进行服务，是毕建喆对农机产品经销的基本要求。通过与知名农机制造商合作，利用大企业知名品牌的号召力，打造自己的品牌。在主机厂技术人员的指导下，毕建喆根据当地的实际需要，设计出一套详细的服务程序，并随时解决遇到的服务问题。售前，他向用户详尽讲解，手把手辅导；用户购机之后，他按要求建立用户档案，并定期回访，免费为用户提供保养、换油、过滤等服务；每年还举行新老用户座谈会，听取用户的意见并反馈给主机制造企业。毕建喆坚持定期去农户家中察看农机的使用情况，通过QQ、手机短信，建立了与客户在线互动客服，及早发现存在的问题，提前通知加强维护保养，有效地降低了故障发生率，及时消除生产隐患。

针对农机市场出现的低价竞争、以次充好、扰乱市场秩序的现象，毕建喆主张诚信经营，独善其身，舍得降低赢利，惠及农民，为他们提供最好的产品，让自己经销的产品物有所值，赚的每一分钱都是干干净净的。他坚持以品质确定代理用品，一旦发现不良经营行为，立即中止合作。他坚持顺势而为，重视产品的市场空间和发展潜力，每年都引进一批品牌配件品种，优胜劣汰，舍得一时的“阵痛”换取长远发展。时下，“买农机，找苌丰”已经在全市农机流通领域成为流行词，苌丰农机公司经营的配件市场占有率达到了70%。

未来：在希望的田野上扬鞭奋蹄

近年来，各行各业的技术和观念都发生着日新月异的变化，停步不前就可能会被淘汰，跟上时代步伐就是赢家，毕建喆无疑是后者。

毕建喆深悟，凡是成功者，除了要有勤奋、诚信等必要的品质外，还有一个共同的动力就是热爱自己的事业。毕建喆认准了一个道理：只有用“铁牛”换耕牛，才能放开农民的手脚，彻底改变“面朝黄土背朝天”艰辛劳作的局面，迅速提高农业劳动生产效率，增加农民收入。“真心实意、实实在在地为用户着想，我们投入多一点儿，就能够减少用户的损失，让他们挣到更多的钱，也提高我们在用户心目中的良好印象。”这是毕建喆经常说的话。

或许是因为经常和农民打交道，或许是因为他本来就来自农村，说到梦想他并不健谈，只是想把手中的事情做好，把想做的事情做到，脚踏实地，一步步来。不过作为“80后”的年轻人，相对于前辈来说，毕建喆的思路似乎更开阔，想法更前卫，实现梦想的途径也更多样。毕建喆上职校时就获得了“高级营销员”职业资格，但他仍然从拆装农机开始，刻苦钻研，弄通其原理，成为农机维护保养的行家里手。经营过程中遇到资金紧张时，他灵活地运用实践中掌握的金融知识，多渠道、多层面地化解所遇到的困难。

毕建喆创业后，一有时间就与其他创业者交流切磋，努力取长补短，增长创业智慧。毕建喆说：“这能让我学习到更多的企业管理知识，开阔视野，也能拓宽我的经营思路，跟他们交流让我受益匪浅。在我这个年龄段学习很重要，在实践中学习更迫切。多学一点肯定是好事，因为市场充满风险，做企业的走错一步，可能会影响和贻误今后的一千步。”

毕建喆的经营眼光放得很远，视觉特别独特，他对农机补贴的研究已经入木三分，对国际农机市场也有充分的把握。他已棋落永康五金机电城，进行着农机专业化、系列化经营。对他来说，现在的任务是把公司的规模再扩大，争取早日让自己的农机公司做优做强，在希望的田野上扬鞭奋蹄。

（采访时间：2016 年 4 月）

雁恋谷之恋

□ 邢伊爽 龙致宇

孙茂文，雁恋谷的开拓者和命名人。因为心中有梦想，他放弃公职，只身来到荒山，克服重重困难，打造出心中的雁恋谷。在这里，孙茂文和大雁共同演绎着人雁共舞、和谐共处的传奇故事。

春暖花开时，笔者来到了素有“与天鹅湖相媲美”之称的雁恋谷。这里的天像一望无际的平静碧海，光影盈盈，宛如海面泛起的微波。幽静的山野里不时传来一阵阵大雁的叫声，婉转空灵。雁声停歇后，远远望去，一个穿着简朴、胡须满面的人向我们走来，他便是雁恋谷的开拓者和命名人——孙茂文。6 年来，雁恋谷里每分每秒都上演着他和大雁的故事。

结庐荒山

荣成市埠柳镇大梁家村驻地、伟德山北麓曾经是杂草丛生的荒山，如今却是遍布绿毯、雁歌欢腾的美丽山谷，吸引着全国各地无数摄影爱好者和学生前来摄影写生创作。

“雁恋谷”顾名思义，因大雁而得名，占地 300 多亩的山野里散养着 1000 多只野生大雁，还有野生鸟类绿鹭、白鹭和野鸭等，都在这里自由休闲地生活。

若问这片“天堂”如何来的，还要从孙茂文“退隐”说起。

孙茂文是埠柳镇凤头村人，毕业后，一直在外工作。有一年农时回家帮忙，孙茂文发现记忆中那个应该有铺天盖地的大雁飞过的山间田野成了荒野，无人问津，这令他十分遗憾。于是，孙茂文萌生了一个大胆的想法，他想承包这片 100 多亩的荒山开山种树。

2010 年，孙茂文毅然决然作出了一个决定，那就是退隐山谷，发展大雁养殖。这一决定遭到了家人的强烈反对，但最终他用自己的执着说服了家人。

聊到养殖初期发生的一些事，孙茂文感慨万千。

2010 年 5 月，孙茂文以每只 120 元的价格从一养殖场购买了 200 只小雁进行养殖，可是因为饲养员的疏忽，晚上忘记开加温灯，导致许多小雁为了取暖相互挤压而受伤。最终，200 只小雁死掉了将近一半。有了这次教训，孙茂文不敢疏忽，每晚都要进行一次巡视才能睡得安稳。

积累了一定的经验，2013 年，孙茂文开始引进大雁种蛋进行人工孵化。在他的精心照料下，1500 只小雁也顺利出壳。可是，那段时间天气善变，气温忽高忽低，再加上孙茂文缺少紧急应对措施，导致刚孵化出的小雁得了流感，1500 只小雁几乎全军覆没。当时，孙茂文狠狠地抽了自己两嘴巴，心里的焦虑难以言表。于是，从第二年开始，孙茂文十分小心地给小雁保暖，甚至把自己睡觉用的火炕都用来育雏，又不断地请教专家、总结经验教训，总算顺利解决了大雁产蛋和孵蛋的问题。如今，雁恋谷在原先 200 多只雁的基础上，成功繁育了 2000 多只。

孙茂文和大雁在一起

与雁共舞

孙茂文在山上种树，在山谷中修塘坝，经过五年的努力，荒山披上绿装，大雁成群，雁恋谷美丽如画。

2015 年 9 月，又一个令孙茂文头疼的问题来了：大雁平时喜欢栖息在水面上，雁恋谷原来有个水塘，但只有 1 米宽。于是，正月初八开始，孙茂文按照心中的蓝图，将其扩建成 200 米长、30 米宽的水坝，潺潺的流水成了雁恋谷里又一景致。

整个工程耗资 80 万元，孙茂文拿出了全部积蓄，还借了 40 多万元。除了这些，孙茂文前期已经投入了上百万元。而且上千只大雁每天的日常维持费用就是一笔不小的开支。特别是大雁繁殖季节，需要增加喂食次数，增加喂食量，增加营养，资金经常捉襟见肘。令人高兴的是，现在大雁已经产蛋了。为了周转资金和减少大雁数量剧增所需的费用，他每天上山捡拾部分大雁蛋。一只大雁每年产 5~6 个蛋，每个不包括人工费，成本在百元左右。由于当下资金困难，再加上现在的规模、条件等还不成熟，所以来观看大雁的人都会支付相应的费用，到访的游客看到雁恋谷暂时的困难，都给予理解和支持，这让孙茂文倍感欣慰。

每年 2~4 月是大雁产蛋季节，2016 年与往常不同，由于天气寒冷导致产蛋期延后，如今正是孵化小雁的关键时期，孙茂文忙得不可开交，而最令他担心的就是孵化的小雁能否成活。

每天清晨不到 4 时，山谷间唯一的瓦房就亮起了灯。孙茂文开始了一天的忙碌："上午喂完雁，应该有游客要过来。若是天气好，大雁栖息地的卫生也要打扫一下……"不远处的大雁像是看懂了灯光，摇摇摆摆地往瓦房这边赶来，"嘎嘎嘎……"

每天孙茂文都会训练雁群，从山脚下到山上或行走或飞行。在他的指挥下，大雁让走就走，说停就停。随着"1——2——3——飞"的口令响起，大雁就成群地飞上了天空。乍一看，和蔼可亲的孙茂文颇有王者风范。

孙茂文说大雁与他很有感情，大雁能读懂他的喜与忧。他高兴的时候，大雁会围着他；他忧的时候，大雁会远远地看着他；他与人交流时，大雁就在一旁等候。他与大雁和谐共处，犹如缱绻爱恋。

执着追梦

“咔嚓、咔嚓、咔嚓……”一阵阵相机快门声此起彼伏，如今这里每天都会吸引来自全国各地的拍客。一到雁恋谷，拍客们便赞叹不已。此刻的孙茂文，脸上也随之流露出满足的神情。

如今雁恋谷有1000多只大雁，雌雄大雁的比例接近1 ∶ 1，大雁和天鹅一样都是一夫一妻制，大雁一年一般产5~6枚蛋，所有大雁一年可产蛋2000多枚，孙茂文建谷的宗旨是保护自然，顺应自然，所以这里的小雁都是在自然状态下孵化出来的。

雁恋谷里鸿雁飞

孙茂文说，人类最终一定要回归自然，才能幸福快乐。古代医书曾经记载雁肉、雁血可治病，有预防、保健等药用价值。孙茂文还说，选择种植红豆杉也是因为其有药用价值，红豆杉的所有精髓都在种子里，到了9月中旬，红豆杉上的红豆变红，可以将其采摘下来泡水喝。下一步，孙茂文准备在进谷的道路两旁栽植无花果树作为迎客树，供游客免费采摘品尝。

孙茂文梦想着有一天能将雁恋谷建成鸟类栖息地、摄影基地、青少年写生基地、老年人养生基地、休闲度假基地、水果蔬菜采摘基地、垂钓基地，共建人与自然和谐相处的生态环境，打造人类梦想的雁恋谷。

“有人觉得我是个疯子，也有人说我是个败家子。”为了实现梦想，孙茂文每天置身在他热爱的雁恋谷里。他的生活单调艰苦，妻子和女儿都住在城里，过上 10 来天妻子会上山给他送来食品和生活用品。就在两个月前，他的土房里才有了网络，条件艰苦，困难重重，但他对梦想的追求热烈而执着。孙茂文说：“为了实现梦想，我每日与大雁相伴相恋，我很快乐。”孙茂文的梦想正如挥动着双翼的群雁，在美丽的雁恋谷迎风起舞。

（采访时间：2016 年 5 月）

小球推动大事业

□王璐 张华刚

冯学岭，一个日常生活中低调内敛的生意人，一个羽毛球场上杀伐果断的体育人。他，将爱好变成了事业，在人到中年之际又来了一次华丽转身。

了解冯学岭的人，都知道他有一个不能割舍的兴趣爱好——打羽毛球。三五好友聚在一起，他们最常干的事就是切磋球技。有朋友说："要是有个羽毛球俱乐部就好了，大家伙就能找到组织了。"说者无心，听者有意，为了让更多志同道合的球友能有个更好的打球场地，冯学岭关掉了如日中天的汽车超市，专心搞起了羽毛球俱乐部。如今，坤鹏羽毛球俱乐部在荣成已是名气响当当。

"给大家提供一个标准的羽毛球场地"

2005年前后，冯学岭的汽车超市在荣成也是鼎鼎有名的，因为他为人实诚、好客，与很多客户成了好朋友。他们经常利用汽车超市的闲置楼层打球、喝茶、聊天。朋友带朋友，一来二去，大家因为运动结缘，形成了相对固定的羽毛球民间团体，参加过一些威海市级比赛，取得过不错的成绩。小团体的名气越来越大，来汽车超市"华山论剑"的球友也越来越多，有时候一下子来四五十人，使宽敞的场地瞬间变得拥挤不堪。

冯学岭介绍，按国际比赛规定，羽毛球场地上部空间最低为9米，在这个高度以内，不得有任何横梁或其他障碍物，球场四周5米以内不得有任何障碍物。任何并列的两个球场之间，最少应有 2 米的距离。球场四周的墙壁最好为深色，不能有风。而汽车超市本来就是临时凑合用的练习场地，并不具备打比赛的条件，有时候大家想要痛快地打场球，还要开车到威海找场地，十分麻烦，大家都渴望就近能有一处能练习又能比赛的场地。

其实，这也是冯学岭的愿望。自从有了这个念头，冯学岭就经常在市区看厂房、找场地。他很苦恼，说："市区的老厂房大部分都存在空间高度不够的问题。个别高度够的，场地又不宽敞，都不符合标准。"近一年的时间，从东城到西城，从南城到北城，冯学岭几乎把崖头城区都走了个遍，付出了许多时间和汗水，却没有找到合适的场地。朋友们知道冯学岭在找场地，也跟着一起帮忙、出主意，最终他们把目光转向一些新建厂房。

2011 年底，冯学岭在经济开发区租下了一处新厂房，规划建设了 8 个球场。2012 年 5 月，坤鹏羽毛球俱乐部正式开业。开业当天，朋友们举办了一个小型友谊赛，让冯学岭致辞。内敛的冯学岭没说什么豪言壮语，只是很朴实地说了句："能给大家提供一个标准的羽毛球场地，我很高兴，感谢大家支持！"

冯学岭（右）在比赛中

"将事业与爱好联系在一起是幸福的"

打羽毛球给冯学岭带来了健康的体魄和淋漓的欢乐，而经营好羽毛球俱乐部，则是冯学岭对事业的更高追求。对于自己深深热爱着的体育健身事业，冯学岭投入了更多的精力。

冯学岭与一些球友们本来就有固定的圈子，大家口口相传，为俱乐部打起了“活广告”。一时间，俱乐部名声大噪，慕名前来打羽毛球的人非常多。冯学岭也一直本着初心，每天上午对市民免费开放，每周六免费为大家普及羽毛球知识。同时，他还经常与威海市体育局、荣成市体育局合作，举办威海地区全民健身运动会羽毛球比赛。俱乐部的会员也在一次次高规格比赛中，配合默契，共同进步，连续多年在威海地区取得优异的成绩。

随着多次到外地参赛，冯学岭发现了一些问题，荣成的羽毛球队伍面临着青黄不接的窘况。他坦言：“我们团队四五十岁的人居多，30岁的人少，青少年更少。抛开比赛不说，没有青少年队伍，我们荣成的羽毛球事业发展就要断档。”

为了改变这种状况，冯学岭想到在寒暑假举办培训班，免费培养青少年羽毛球爱好者。但冯学岭明白，真要做好这事也是不容易的，首先要解决的就是缺少职业教练员的问题，仅靠业余爱好者培训那是误人子弟。于是，他组建了一支包括他自己在内的专业教练裁判队伍，3名专职教练员，4名业余教练员，10余名国家二级裁判，他们都参加了山东省体育局小球运动管理中心组织的资格考试，取得了相应资质。冯学岭还利用在山东省体育局小球运动管理中心学习的机会，孜孜不倦地向省队教练员请教，设计有针对性的青少年培训计划。现在，每年寒暑假都有许多青少年来俱乐部参训，越来越多的青少年喜欢上了打羽毛球这项运动。

由于俱乐部很多活动都是公益性质的，再加上场地维护和扩建都需要大量资金支持，冯学岭也销售一些配套项目，拉一些赞助，以支持俱乐部的日常开销。没想到，效果竟出乎意料的好，很多销售商、厂家找到他，希望在羽毛球场地进行广告宣传或者为比赛提供奖品。渐渐地，冯学岭把事业重心向羽毛球倾斜，除了经营羽毛球俱乐部，他还创办了毽球协会，开起了体育器材公司，承办了各类体育赛事。他说：“打羽毛球是我的爱好，能将事业与爱好联系在一起是幸运的，也是幸福的。”

“为荣成体育事业发展尽绵薄之力”

近年来，全民健身渐成气候，与之相关的体育产业、赛事被大众关注，很多资本涌入体育产业。冯学岭也意识到体育市场将有很大的发展潜力和空间。

冯学岭说："从市场角度分析，全民健身将推动体育消费，从而产生一定的经济效益。健身、运动需要场地和相关配套设施的支持，俱乐部也将受益于全民健身而增加收入。"冯学岭举例道："凡是体育赛事，动辄百余人参赛，再加上服务人员、观众、新闻媒体，千余人很正常。每多举办一场比赛，参与的人数都呈几何级上升。受此影响，相关运动装备和服饰的市场需求量也将出现大幅增长。"冯学岭感觉到，如今买一双球鞋、置办一套运动服已经不能满足大多数人的健身需求，人们对体育设施、项目设计等方面提出更高的要求。因此，他对俱乐部的细节设计都很用心，努力做到最好。2016年，冯学岭已经将场地扩建成17个，原来利用不到一半的厂房全部开发利用了起来，做了详细的功能划分，为球友打造了更舒适的运动环境和休息区域。

尽管在软硬件方面冯学岭的俱乐部都具备一定优势，但面对如雨后春笋般冒出的多家羽毛球馆，冯学岭还是感到"压力山大"。那么，他又有怎样的经营策略与考虑?

冯学岭说："目前，我的能力还十分弱小，真的要形成产业，还需要积极利用现有的各种资源进行产业策划，进行赛事推广、体育培训、体育体验等。这是我们一家羽毛球馆做不到的，必须与政府部门以及其他场馆联合互动、合作互惠。我也希望通过我的努力，为荣成体育事业发展尽绵薄之力。"

正因为有这样一个目标，冯学岭不断用心做事业，经营的俱乐部也多次获得威海市、荣成市十佳俱乐部等荣誉。他本人也于2014年获得了"山东省全民健身先进个人"称号。冯学岭说："荣誉于我而言只是一种鞭策和鼓励，希望我能够带动更多的运动俱乐部，发挥特色示范引领作用，开展各类健身运动，推动健身市场健康发展，让荣成人都能享受运动，健康快乐！"

（采访时间：2016年5月）

袁博士的绿色农业梦

□孙艳丽 王璐

袁黎明，留学日本的“海归”博士、山东省泰山学者，主攻土壤分析与生态农业。归国后，袁黎明开办威海索尔生物科技有限公司，从事土壤改良工作。袁黎明致富不忘家乡，积极帮助俚岛镇大疃林家村改良土壤。同时，在村里承包土地50亩，采用壳聚糖系列有机产品，引进优良果蔬品种，经土壤改良、生物消毒等环节生产各类绿色有机果蔬，其品质达到国际标准。

走进袁黎明的果蔬基地，只见几位工人正忙着将水果、蔬菜打包装箱。工人指着一位正在草莓地里摘草莓的人说，那就是袁黎明博士。袁黎明，博士研究生、山东省泰山学者、海外特聘专家、威海索尔生物科技有限公司总经理……但是眼前的袁黎明，头戴草帽，身着蓝色工作服，脚踏老北京布鞋，一条毛巾随意地搭在肩上，跟记者想象中的学者形象大不一样。

袁黎明把刚刚采摘的草莓递给记者，说道：“尝尝看，是不是有小时候的味道？”记者一边品尝草莓一边观察眼前的果蔬基地，红彤彤的西红柿、绿油油的黄瓜、圆鼓鼓的菜椒、甜脆可口适合生吃的胡萝卜、翠绿诱人的生菜……到处是一片生机勃勃的景象。

参观过果蔬基地，袁黎明与记者聊起了他这些年闯荡的经历。

弃商从农
潜心绿色生态农业研究

1996年，袁黎明大学毕业，学习经贸专业的他要想进入外资企业工作，必须精通一门外语，而那时随着国际航道的开放，荣成出口日本的海产品贸易量大幅增长，袁黎明决定以日语为突破口，让自己的专业学有所长，因此他只身来到日本，开始了求学之路。

袁黎明告诉记者，大家刚来日本，一般都会选择去超市等地兼职，这样可以赚取生活费，同时接触的日本人多了，在与其沟通的过程中，自身的日语水平也能有很大的提升。所以，选择课余时间打工是一件一举两得的事情，而就是闲暇打工时的所见所闻，改变了他一生的轨迹。

“作为农民的儿子，种地自然不在话下，所以我应聘到一家小农场工作。”让袁黎明没想到的是，种地还要先培训。更让他震惊的是，他上的第一课不是学习种植蔬菜的技术，而是学习怎样善待土地。“日本农场的土壤会由技术人员定时检测、判断所需元素，而后农民根据专家意见‘对症下药’，培养出肥沃、营养均衡的土地，而且他们都采用物理震荡授粉和‘中医’治虫的方法，这和我们的理念很不一样。”不同的种植理念在袁黎明内心产生碰撞，引起不小的波澜，反复思量之后，袁黎明做出一个惊人举动——转专业学习土壤学。

前六年的求学之路，袁黎明几乎没有休息的时间，每天不是在教室就是在田间地头取样检测。“我起步比别人晚，就得付出比别人更多的精力和更大的努力才能赶上我的同学们，也多亏了那时没日没夜的学习，现在我不管走到哪儿，只要有土壤监测数据，我就能说出土壤存在的问题，以及用什么方法来改良这一方水土。”这话可不是随口说说，这是袁黎明扎实功底的体现。虽然对土壤分析到位，但是用什么原料、怎样才能最大化地改良土壤，这一直是困扰袁黎明的问题。当时壳聚糖的研究在日本已小有成就，但是还没有大面积地推广。毕业后，袁黎明加入壳聚糖株氏会社成为一名研究员，专注于研究推广聚糖低分子、超低分子，后来获得专利。袁黎明介绍说，壳聚糖可以改良土壤，减少农药化肥的使用，提高作物免疫力，保证食品安全。经过 10 多年的研究推广，日本的鹿儿岛草莓基地、JA 农协合作社等几大特色庄园都已经大面积使用壳聚糖有机肥。

身体力行
技术为本打造绿色基地

父母在，不远行。因留日多年，身为长子的袁黎明不能在父母膝前尽孝，这一直是他的一大遗憾。2012 年，适逢威海海外留学创业园以优惠政策吸引海外学子归来，袁立明带着对父母的思念以及现代化的农业土壤改良技术回国，创立了威海索尔生物科技有限公司。

袁黎明博士正在大棚内观察绿色无公害蔬菜的长势

“索尔好像不是我们的常见词汇，起名索尔有什么特殊含义吗？”记者好奇地问道。“索尔，是古代北欧神话中掌管农业、和平的神。他用仁慈的爱心和强大的力量保护诸神国度的安全和人间的农作，为人类带来无限的和平与幸福。”袁黎明这样解释公司名字的由来。记者认为，用“索尔”这位农业之神的名字来给公司命名，体现了袁黎明对农业、对土地的理想主义情结和心中最淳朴的“绿色农业梦”。

公司成立后，袁黎明思考最多的就是如何让技术落地，让更多的农民朋友从中受益。“荣成天蓝海碧，山清水秀，具备发展生态农业得天独厚的条件，只要用纯天然有机土壤改良剂对土壤加以改良，配以壳聚糖为主要原料的纯天然植物活性剂对农作物进行免疫调节，提升自身抵抗力的同时降解农作物农药残留，就可以建立起真正的生态农业，打造高端生态农业品牌。”为推广土壤改良技术，袁黎明“走南闯北”，环翠、文登、乳山、荣成，到处都留下了他的足迹。夏日，他顶着高温，连续一星期为农民免费测土，提供产品和技术指导；冬日，他蹲在蔬菜大棚里，观察蔬菜长势，做数据对比。但创业和做研究不一样，数据和结论与经营产值不能成正比。“对待新生事物，大家习惯于先看到实实在在的效果，这也在情理之中。等他们看到利益后自然会慢慢接受的。”

袁黎明决定调整思路，另辟蹊径自建果蔬基地，自己种植果蔬产品，用自己生产的产品作技术示范。经过思量考察，袁黎明在俚岛镇大疃林家村投资200多万元建起50多亩的果蔬基地，用纯天然植物活性剂、有机土壤改良剂、壳聚糖海藻有机肥来改良土壤、种植农作物。“把基地建在这儿，一是因为这里是我父亲的老家，他对这里有感情，希望落叶归根；二是俚岛镇周围的环境好，水、空气、土壤无污染。”袁黎明解释道。

袁黎明介绍，土壤改良一亩地一年需四五百元，但是第一年就能减少20%~30%的农药用量，2~3年改良完成后，只要注重保护、采用有机肥和秸秆还田等措施，土壤能一直保持下去，既有利于生态保护，还能生产出放心的蔬菜、水果。“现在周边村的很多农户都用我们的土壤改良产品，因为不打农药产出的蔬菜、水果就是好吃，周围老人吃了都说有小时候的味道。”通过实实在在的例子，大家口口相传，更多的人找到袁黎明。

我们正聊着的时候，袁黎明的手机响起。“袁博士，我今天刚给你邮了两箱樱桃，你尝尝，太甜啦，个头还大，产量较往年能翻一番，来采摘的游客非常满意，都说好多年没吃过这么好吃的樱桃啦，哈哈哈……”爽朗的声音瞬间传过来。袁黎明介绍说，这是威海厚德大樱桃专业合作社社长于子君，特地打电话来“报喜”。2015年，厚德大樱桃专业合作社于子君从网上了解到索尔生物科技有限公司，随后找到袁黎明，请他做专业技术指导。袁黎明首先对土壤进行了专业检测，根据土壤弱酸性的情况，用纯天然有机土壤改良剂对土壤进行了改良，然后再用专门针对威海土质研发的壳聚糖海藻有机肥代替复合肥。同时，用粉末改良剂对树叶和果实进行喷洒，杀菌防虫。一年下来，效果明显。

随着成功案例的逐年增多，如今越来越多的农业合作社使用袁黎明公司的产品，如荣成浩润茶叶合作社、崖西明熠葡萄合作社、荣成宝苹果种植专业合作社、泊于晨辉草莓专业合作社……目前，威海市已发展绿色环保无污染茶叶果蔬种植10万多亩，袁黎明的梦想正在一步步变成现实。

扬帆远航
打造绿色产业链生态圈

“现在我们规模不大，产品产量小，只采用会员制的方式推广，每周进行配送，蔬菜、水果、鸡蛋、五谷杂粮，基本能满足会员一家三口一周的饮食需求。下一步，我们将开发山后的农田，种上更多的五谷杂粮，满足更多人的需要，同时扩大电子商务，让更多的人分享绿色生态农业的成果。”袁黎明信心满满地说。

扩大果蔬基地，让更多的人了解还仅仅是初始阶段，袁黎明还是希望做回自己的老本行，为农业合作社和种植大户提供以甲壳素为原料的植物活性剂、土壤改良剂、壳聚糖海藻有机肥等。只有这样，才能从根本上改良土壤状况。为此，袁黎明联合威豪葡萄酿酒股份有限公司、威海厚德大樱桃专业合作社、日本株式会社自然健康研究院等国内外知名企业和研究院所，成立索尔有机农业联盟，将致力于有机农业的发展、改变传统种植观念、实施先进农业管理种植理念的企业联合起来，抱团发展。

“荣成有着丰富的海产资源，比如虾皮、蟹壳等，下一步，我们通过深加工精提取，可以将其还原于土壤。”袁黎明说，由于土壤中很多有益菌等都在减少，可以先将海带、牡蛎壳、海藻、虾皮等海产品中的碘、甘露醇、岩藻多糖等多种高附加值成分提取出来，制成保健品，然后再将废料回收，制成水剂、粉剂、有机肥等，通过海产资源的再利用，将其以益生菌的方式返回到土壤中去。

随着越来越多的人了解、使用和推广，科研院所和高科技人才的加入，以及政府、社会和企业的重视，袁黎明“让每个中国人都能吃上健康食品”的绿色农业梦一定会实现。

（采访时间：2016年6月）

冬夏兼收渔家乐

□ 王璐 孙艳丽

18岁时，高永进只身一人来到荣成市俚岛镇烟墩角社区从事养殖工作，凭着过硬的养殖技术飞往7000公里之外的阿联酋迪拜挣得"第一桶金"。七年后，他回国办起了渔家乐，生意红红火火。为了扩大客源，他不断推陈出新，使自己的渔家乐远近闻名。为了让烟墩角渔家乐淡季不淡，他走南闯北，上下沟通，发展夏季"写生游"，打出自己的品牌特色。

2016年6月下旬，记者来到荣成市俚岛镇烟墩角社区的"天鹅村渔家"。走进院子，浓浓的饭香扑鼻而来，能容纳300余人的餐厅里人声鼎沸，游客们尽情地享受着美食……渔家乐的老板高永进刚把在海上拍摄万亩海带收割场景的两位游客接回来，又忙进忙出地为其张罗饭菜。好不容易闲下来，高永进和记者聊了起来，讲述他这些年的别样经历。

烟墩角，我的"第二故乡"

"听口音高经理不像是本地人！"刚坐下来，记者道出心中的疑问。

"对，我老家是安徽阜阳，我老婆是本地人，婚后我们定居在俚岛镇烟墩角社区。在这里生活了这么多年，烟墩角早已是我的'第二故乡'了。"高永进说道。

高永进18岁离家来荣成打工，在烟墩角水产公司从事养殖工作，这也为他开启了一段与烟墩角剪不断的情缘。

"刚进公司，我年龄小，也没什么技术，所以从晒海带做起。晒海带越是天热越要勤翻勤晒，干一夏天，我的脸色变得和海带的颜色差不多了。后来坐船出海夹苗，晕船晕得厉害，短短一个多月就瘦了近 10 公斤。”高永进回想起当年总是轻描淡写，一笑而过，但其中的劳苦辛酸没有经历过的人是无法体会的。高永进有股子韧劲，再苦再累都咬牙坚持了下来，年复一年兢兢业业地工作着。任劳任怨、踏实肯干的高永进最终赢得天鹅湖畔美丽姑娘曲丽君的芳心。2003 年，两人在天鹅的见证下携手走进了婚姻的殿堂。

婚后，高永进肩上的担子更重了，他觉得打工不是长久之计。为了让家人生活得更好，他开过服装店，经营过小超市，但是都不理想。“到底要干点什么？干点儿什么才适合我？”高永进常常琢磨这些事。

俗话说，有付出就有回报。几年的养殖经历在不经意间为高永进日后掘得“第一桶金”打下了基础。2005 年，阿联酋迪拜来中国招收工人，其招人的首要标准是“具有水产品养殖经验和专业加工技术”。多年从事海上作业，高永进夫妇在技术上是过硬的，通过层层选拔，夫妇二人带着 3 岁大的孩子踏上了迪拜的土地。

七年在异国他乡的摸爬滚打，一家三口的生活慢慢步入正轨，习惯也与当地融合，一切都越来越好。但对于家中父母，夫妇俩是心有愧疚的。“他们年纪越来越大，很多事情都力不从心，我们又不在身边，他们有个什么病痛也不告诉我们，我老婆一打越洋电话就抹泪。”于是，2012 年春节前，高永进结束迪拜的养殖事业返乡。七年了，一家人又聚在一起吃团圆饭了。

渔家乐，我的创业梦

说起回家后为什么做渔家乐，高永进比划着：“六个字——天时、地利、人和。”

回国后，高永进一直琢磨投资啥项目。当时，为了发展滨海旅游产业，延伸旅游领域服务，俚岛镇耗巨资修缮了烟墩角海湾周边的基础设施，美化了村庄。随着我市海洋休闲产业的发展，尤其是天鹅游的持续升温，再加上青荣城铁开通在即，高永进敏锐地捕捉到了商机。他认为，城铁开通后肯定会给荣成旅游带来前所未有的机遇，在海边渔村开个渔家乐会是个不错的选择。但也有朋友泼冷水：“人家做渔家乐都好几年了，基础有，人脉有，你这刚回国有什么？”“我也知道，老辈人有句话说别顶风干，但是我觉得本地旅游接待能力远远不够，关键看你怎么干。”高永进仍是信心十足。

“咱就开渔家乐！”在家人的鼓励和支持下，2012 年 6 月，高永进的渔家乐红红火火地开起来了。

高永进（前中）的渔家乐迎来越来越多的摄影爱好者

渔家乐是用家里的住房装修改建的，位置在村子中部，不占地利优势，一开始客源并不多。高永进明白，这是自己的劣势，因此他主动出击，寻找客源。

“别人是因为爱好摄影聚在一起，而我是因为要融入摄影群体才去培养对摄影的爱好。”高永进笑着说起他的“小聪明”。根据到长岛、乳山等地及周边渔家乐的考察，高永进发现第一消费群多数是摄影团队。为此，他恶补摄影知识，练习拍摄技巧，天天外出寻找拍摄海草房、渔船、码头等的好角度，然后通过 QQ 群、博客等方式，与摄影爱好者分享自己的拍摄经历和拍摄感受。

“天气预报：明后天天气晴朗，适合拍飞版天鹅。”

“近阶段，天鹅将进入 20 天的练飞时间，能捕捉到非常精彩的镜头，有兴趣的朋友不要错过。”

……

高永进不仅讨论摄影，还在各个群里实时发布天鹅的最新情况，引起大家的兴趣。这样很多摄影爱好者都知道烟墩角是摄影者的“天堂”，还知道这里有个志同道合的“导游”。

很多摄影爱好者慕名而来。只要来到“天鹅村渔家”，高永进就为大家提供吃、住、游一条龙服务，还带着游客“上山下海”寻找拍摄角度，记录大家的探寻足迹。有的游客对烟墩角不了解，不知道怎样安排行程，高永进就贴心地为其制作“三日摄影行”“二日旅游攻略”等，力求让大家玩得舒心、玩得高兴。

经过一年多的发展，高永进的渔家乐规模已经满足不了成倍增长的游客数量，高永进考虑着扩大经营规模。他瞄准了村委旧址，在同行竞争中脱颖而出，争取到这块“宝地”。

经过翻修，新的渔家乐开张营业。新址临海而建，占地 1500 平方米，能同时接待 300 多名游客。游客现在坐在渔家乐里就可以看到天鹅的“倩影”，躺在渔家乐床上就能听到天鹅的“歌声”。

高永进正忙着打造烟墩角写生基地

深度游，我的发展规划

夏夜的烟墩角悠闲惬意，海浪缓缓地拍打着沙滩，海风驱走了白日的炎热。烟墩角社区广场上，人们跟随动感音乐欢快地健身，享受迷人的夜晚。

平日里健身后大家都聚在一起“谈天说地”，但今天的广场却有些安静。

原来，他们都不约而同来到高永进的渔家乐，见识见识啥叫“艺术沙龙”。只见大屏幕上放映着一张张精彩的照片，荣成市摄影家协会主席马世民正分享着他多年的拍摄经验和技巧。来自瑞典华人摄影协会、上海、浙江等地的200余位摄友和荣成市摄影爱好者欢聚一堂，分享着拍摄的乐趣。

“今天听说有摄影家联谊会，我特地来看个新鲜。以前在我们村子里经常看到有人拿着‘长枪短炮’拍天鹅，至于怎样拍摄、拍出的作品是什么样的，从来不知道。”烟墩角社区居民说道。

类似的联谊会、摄影交流会已经成为烟墩角社区夏季傍晚最流行的艺术活动。

“我们这里的食宿条件基本都很完善，但是相较于城市，夜生活还是有些单调。怎样才能让游客过得更有滋有味，我琢磨着不如让摄影家们拿出自己的作品来，大家相互点评、交流心得，既能提高技艺，又能结交朋友，还丰富了夜生活。”为了将艺术沙龙搞得有声有色，高永进购置了音响、投影仪等设备，精选主题，定期邀请有影响力的摄影家前来讲课。

活动开展后，大家都踊跃参加，反响特别好。现在，高永进的渔家乐不仅仅是摄影爱好者来烟墩角的落脚点，更发展成为摄影发烧友切磋技艺的聚集地。

荣成市素有“中国大天鹅之乡”的美誉，每年10月底大天鹅飞抵本地，来年的3月初相继离开。而这段时间也是烟墩角游客最集中的时间段，到了夏季，游客明显减少。相较于其他地方的渔家乐迎来夏季旅游高峰期，烟墩角的渔家乐显得有些冷清。

6月的烟墩角，万只黑尾鸥飞翔，海带大丰收，再加上海草房古村落，构成了一幅幅美丽的诗意画卷。这里不仅步步有景，景景生情，还可以出海观日出，参观万亩海带、鲍鱼养殖区，亲自动手收渔网、拔蟹笼，采摘海带、扇贝、鲍鱼等等。高永进抓住这一亮点，将胶东独具特色的文化与景观串成一个小的黄金路线，发展深度游，使游客切实地从“我来过”向“我在这感受过”转变。

现在，即便是淡季，高永进的渔家乐里也有一波又一波的游客进进出出，对怎样才能吸引更多的客源、带动周围的渔家乐一起发展，高永进有自己的打算与行动。

“旅游写生正在兴起，但是各项条件都具备的在全国还真是没几家，不是硬件设施不行，就是风景满足不了多元化的创作需求。”高永进告诉记者，现在他正忙着打造烟墩角写生基地。到目前，他已经与中国少儿造型艺术培训中心等 10 多个团体签订合作协议，各项活动正在筹备当中，准备在暑期拉开序幕。

要想在烟墩角发展旅游写生仅凭一人之力是不行的，近些日子，高永进积极与社区和市旅游部门对接，希望借助上级部门的影响力和平台，打造一个新的旅游项目，利用 3~5 年时间，将烟墩角打造成一个规模化的写生基地。

畅想未来，高永进充满信心。他坚信：随着烟墩角码头口岸的进一步开放，烟墩角旅游经济的全面发展及国际大通道的开通，他们的渔家乐生意会如振翅的天鹅一般“越飞越高”。

（采访时间：2016 年 7 月）

“武痴”的创业梦

——记石岛沙氏武术馆馆长赵文峰

□ 赵世喜 张世松 王福东

赵文峰，石岛沙氏武术馆馆长。少时练武强身，中年痴心国粹传承，赵文峰用他的亲身经历告诉我们，人生一世当有所追求，把爱好与事业完美结合，才是人生至高追求。

2016年7月，在刚刚结束的山东省第六届全民健身运动会传统武术比赛大会上，沙氏武术馆馆长赵文峰以最高分的成绩获得了男子一类拳术比赛一等奖，晋升中国武术六段段位，系本赛组中唯一晋升者，并被授予“道德风尚奖”。同时，赵文峰的学员还获得了2个二等奖、4个三等奖的优异成绩。

这一成绩的取得，让痴情于沙式武术的赵文峰颇感欣慰，在梦想与现实的碰撞中，他甘守清贫，耽于寂寞，心中痴迷不悔的武术传承梦正在一步步实现！为传承这一源于荣成的武术技艺，赵文峰付出了千般艰辛，外人难以体会他心中此刻的波澜……

习武：懵懂少年初识沙式武术

近日，刚刚从一家门头广告制作现场走下来的赵文峰，身着工作服，向我们娓娓诉说着他曲折的习武经历，让我们在他平和的讲述中了解他几十年未变的习武梦，探求他从习武到精武的心路历程。

50岁的赵文峰，出生于上庄镇东上庄村。从小体弱多病的他饱受疾病折磨，就算与同学嬉闹也很难占“上风”，他总是最受气的那一个。及至稍大，父母看到村里有“练把式”的，便劝他跟着学习，目的极其简单，就是为了学点“三巴掌两脚”，锻炼身体，少受欺负。怀着健身防“暴”的念头，赵文峰走上了懵懂的“习武”之路。上初中时，赵文峰还按照军事体育杂志上图画所标示的一招一式进行训练，虽然乏人点拨，但也练得有板有眼，兴致盎然。

1982年，一部彩色故事片《少林寺》在全国热映，中国传统武术的独特魅力，点燃了热血少年以武兴国的热情，习武热潮席卷大江南北、长城内外。赵文峰的习武热情再次被点燃，于是，冬练三九，夏练三伏，身体素质越练越好。考入市第二中学后，赵文峰在老师的教诲和引领下，对武术理论、门派、历史等有了初步了解，也结识了沙式武术的本土弟子屈永恒和沙国政的堂弟沙书樵等，并拜其为师。有了师傅的引领，赵文峰开始习练沙式形意拳，掌握了形意拳的拳路和全部招式。“如果没有人学习沙式武术，这门武学将来就有可能在荣成断根。”师傅沙书樵不经意的一句叹息，让赵文峰开始专注沙式武术的练习。

通过师傅的言传身教，赵文峰对沙式武术有了深刻的了解。这个武术门派是我国著名武术家沙国政创立。沙国政出生于现在的荣成市港湾街道北沟村，作为乱世侠者，国内流传着众多关于他的佳话、轶闻，在当地至今还流传着他热血抗击日军入侵的故事。如果在荣成看不到沙式武术的传承，这将是本土文化的一个缺憾。

随着练习的深入，赵文峰对沙式武术有了越来越深刻的认识，愈加喜欢这门传统武术技艺，练习也更加专注。1988年，在石岛举行的南部八乡镇武术比赛中，赵文峰获得了二等奖，从此他在业界开始小有名气。

精武：中年拜师始悟“沙武”真谛

赵文峰继承、传承沙式武术的道路说起来更像是一段励志故事。

沙式武术具有完整的思想体系、技术体系和理论体系，武学博大精深，奥妙无穷。作为创立者，沙国政先生是一位多产的武术家，一生创编的武术套路和著作非常多，给世人留下了许多优秀的武术套路、近百万字的心得体会和手稿，他的许多著作也被翻译成多国文字在许多国家出版。要悟得沙氏武术的真谛，没有“十年磨一剑”的韧劲和耐性，也一定不会有“砺得梅花香”的收获，更不可能为严谨的沙氏家人所认可。但执着的赵文峰做到了。

师傅领进门，修行在个人。赵文峰在求学期间就喜爱武术、美术、书法，曾跟随沙书樵、武连生、屈永恒、许青等老师学习，武连生、许青对书画的教授使得赵文峰在高中毕业后就从事了美术设计的行业。国有商业体制改革后，赵文峰发挥专长，于1996年夏在石岛开办了赤山文峰美术社，虽然业务繁忙，但出于对沙式武术的一片痴情，赵文峰挤出更多的时间用来钻研沙式武术。

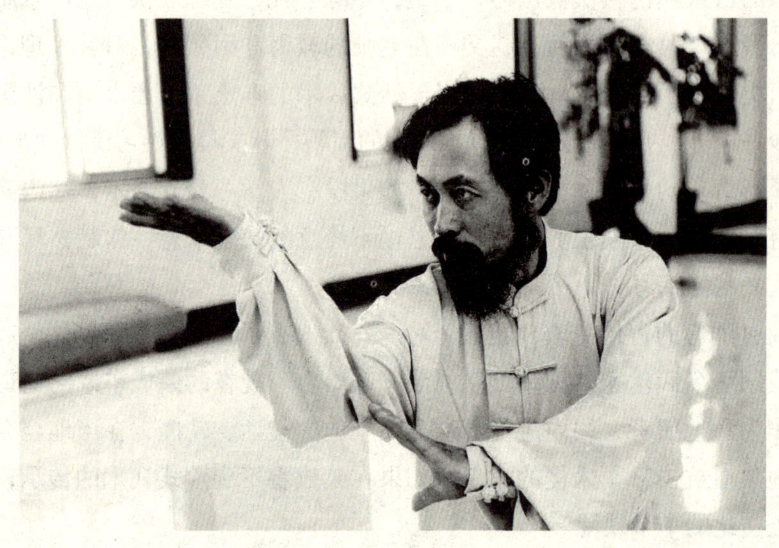

赵文峰在习武

功夫不负有心人。2006年，赵文峰有幸结识了回乡探亲的青年武术家沙俊杰。沙俊杰是沙国政之子，中国武术八段，自幼随父亲沙国政先生学习武术，家学渊源，深得其父真传，后又师从云南拳击名家舒正老师学习拳击，擅长形意拳、八卦掌、太极拳、通背拳、长拳及器械、散打、对练。遇见沙式武术的嫡传人，时年过四旬的赵文峰，渴望拜师学艺。只要沙俊杰一返乡，赵文峰就跑前跑后，求教沙式武术，沙俊杰都一一给予了单独指点。长期的探索和积累，使赵文峰得到点悟之后进步很快，也让沙俊杰看到了他的可造之处。

沙俊杰的指导，让徘徊于沙式武术大门之外的赵文峰受益匪浅。他从此不断地阅读、学习沙式武术理论，感悟沙式武术神形兼备、内外合一、奇巧多变、刚柔相间、气势磅礴的精华所在。他系统学习沙式形意、八卦、太极、通背等拳法，不断提高自身武术的技术性、健身性和艺术观赏性，力求恰到好处地发挥自己的实力和技术，以充分继承、体现和传承沙式武术的精髓。

对于赵文峰的进步，沙俊杰和业内人士看在眼里，喜在心上。经过4年的德艺考察，赵文峰终于得到沙俊杰的认可。2010年8月，赵文峰远赴云南昆明，在武术界精英们的见证下，时年44岁的赵文峰，代表来自国内外的其他27名沙式武术爱好者，向沙俊杰行敬茶拜师礼，成为沙式武术第三代入室弟子。至此，赵文峰在习武的道路上迈出了更加坚实的一步。

传武：再次创业留传德艺双馨

云南之行，开拓了赵文峰的眼界，也提升了他的习武境界。

入室之后，沙俊杰找到更多的机会对赵文峰耳提面命，谆谆教诲，在提高技术的同时也升华他修德、习武、处世的思想境界。赵文峰越发认识到：中华武术是国宝，是国粹，发扬光大是我辈义不容辞的责任。

从云南归来后，赵文峰广泛征求社会各界的意见，遵循师伯康戈武（中国武协原秘书长）“荣成石岛是沙式武术的根，光大沙式武术应该从石岛开始”的倡议，把传承沙式武术作为自己的责任，在征得沙俊杰等沙家亲属同意后，赵文峰带着云南沙国政武术馆、云南沙国政拳术研究会授予的《沙式武术师门传承证书》，租赁了斥山街道西苏家村委办公楼700平方米的房屋，办起了石岛沙国政拳法研究会沙氏武术馆。2015年9月，沙俊杰专程从云南回到荣成，为武馆揭牌。武馆也被威海市武术协会授予“威海市武术协会培训基地”，可组织开展武术项目的培训和交流活动，这是威海域内唯一一家。经过各方的推动，赵文峰又踏上了传道、授业的“二次创业”之路。

武馆开办初期，引来了一批成年人和孩子，他们抱着“试试看”的心态报名参加学习。最初的儿童学员只有40来个，但赵文峰抱着潜心钻研、热心传播的态度，以一个忠实沙式武术传播者的身份诲人不倦，除自身不断刻苦钻研习练外，他把更多的时间和精力都用在了沙式武术的推广普及上。对于社会练习者，赵文峰甚至义务教学，为的就是弘扬沙武，为民造福。

赵文峰牢记教学相长的道理，在传授拳法的同时，也没忘记自己的练功。

晨曦里，灯光下，都有他勤练不辍的身影。随着功力的不断增长，他的教学水平也在不断提高，为夺取金牌、晋升武术段位打下坚实的基础。在2016年威海市武术协会组织的传统武术比赛中，沙氏武术馆获得了集体一等奖，为沙式武术在威海地区的传播起到了积极的推动作用。

在教学中，赵文峰注重从武德切入，要求学员们练武先修德，注重针对少年儿童的心理特点和接受能力，教孩子懂道德、学文化、知规范、讲文明，注重从拳术的一招一式来灌输精益、认真、严谨的作风，让孩子们能够在勤学苦练中感受中华武术的博大精深。入脑入心的明理布德传艺，让孩子们的心智受到了启迪。许多“小皇帝”“小公主”通过习武教育，渐渐改掉了独生子女以自我为中心的心理，逐步养成孝敬父母、尊老爱幼、团结他人、友爱同门的良好品质。家长们欣喜地发现，经过短短一段时间的学习、训练，孩子的性格开朗了，学习成绩提高了，待人接物有礼貌了。曾经对沙氏武术馆持怀疑态度的家长们，抛弃前见，纷纷当起了沙氏武术馆的义务宣传员。

赵文峰指导学员练习沙式太极拳

文无第一，武无第二。赵文峰开办沙氏武术馆常常引来同行的关注，许多人想切磋技术、比试高低。对此，以“崇德尚武，弘扬国粹”为己任的赵文峰，秉持圆融的理念，从来不持技压人，武友上门，以茶论道，以德服人。

作为虔诚的沙式武术传人，赵文峰用心去感受、领悟中华武术博大精深的文化情结与武学内涵，在交流中提高，在发展中创新。如今，他肩负历史使命，致力于中华武学研究，为广大武术爱好者搭建一个通文启智、备武强身的武学文化平台，开辟一个文武兼备、身心和谐的武学文化阵地，以文明其精神、强健其体魄，使优秀传统体育文化由零散走向规模、由把式式传教转向科学化训练、从民间发展面向大众普及，努力把沙氏武术馆打造成为尚武之馆、崇文之馆，打造成联系之馆、发展之馆，为推动全民健身、建设健康荣成贡献一己之力。

（采访时间：2016 年 7 月）

“老公社”的“新社员”

□ 张世松 王福东

宋晓阳和他的伙伴们经营着老公社生态养殖专业合作社，他们年轻有为，敢想敢干，靠着对创业的执着追求和不懈努力，把“老公社”这个品牌做得风生水起。这群“老公社”的“新社员”在创业的道路上有哪些故事呢？

知道“老公社”这个品牌的猪肉、羊肉，源于有一天单位同事老王到家家悦超市政府广场店购买东西，偶然发现了超市内设有“老公社”专柜。听了店员的介绍，老王抱着试试的心态，购买了1公斤羊肉。到了他父母家里，老王亲自下厨，做了一盘葱爆羊肉，他父母细细品尝之后，赞不绝口，说：“这辈子没吃过这么好的羊肉。”老王对自己的烹饪技术心中有数，显然还是沾了“老公社”羊肉的光了。自此之后，老王逢人就夸“老公社”的肉好。

“老公社”的肉究竟好在哪儿呢？记者从“老公社”宣传单上找到了老公社生态养殖专业合作社经理宋晓阳的电话。拨通了电话，记者表达了采访的意愿，宋晓阳欣然同意，并亲自驾车，带着记者前往“老公社”基地瞧瞧“庐山真面目”。

从市区驱车大约半小时，我们来到了上庄镇刘家店村落将山，这里就是老公社生态养殖专业合作社的基地，占地300亩的小山四周被一米多高的水泥墙围了起来，围墙内就是跑山猪、羊、鸡的“领地”。7月的下午，骄阳似火。跑山猪、羊、鸡却生活得怡然自得，或在树荫下，或在水塘中，它们都能尽享快乐。只见那黑猪膘肥体壮，黑羊机警灵敏，在林中穿梭自如，跑山鸡更是闲庭信步般啄食着树种和小虫。老公社生态养殖专业合作社基地宣传的生态、绿色、无公害，令人信服。

为什么叫“老公社”？这个名字又有什么含义，且听宋晓阳娓娓道来。

我们钟情“老公社”

“我们的注册商标叫‘老公社一九七八’。这里面有个故事。”

早在2004年，宋晓阳的朋友于志昂就在落将山搞起了承包养殖，山上主要放养的是羊，以波尔山羊、杜泊羊为主，规模是当时威海市最大的，还散养了鸡和四五十头白猪。由于是纯粮喂养的跑山猪，肉质鲜美无比，逢年过节宰杀后分给亲朋们品尝，大家都十分满意。由于吃着放心又有营养，宋晓阳心里就希望平日里也能经常吃到这样的好肉，可是于志昂一个人势单力薄，顾了生产就顾不了宣传、销售等后续环节，而且资金也是制约养殖发展的“瓶颈”，所以养殖规模一直不大，难以形成批量生产。

但宋晓阳不死心，2012年，朋友们聚会，把这件事重提出来，而于志昂也表达了希望几个好哥们加盟、把这项事业做大的强烈愿望。几个朋友一拍即合，这件事就这么定下来了。“2014年10月14日，我们的生态养殖专业合作社正式成立了。我们是12个合伙人在做这件事，12个人各司其职、各负其责，我只是其中主要负责的几个人之一。大伙儿信任咱，咱就一定要把这件事做好，对得起大家的信任，更对得起自己的良心。”宋晓阳由衷地说道。

由于有之前的基础，充裕的资金注入后，事业很快就按照原先的设想按部就班地做起来了。有了产品，就要有商标，但注册个什么商标好呢？大家集思广益，在一起讨论过多次，一个个名字被提起又被否定掉，突然有人提议：干脆就叫“老公社”。“我们这些人都是农民的儿子，人民公社在大家心里的地位还是很崇高的，叫‘老公社’有一种怀旧的情愫在里面。定下来以后，我们就到工商部门去注册，谁知这个商标早有人提前注册过了，但我们不愿就此放弃。”又有人提议，1978年，安徽凤阳小岗村18户农民冒着风险搞起“大包干”，拉开了家庭联产承包责任制的序幕，也推动着原有的以“一大二公”为标志的人民公社体制走向改革。“并且，我们几个合伙人大多是1978年出生的，在‘老公社’后面加上个‘一九七八’会更有意义。”经过再次申请，一年后，“老公社一九七八”的商标审核通过，正式注册了。“我们就是要让顾客吃着‘老公社’的肉，能够回味记忆中猪肉的醇香味道。当然了，我们这些合伙人就成了‘老公社’的‘新社员’了。套用一句时髦的话说——我自豪，我骄傲！”

宋晓阳（右）在超市专柜为顾客服务

原汁原味原生态

宋晓阳与几个朋友联手后，对养殖品种进行了筛选与改良。

“我们决定基地以养殖黑猪为主，羊和鸡为辅。之前养殖的白猪虽然品质也不错，但经过考察论证，传统的黑猪品质更佳，更能迎合现在人们追求绿色生态饮食的心理。当时我们到江苏一带去选猪种，购回 110 头小猪，可能是水土不服的原因，小猪跑肚拉稀，很快就损失掉一半，当时我们就傻眼了，心里那个痛啊，真是没法用语言来形容。”痛定思痛，宋晓阳决定还是在当地农家找，经过反复筛选，最终选定了当地传统的黑猪作为主要养殖品种。饲料配方也很重要，宋晓阳和朋友们分头查找资料，从 300 多种配方中，试验筛选，最终确定了以大头菜、玉米、豆渣、农作物秸秆混在一起粉碎，然后搅拌、发酵，作为黑猪的“口粮”。

“我们对基地进行了进一步的改造，改造后的基地拦山围圈，传统黑猪大部分时间都在基地的山上自由活动，任意采食山花野草。”宋晓阳说，基地实行专业化管理，严格秉承绿色生态养殖理念，沿袭了旧时农家的喂养方式，100% 纯粮食喂养，100% 跑山猪自然生长，生长周期长，确保原汁原味原生态。

老公社生态养殖专业合作社基地的黑猪个个膘肥体壮

黑猪屠宰前，需要到上庄镇畜牧兽医站进行检测，查看是否含有瘦肉精、抗生素、外源性激素等，指标合格后再送到国家指定的荣成生猪定点屠宰机构——宝竹食品有限公司，进行生猪检疫，检验合格后才能进行屠宰，然后冷链运输至专卖店，进入销售环节。

为了立足长远、把“老公社”的品牌做大做强，宋晓阳和朋友们实行产销一体化，杜绝中间流通环节可能产生的一切问题。2015 年 1 月 16 日，在名人酒店北侧，“老公社”的第一个专卖店正式对外营业，肉品销售火爆，追求健康、绿色、环保的人们在这里可以购买到安全肉、放心肉。“看着顾客高兴而来、满意而去，我们也很欣慰，我们的努力没有白费，我们的目标终于实现了。”接下来就水到渠成了，家家悦集团打电话找到他们，又派人亲自到基地去察看，觉得满意后，就与他们签订协议，在家家悦超市内设专柜，销售“老公社”肉品。目前，这样的专柜在威海家家悦超市共有 5 处，“老公社”的销路一下子就打开了，知名度也提升了。

“我们还有一个很牛的地方，我们的养殖基地是威海地区唯一一家一年 365 天、每天 24 小时对外开放的养殖基地，我们欢迎各界朋友参观基地。”有一次，威海有个顾客打电话说次日要到基地参观，1 小时后又打电话说他已经到了上庄镇驻地，询问基地的详细地址后，驱车到了基地，仔仔细细、认认真真地围着基地看了一圈，感到跑山猪名副其实，货真价实，于是，他到专卖店交了500元定金，要在基地订购一头黑猪。最后，他如愿地花了6000多元钱购买了一头150多公斤的黑猪。很多人都是慕名前来基地参观，他们对青山掩映、绿水环绕、猪羊为伴、鸡犬成趣的养殖基地赞不绝口。宋晓阳也曾多次组织养殖基地参观活动，最多一次参观人数达到500多人。关注“老公社生态养殖”的公众号可以直接导航到达“老公社”养殖基地。威海电视台“威海财经”栏目两次对“老公社”生态养殖模式进行了专题报道。

创业永远在路上

黑猪在山上跑来跑去，只有早晚两次到山顶食槽吃食，其他时间就以山上林间的山花野果为食，管理起来相对比较省心。但也有不省心的时候。“2015年冬天的一天，气温达到零下12℃，我们怕黑猪冻坏，晚上10时开车上山到基地，想方设法把黑猪赶进猪棚，可散养惯了的黑猪根本不听话，真是费了九牛二虎之力，黑猪才不情愿地被赶进了猪棚。我们又在猪棚内生起炉火，为黑猪取暖。忙活完这些，已是午夜时分。望着在猪棚内安睡的黑猪，我们才疲惫地下山了。”

这样的事情其实还有很多，个中的酸甜苦辣，不足与外人道也。但凡认准的事，就要坚持做下去。只要坚持不懈，必有好结果。2015年开年会的时候，宋晓阳向全体合伙人通报了一年来的经营管理情况，大家都群情激昂、摩拳擦掌，更坚定了按照既定目标奋勇前进的决心。

由于诚信经营，2014年老公社生态养殖专业合作社被荣成市商务局授予“诚信先锋”荣誉称号，2015年被荣成市委、市政府评为“诚信示范个体工商户”。老公社生态养殖专业合作社本着来源社会、回报社会的原则，积极参加社会公益活动，2015年曾为抗战老兵及烈属捐献2万余元，聘请3名残疾人到基地工作。他们还有个想法，就是要以“基地带农户”的方式，带动更多的养殖户致富。

除了落将山这个养殖基地，宋晓阳他们在文登还有两处基地。专卖店和专柜共有8处，其中威海有3处。“未来，我们计划在海阳再建一处养殖基地，使我们的产品能辐射到整个山东省，让全省人民都能吃上‘老公社’放心肉。”宋晓阳信心满满地说道。

目前，“老公社”又新增两家专卖店。他们的目标是：致力打造威海地区带地理标识的生态黑猪第一品牌。

2017年2月和2018年2月，“老公社”被荣成市委、市政府先后评为“2016年度诚信示范个体工商户”“2017年度诚信个体工商户”。

创新无止境，创业有目标，“老公社”的“新社员”，加油！

（采访时间：2016年7月）

陈玉莲办厂记

□ 赛绪强

陈玉莲在荣成市虎山镇经营着两家针织厂。2002~2015 年，她两次办厂，每一次都干得红红火火。虽然也有许许多多的酸甜苦辣，但陈玉莲心里始终有一个执着的信念——要让更多的农村姐妹们有活干、有钱挣、有好日子过。现在，让我们一起去探寻陈玉莲两次办厂背后的故事。

陈玉莲是荣成市虎山镇宏春服装有限公司和宏久针织厂两个厂子的老板。如果说第一次办厂是瞅准市场、追求经济效益的话，那么第二次办厂，她是要给偏远的农村妇女提供就业机会。

确实是这样。

她的厂子虽说靠近公路，但前不着村、后不着店。针织加工业是劳动密集型产业，一般要在人口稠密区建厂，陈玉莲却把厂址选在了偏远的“荒郊野外”，这并非她心血来潮。作为一名有着 20 多年党龄的共产党员，陈玉莲认为不能光想着自己，她有责任、有义务帮助更多偏远农村的妇女就业致富。在她的工厂里，只要努力，一年能挣到四五万元，对于偏远农村的家庭来说，这可不是个小数目。

宏春服装有限公司创办于 2015 年，投资 2000 万元，厂房 6000 平方米，现有职工 200 多人，是虎山镇目前最大的私营针织加工企业，年上缴利税 250 万元。

陈玉莲做梦也想不到，自己会在 53 岁这年第二次办厂，而且一投资就是“大手笔”——2000 万元。她打拼了大半辈子，也没有攒下这么多钱。这

2000万元，有职工集资，有银行贷款，还有从亲朋处拆借的。刚开始时，她也曾怀疑自己的选择是不是错了，会不会一步错步步错，落下一大堆“饥荒”？看看周围的同学，退休的退休，带孩子的带孩子，打麻将、跳广场舞、旅游观光，闲而快乐，谁像她放着清福不享，还在一门心思“创大业”“挣大钱”？在很长一段时间里，她感到疑惑和茫然。

陈玉莲有个幸福的三口之家，儿子大学毕业后在威海工作。家人都支持她的选择，都敬佩她的事业心。儿子开导她说：“你不用老想着赔不赔钱的事，也别老想着为我留下些什么，就单纯把它当成一份事业来做，只求问心无愧就不会有这么多的烦恼了。”想想也是。开弓没有回头箭，在家人和周围人的支持和鼓励下，恢复了信心的陈玉莲全身心投入到新厂建设中，工作安排得井井有条，厂子也很快走上正轨。

陈玉莲接触针织这营生，可追溯到1982年。高中一毕业她就进了镇针织厂当了一名工人。凭着吃苦耐劳，凭着心灵手巧，凭着较高的文化水平，她很快从一帮小姑娘中脱颖而出，第三年就当上了车间主任，并加入了中国共产党。1992年，她调入石岛霞丽时装有限公司，出任生产厂长。

10年的岗位历练和辛勤付出，陈玉莲慢慢有了自己创业的念头。2002年，她辞职下海。当时正赶上原邱家镇与黄山镇合并，两个镇的敬老院也合并，腾出了一片旧房子对外出租。陈玉莲从中看到了商机：敬老院周边是居民区，有充足的劳力资源，是办针织厂的好地方。说干就干，她东拼西借凑了40万元，对敬老院略作改建，宏久针织厂就挂牌投产了。

那一年，陈玉莲40岁。一个女人，事业从40岁开始，年纪大了些，可陈玉莲也有自己的优势，这些年一直从事针织加工，每一道工序，每一件产品，甚至包括成本、利润和国内国际市场形势，她都了然于心。

创业是艰辛的，陈玉莲早想过，也做了最坏的打算，但真的干起来，困难还是远远超出了她的心理预期。没有启动资金，干什么都要省着来。她在厂子的角落里，挤了一间小屋，仅放得下一张床，冬天冷，夏天热，一住就是3年。多年后回想起那段经历，她自己都不知道是怎么熬过来的。

她招的第一批工人有60多名，几乎全是厂子周围的家庭妇女，年龄参差不齐，没有一个干过针织活。每一道工序都要她手把手地教，所以很长一段时间，她没日没夜地泡在车间里。培养一名熟练工至少要三四年时间，她恨不得自己长出三头六臂，一个人顶三个人干。转年，赶上了肆虐全国的“非典”疫情，工人们不敢上班，厂子刚刚接的6800件的订单，硬是干了三个多月。

她想起辞职时厂长说过的话——“霞丽时装随时欢迎你回来”。她真的想撂挑子回去。但丈夫鼓励她，再苦再累也要咬牙坚持。

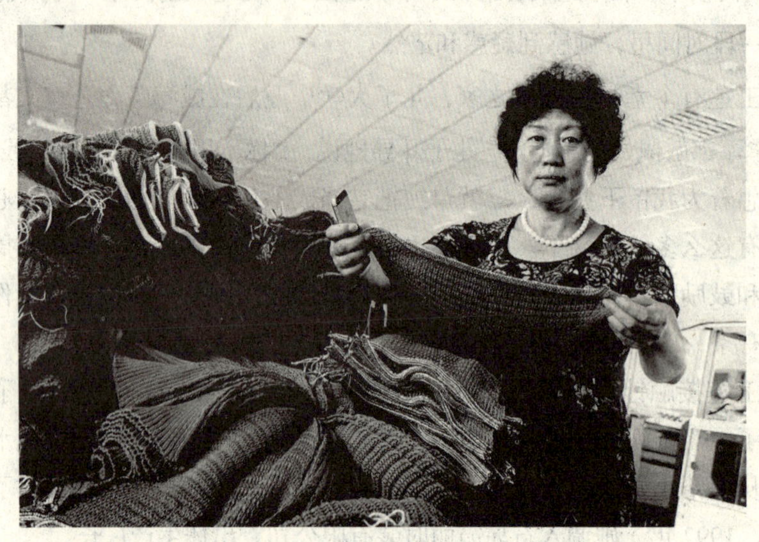

陈玉莲在展示公司生产的针织产品

厂子小，没有食堂，她吃住在车间里，哪里需要哪里就有她的身影。有时候，锅里刚煮上饭，人又被叫到车间去了。忙活一阵儿才想起灶火还开着，急急赶回厨房，饭早就煳了，锅也烧坏了，还好有惊无险。

厂子里到处堆放着易燃的纺织品，万一发生火灾，后果不堪设想。有了这次教训，亲人们全体总动员，轮流为陈玉莲送饭。不仅管着她的一日三餐，还要伺候她上学的儿子。儿子从小到大，陈玉莲几乎没有时间照顾，却在亲人的怀抱里健康地成长。想到这些，陈玉莲心里就满是愧疚，也充满了对亲人们的感激之情，所有的苦和累都变成了幸福。婆婆已 78 岁了，一直和陈玉莲一家住在一起，为全家做饭干家务。陈玉莲每次拖着疲惫的身体回家，看到婆婆摆好了热气腾腾的饭菜，感恩之情便油然而生，也更坚定了她办好厂子、干好事业的决心。

虎山镇是针织之乡，从事针织加工的企业很多，镇驻地规模较大的针织企业就有四五家。这些企业大多使用外工，存在人员流动性大、技能不熟练等问题，导致工作效率低下。而陈玉莲只在当地招聘家庭妇女，这些妇女入厂完成系统培训后就能上岗。当别的针织企业每年为招工难和培训难发愁的时候，陈玉莲却把更多的心思放在抓产品质量和企业管理上。

为吸引人才、留住人才，陈玉莲主动为员工缴纳养老保险，压缩劳动时间，减少加班，按时发放工资，提高日常福利待遇。员工人心齐，订单不断，企业越办越红火。

认识她的人都说，陈玉莲有副热心肠。哪个员工有困难了，只要她知道，都会想方设法帮助解决；哪个员工家庭发生不愉快的事，也都爱和她说说，请她帮忙拿主意。厂里实行人性化管理，有的员工生产出残次品，她很少用罚款的办法处理，而是同员工一起分析原因，吸取教训。以前干车间主任、干生产厂长时，小姐妹们都服她，看到陈玉莲办厂，很多小姐妹跳槽来跟着她干，如今都成了厂里的技术骨干。

订单越接越多，宏久针织厂逐步驶入高速发展的快车道。员工由原来的几十人，发展到200多人，厂房不断扩大，原有的场地已拥挤不堪。近年来，针织市场疲软，对宏久针织影响却不大。因为她很少接欧美成人订单，而是接利润更高、劳动强度更小、竞争更少的日本童装订单。

企业不断发展壮大了，这也促成了她的第二次创业。

陈玉莲（左）对员工悉心指导

建新厂房，却为资金所困。原本陈玉莲打算只盖两排车间，留下空白场地等以后发展再说。员工们不愿意了，纷纷找到她说：“别再年年建厂了，建就一次到位，钱不够，我们凑。”200多位员工，硬是凑出800万元。面对员工的信任和支持，陈玉莲除了感动还是感动。

陈玉莲不再考虑自己的年龄，而是下定决心：只要走得动，就干下去。不但要对得起自己的良心，更要对得起这个社会、对得起自己胸前这枚闪闪发光的党徽。

陈玉莲两次办厂，一样的是投入，不一样的是情怀；一样的是坚守，不一样的是从容。

（采访时间：2016年8月）

厚积薄发 精筑致远

——记荣成诚安集团有限公司董事长彭俊洲

□赵世喜

彭俊洲，荣成诚安集团有限公司董事长。“70后”的他，人生阅历丰富多彩，做过央企的员工，有着私企经营的实践，从事过贸易生意，前前后后换了三四个单位和职业。但当锁定基建领域后，他就像换了一个人，谱写出人生的精彩乐章。

1998年以来，彭俊洲适新应变，激流勇进，从企业实际出发，内抓企业管理，外抓市场开拓，以出色的工作业绩和“善其身，济天下”的人生态度，赢得了广大客户和社会的认可，带有诚安印记的企业逐渐在区域内崭露头角，经济效益与社会效益并驾齐驱，相得益彰。2016年1~6月，企业纳税额达700多万元，由一个无名小企跃升到全市50家成长型企业行列。

以诚为基筑坦途

美国成功学者格兰特纳说过：“如果你有自己系鞋带的能力，你就有上天摘星星的机会。”一个人能否取得成功，不在于有多聪明、拥有多高的学历、多优越的背景，而在于能否全力以赴地工作。

这些，从彭俊洲的身上就能得到印证。在社会实践中，他不怕失败，更不怕辛苦，而是以诚信为基础，不断提升着事业追求和成功的概率。

1991年，彭俊洲从中水荣成渔业钢丝绳厂辞职，放弃了人们羡慕的“铁饭碗”，开始了自己的创业生涯。几年间，他批发零售过服装，倒腾过煤炭，也在有机关背景下的“三产”公司担任过副总经理。在市场的打拼中，他一方面注重积累，集聚着未来搏击商海的智慧和力量；另一方面，苦苦寻找着能够体现自己价值的奋斗平台。几番探索之后，他认识到，全国第一轮小城镇建设将一个全民创业的机遇摆在了人们面前。机遇总是垂青有准备的人，顺势而为、努力拼搏才能有所作为。1998年，他招兵买马，成立了二三十人的建筑工程队，利用微薄的五六十万元固定资产，承揽起水利工程、市政道路等基础业务，开始了艰难的创业历程。

基础设施建设是百年大计。对于一个名不见经传的民营建筑队而言，要赢得认可可谓困难重重。一开始，彭俊洲和他的建筑工程队只能从承接脏乱差的零星活做起，但他却将其作为培植自己参与竞争实力、展示自己能力的平台，高扬“诚信、安全”的主旋律，力争“干一项工程，创一个精品；干一项工程，交一方朋友；干一项工程，留一片赞誉”。在创业初期，他就目标明确，把困难留给自己，服从大局利益，在业务中从不计较个人得失。有时因新工程开工急需资金，而工程方因审批手续等原因资金不能及时到位，他就东拼西凑甚至把自己家的钱拿出来以解燃眉之急。工期紧，他坚持每天盯在工地上，有时是24小时连轴转。当时他只有一个信念，只要是有工期要求的，无论如何也要按时保质保量完成。他常常针对工程的实际情况、施工中出现的难点疑点问题，根据自己从事建筑行业多年的经验，和施工人员、工程技术人员制订出一套切实可行的施工方案，有效防止质量通病的发生，不但提高了工程质量，也加快了工程进度，提高了经济效益。同时，坚持科技与施工相结合，通过大力推广新技术、新工艺，努力提高工程的优良率，实现“以质量创品牌”的目标。

几番拼搏、几番努力，彭俊洲和他的工程队为工程不计私利的精神，设身处地为甲方换位思考的体贴，让和他打过交道的人赞扬不已，彭俊洲本性中散发的敬业精神成为他在结交朋友、承接工程时最好的名片，他的工程队获得了三级水利工程建设资质。随后几年，彭俊洲和他的诚安集团参与了越来越多的市级重点工程建设，重质量、保安全、创精品、树形象，让彭俊洲更加注重科学管理，精心施工，追求卓越，信誉至上，并创下了东方广场、李俚线公路桥梁建设等优质工程，企业的整体实力明显增强，施工领域不断拓宽。2008 年，他又注册成立了诚安房地产开发有限公司，参与了崂山、王连、寻山、夏庄、大疃等镇街驻地改造和新农村建设。2016 年，在市委、市政府组织的重点工作推进落实督导中，该公司施工的项目全部被列为“亮点”，纳入了观摩的范围。

以安展业创精品

“言治骨角者，既切之而复磋之；治玉石者，既琢之而复磨之，治之已精，而益求其精也。”这是南宋大文豪朱熹解释“精益求精”时的经典语录，而彭俊洲对项目的态度和做项目的方式，则恰恰是在用行动诠释了这句话。

彭俊洲做项目不单单是在工期内把项目做完，甚至不完全是为得到高度评价和获得各类奖项，而更多地是将其看作一种创造，力求让每一个项目通过诚安人的双手建设到完美。他牢固树立“质量是工程建设的第一生命”的理念，严细制定企业的质量方针和质量目标，每承接一个工程，他都带头示范，让“精心作业，确保质量，顾客满意，追求卓越”的十六字方针烙印于每个参与施工者的脑海中，通过加强内部管理，充分树立“质量意识是第一意识，质量管理是第一管理，质量规范是第一规范，对质量负责的行为是第一行为”的观念，自上而下形成了人人重质量、人人抓质量的浓厚氛围。

面对竞争日益激烈的建筑市场，彭俊洲清醒地认识到，优质的产品就是市场的准入证，企业要想更好更快地发展，就必须得有长远的目光。彭俊洲结合自己的施工经验和国家法律、法规、施工规范，编制出了工程质量验收制度等一套切实可行的公司工程质量检查制度，并详细制定了公司奖罚管理办法和岗位责任制，通过建章立制、明确责任，对质量标准、进度、施工现场等都做了明确要求，做到了对工程质量管理有章可循、有规可依、有责必负。通过大力推行工程质量项目经理负责制，签订目标责任书，把各级人员待遇同工程质量挂钩，做到人人有责、赏罚分明。在他的带领和严格要求下，公司工程质量保持了良好记录，得到社会的一致好评和认可。

安全工作重如泰山。针对大多数职工来自农村，安全意识淡薄、自我防护和保护意识比较差，对危险认识不足的问题，彭俊洲坚持把安全管理作为一项系统工程来抓，健全三级安全管理网络，始终坚持“安全第一，预防为主”

的方针，在每年工程开工前，都对职工进行安全教育和岗前安全培训；在施工现场设置安全宣传专栏，张贴警示标语、标志，印发《安全简报》，采取安全生产座谈会、讨论会等多种方式，深化宣传效果，提醒职工注意安全，认识安全生产的重要性，使员工牢固树立“安全就是效益”的思想，具备了应知、应会、应防的能力。同时，他加大对安全设施的投入，配备安全防护用具，加强安全防护措施，每年都对施工、技术、安全和特殊岗位工作人员进行专业知识和安全法规教育，强化安全生产意识，增强职工的风险防范意识和自我保护意识。

近年来，国内房地产市场起起落落、风云变幻，高端住宅项目以其购买人群为相对固定的成功人士，地理位置多处于配套设施完备的城市黄金区域等优势，成为房地产市场中相对稳定并且颇受瞩目的项目。能够承接整个高档住宅项目楼盘，是每个建筑企业的追求。从企业的实力考量，彭俊洲将自己的公司定位于城镇化建设，在房地产市场拉动乏力、镇街政府投入力度不大的情况下，他变压力为动力，勇敢地承担起部分镇街驻地的综合整治和开发。项目一旦确立，就迅速组成项目建设队伍，寻找实力最佳的材料供应商，将最精干的施工团队派驻到工程现场……一系列工作在短时间内高效率完成，甲方被彭俊洲这支团队的执行力、创造力所折服。现在，很多合作伙伴都放心地把项目交给彭俊洲的团队，他们深知只要是彭俊洲敢承接的工程，无论工程施工有多么艰巨，他都会保质保量地完成。

勤思笃行谋长远

“没有一个正确的价值观就不可能永远发展。”无论是做工程还是做人做事，彭俊洲要求自己和团队时刻注重社会责任的承担和人品的修养，努力造就一个睿智、忠厚、诚信的建筑企业。

“将企业做大做强，具有抗风险的能力，让企业的员工，特别是骨干员工和优秀人才分享企业发展带来的收益。”这是彭俊洲对企业发展的展望。

在他眼中，员工作为企业发展的基石需要稳定和鼓励，企业领导能为员工设身处地着想，员工就会把公司当成自己的家，主人翁态度会伴随在企业员工工作全过程，那么公司发展才会有目标、有动力。为此，他把视野放在了发展、改革和完善企业上。

在产业发展上，彭俊洲力求做强主业、多元突破。在做优做强诚安房地产开发有限公司业务的基础上，他又采取人才柔性引进与自己培养并举的方式，集聚人才、技术优势，将荣成诚安集团有限公司资质晋升到二级，增上市政建设等项目，注册了诚安水利与环境咨询公司，拓展中介技术服务领域。在工业项目建设上，以鹏宇橡皮艇为突破，为国内最大的乘用车制造企业——上海通用汽车有限公司配套生产各种自驾旅游休闲用高档橡皮艇等汽车衍生品，在加强和完善企业管理的基础上，研高做精，锐意进取，面向欧、美等高端乘用车市场抓开发、创高效，力争跻身全国橡皮艇生产企业前五强。与此同时，他还投资500万元，流转土地200亩，打造诚安农业采摘园，尝试休闲、旅游农业开发，形成以建筑工程建设为主体，一二三产业多元并存、有序发展的产业体系。

彭俊洲（右一）和员工一起探讨橡皮艇制作工艺

在企业管理上，彭俊洲深刻认识到企业尚在起步阶段，家族式管理不利于企业的长远发展，因此他大胆地实践现代企业管理制度，实施“外圆内方”的管理模式：对内不断革新挖潜，固本强基，扩充竞争实力，深化细化各项改革措施，完善各种规章制度；对外努力开拓建筑市场，提升服务水准，增强企业发展后劲。他注重以事业吸引人、以情感感化人、以制度约束人、以待遇留住人，只要有时间，他就让管理人员外出参观学习、开拓眼界，学习先进的技术和施工方法，着力培养施工技术人才，为企业的良性发展创造条件。他认为，项目管理实际就是将各项资源最优化，最重要的还是把握好人力资源，从个体到团体，逐步深入。

与此同时，彭俊洲和他的公司还积极参加“非公经济光彩事业行”活动，回报社会。近年来，先后为数十名下岗职工和农村富余劳动力提供就业岗位。他还慷慨解囊，与市科技局一起帮扶城西街道河西王家村开展新农村建设，投资 10 余万元支持该村绿化、发展高效农业，为其成为威海市、荣成市新农村建设“样板村”创造了条件。他富而思进，回报桑梓，投资 50 余万元为自己的出生地——崂山街道雨夼村修筑了 1.1 公里的进村路，使该村成为休闲农业游的一个“亮点”。2016 年，他又与寻山街道东迎驾村结成帮扶对子。目前，已经投入帮扶资金 20 余万元，尽到了一个企业应尽的社会责任。

（采访时间：2016 年 9 月）

耕梦蓝海

——记威海金涛机电科技有限公司总工程师朴丹秀

□ 赵世喜 张世松

朴丹秀，一名大学教授，他痴心创造发明，用发明来改变生活，用创新来缔造奇迹。特别是他们夫妻创办的威海金涛机电科技有限公司落户经济开发区科创中心后，积极研发海带结扣机和海带机械化生产综合作业船，参与荣成的环境治理，让人钦佩，令人点赞。

我们正处在一个深度发展转型的时代、一个机遇与挑战并存的时代！

在这个需要我们经历者承载时代使命、怀梦笃行的时代中，1950 年出生的朴丹秀，怀着用发明创造改变人民生活的梦想，来到荣成这块创新创业的热土，务实诚信，脚踏平凡，冲浪大海，在推动海带生产全程机械化的进程中，孜孜以求，不懈探索，用"智"造为蓝色经济崛起增添着新动能。

痴情发明 不改初心

从人生的阅历上讲，朴丹秀教授算是时代的幸运儿。

作为历史的亲历者，朴丹秀是 20 世纪 70 年代我国恢复高考制度后的第一批考生，成为哈尔滨科技大学机械工程二系的大学生。1982 年，朴丹秀毕业，成为那个时代令人羡慕的"天之骄子"。

1983~1990 年，作为改革开放的建设者，朴丹秀在黑龙江省交通厅路桥公司工作，主要从事进口机械设备的进口系统管理、使用维护、国产化、人员培训等工作，曾任进口设备科科长。1988 年，被黑龙江省科技干部局晋升为机械工程师技术职称，事业可谓一帆风顺。数年的大学生活和职业实践，理论与实际的紧密融合，使朴丹秀拥有了机械电子自动化的学术专长，具备了自主研发、跨行业研发的科研能力，还能熟练地从事韩语、日语和英语翻译工作，成为一专多能的复合型人才。1983 年 5 月至 1986 年 8 月，他还参与了哈尔滨松花江公路大桥国外设备的引进、使用、维护培训全过程。也就是那个时候，朴丹秀从国内外技术、设备的差距中，看到了自己追赶先进技术的空间和潜力。职业实践让他认识到，缩小中外技术、产品、工艺等诸多差距的关键在于智慧的运用，发明能够改变生活，创新就会缔造奇迹。

在这样的思索中，朴丹秀走上了漫漫的发明创造的征途，不论是在路桥公司、哈尔滨技术进出口公司主持国际技术进出口业务工作，还是作为威海市高科技引进人才，在威海高区主持创办中韩合资高新技术企业并担任总经理，包括在 2015 年被哈尔滨工业大学研究生院聘请为硕士生导师时期，他都能知行合一，不断创新，将闪烁于头脑中的灵感火花与正在进行的产业、产品融合在一起，推出自己的发明成果。在教学过程中，他推出了金属的结晶过程直观分析装置，在教学中广泛使用。机械设备动态维修管理，作为省级科研课题，在省交通系统全面推广；在能源研发上，他自主研发氢能源即刻燃烧装置，并推出了样机。自主研发无尾舵无导向装置风力发动机样机，开发出液化气、煤气燃具快速转换通用喷头等新产品；在机械研发上，他推出了球墨铸铁快速球化检测仪等检测装置，并在工厂广泛使用。开发了饲料膨化设备等产品，为进口设备零配件国产化提供了系列技术服务。他发明的超深细孔专用钻机、超高保密性防盗电子锁等产品，产品出口到国外。与此同时，他还根据市场需求，自主研发爆炸物检测设备，推出了原理机。自主研发并推出了各种产品冷脱水技术原理机以及冷脱水技术（冷脱水干燥技术）、快速渗透技术（应用于腌制食品、化工皮革处理等）……发明成果层出不穷，涉及多个行业。

在数十年的创新之路上，朴丹秀发明创造的脚步从来没有停止过，屡获专利和奖励。难能可贵的是，朴丹秀始终不忘用发明改变生活的初心，并致力于这些发明专利成果商品化、商品产业化、产品国际化，在艰难的过程中完成了一次次跨越，奏响了一曲曲凯歌……实践证明，他是一个很有张力的成功发明者。

朴丹秀（右）和他的研发团队一起研发海带机械化生产综合作业船

冲浪大海 机器换人

三年前，朴丹秀来到荣成，开始了新的从创造到实践的过程。

荣成市三面环海，海岸线长500公里，素有“中国海带之乡”的美誉。全市海带养殖面积15万亩，产量45万吨，约占山东省的80%、全国的50%，养殖面积和产量均居全国第一，“荣成海带”荣膺中国地理标志产品。但几十年来，荣成的海带生产，尤其是养殖及初加工环节始终未能摆脱原始劳作状态，靠“人海”战术来换取微薄的收益，资源优势始终未能转化为经济效益，资源禀赋未能得到最佳发挥。以常见的海带结加工为例，从原料到成品需要送料、缠绕、打结、切断等几道工序，而海带结生产全部由工人徒手加工，由于海水的浸泡，大约半年时间工人的手指甲就开始脱落，海带结加工企业难以雇到工人，无法提高产量。海带好吃结难打。面对日、韩等国际市场对海带结的旺盛需求，人们渴望着海带养殖、加工等过程能够实现“机器换人”。曾有位业内人士开玩笑说：“谁解决了海带打结的机械化生产问题，就给谁立一尊雕像。”

2012年冬天，朴丹秀和妻子应邀参观了荣成市的一家海带加工厂，厂内的一幕给他们留下了深刻印象：一个50多岁的大姐利落地打着海带结，但因为长时间泡在海水里，她的手关节突出，皮肤惨白。朴丹秀还敏锐地发现，在一天时间内，由于人的体力原因，不同时间打出的海带结的质量都有差异，按严格的标准要求，大部分手工产品应该算是残次品。

发明一台可以解放双手的机器，把工人从恶劣的劳动环境中解放出来，其项目的产业化前景十分惊人。在技术领域和商场摸爬滚打 10 多年的朴丹秀和妻子，都觉得这项创新的市场空间非常大。他们通过市场调研发现，近几年大专院校及企业做出的海带结扣机，打结速度比人工还慢，无法满足企业规模化生产的需求。而我国的海带养殖在世界占据主导地位，荣成海带产量又占据了全国产量的一半，海带生产全程机械化首先应该从荣成突破。2013 年，朴丹秀夫妻俩专门成立威海金涛机电科技有限公司。他的妻子担任董事长，朴丹秀任总工程师，他们要发挥长期从事机械研发的优势，挑战海带生产全程机械化的技术难题。在荣成市政府有关领导和部门的力邀下，威海金涛机电科技有限公司移师荣成，在经济开发区科创中心安营扎寨，开始冲刺海带生产全程机械化的课题，荣成市委、市政府和荣成经济开发区对此予以高度关注，给予经费等方面的大力支持。

研发时，朴丹秀的压力特别大，但了解他的人都知道，只要他一进入状态，就如“疯子”一样痴迷！他每天都“泡”在实验室中，一遍遍查阅资料、设计图纸，试验、改进工艺。有时灵感突发，他常常夜间进行试验，即使是躺在病床上，也会为一个数据、一个工艺而辗转反侧，苦苦探索，锲而不舍。为节约实验经费，朴丹秀从旧货市场淘来废旧器件，变废为宝。6 个月过后，第一台样机终于做出来了，经过送料、缠绕、打结、切断几个环节，一个漂亮的海带扣就系好了，更让他们欣慰的是，这台“机器人”1 分钟能加工 180 个海带扣，速度是人工的 3 倍，能够满足企业规模化加工海带扣的需求。

初创虽已成功，但朴丹秀并不满足于可以获得专利的浅层次创造，而是冷静地总结了首台海带打扣机器人的缺陷，进一步在加速度和质量上下功夫，最终完成了第二代、第三代海带打扣机器人的研制，随后又自主研发并推出了盐渍海带综合加工机样机，自行设计新技术工艺海带原料综合加工机，自主研发海带夹苗机等，有些在中试阶段取得成功。

2015 年 8 月，在荣成市海展中心举办的海洋科技新技术新产品展览上，一套可为整片盐渍海带打扣的设备引起了大家的关注。粗略计算，它 1 分钟能打 1 公斤海带扣，相当于近 20 个熟练工人的劳动强度。“这台机器最大的优势是自带一套海带形态识别系统，它相当于一个‘智能机械手’，能把整片海带的各个部分分割成适合打扣的形态，同时还能控制海带扣的大小、松紧度、厚度等等。”设计这套装置的朴丹秀向人们介绍着产品和技术。当时，这套装置内部设计已基本成型，待外观设计出炉后即可投入试运行。这也是目前国内外最新型、最高效的海带加工专用机械。

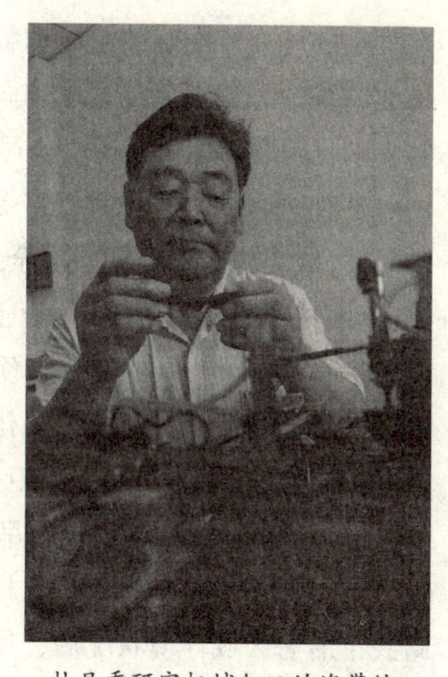

朴丹秀研究机械加工的海带结

据了解，荣成的不少海带加工企业提出购买机器的意愿，希望海带打扣机器人能够尽快投入使用。

进军蓝海　创造奇迹

商海的摸爬滚打，让朴丹秀更懂得用发明来独树一帜，造就无人可以竞争的蓝海。为此，他充分利用国家鼓励发展蓝色经济的机遇，着眼于海洋生产机械领域尚处在起步阶段，除了进一步推广海带结扣机之外，将研发重点放到海带苗绳放置、采收、加工综合设备，实现海带养殖的机械化，他要用自己的发明创造，让更多的养殖职工从艰苦劳作中解放出来，实现更体面的劳动，拥有更多的劳动尊严和获得感。

在相对简陋的车间里，朴丹秀向我们讲解了已经进入研发阶段的海带机械化生产综合作业船的原理。他认为，目前海带养殖生产状况看似杂乱无序，但是海带养殖架子的设置还是有章可循的，这为在不改变现有养殖模式和不改造海带架子的情况下完全实现全过程机械化提供了可能，即在海带生产的全环节上，同轨统一工装基准是基础，放苗绳是关键点，采收必须是统一能识别的工装基准。海带机械化船的基本技术思路是以苗绳长度为基准，以拴系和解系苗绳、实现机械化为突破口，解决可能存在的拴系点导向定位和苗绳滑动、移位等问题，实现放苗绳、采收的机械化。为此，朴丹秀带领他的团队，已经攻克了具有海带生产全环节实现机械化的统一可识别工装基准和同轨的苗绳拴系到架子上的卸扣（暂命名），该卸扣可解决机械化拴系和解系、在涌动的海上能准确放苗绳和解系卸扣的导向定位、海带生产全环节实现机械化的统一可识别工装基准和同轨等一系列的行业难题，对于其他机械制作和自动化问题，也正在通过公司技术实力协同攻关，通过外协生产制作解决。

从朴丹秀的讲解中我们感受到，海带生产全环节机械化生产综合作业船的研发，将是海带产业的一次全新革命。据朴丹秀测算，与目前生产技术相比，仅劳动力一项就能节省80%以上，极大缓解用工压力；在能源方面节约30%以上，不计其他间接的节约，预计整个产业利润提高80%以上。同时，系统实现海带产业的机械化、工业化生产，从根本上解决了海带产业发展的瓶颈问题，也解决了海带产品食品卫生达标问题，实现安全生产、降低污染的效果。据了解，该船还适用于扇贝等吊养式水产品的机械化作业。

绿水青山就是金山银山，朴丹秀清醒地认识到保护环境的重要性。在目睹我市沿海区域环境状况后，他和团队对辖区的大气污染（老式燃煤锅炉、特种动物养殖产生的恶气、水产加工产生的腥臭气、河道腐臭恶气、石材加工粉尘造成的雾霾）、河道污染（多年无节制排放造成的淤泥沉积及腐臭）和水污染（包括水产加工、养殖业在内各种产业无节制排放）三大“环境痼疾”进行了系统调研，提出了《荣成石岛——人和区域环境治理创建制造环保装备产业园可行性报告》，立足于“全面系统、高科技针对、经济性治理，不以关、停放弃优势产业，而是发展壮大优势产业，治理促进创收”的治理理念，提出了具体的治理方案，用高科技整合行业，发展优势产业，让“自由呼吸·自在荣成”真正成为区域“金不换”的品牌，用发明、创新再造区域新的发展、竞争优势。

在发明创造之余，朴丹秀还不遗余力地推进中韩之间的科技、人才交流。他明白，在中韩自贸区建设的大背景下，人才、项目的对接是产业合作、区域协作的基石，拥有与韩国一水之隔最便捷优势的荣成，更需要碰撞更多的智慧火花，他为此孜孜不倦……

（采访时间：2016年9月）

植根沃土惠桑梓

——记荣成市虎山农业种植专业合作社理事长连建祝

□ 张世松　卞连平

连建祝，荣成市虎山农业种植专业合作社理事长。多年来，他用诚信经营、热心服务、无私奉献的高尚品德和创业理念，带领虎山镇周边农户共同发家致富，荣登“中国好人”榜。

2016年2月，我市诚实守信好人连建祝荣登“中国好人”榜，成为我市第8位荣耀登榜的市民。他的登榜，可谓实至名归。2007年10月，连建祝成立了虎山农业种植专业合作社，并担任理事长。自此，他秉承“诚信经营，服务至上，倾情奉献”的理念，带领虎山镇周边5个镇街、60多个村、3500农户走上了共同富裕的道路。探寻连建祝的人生足迹，我们不难发现，他一直在创新创业的道路上披荆斩棘，奋勇前行。个人富裕不算富，带领更多的农民致富才算真本事。

心系百姓　重返农村当农民

1969年，连建祝出生在荣成市虎山镇庵里村的一户农家。作为20世纪90年代初毕业的大学生，他成了同辈人中的佼佼者，父母心中的骄傲，村民眼中的好孩子。2004年，连建祝所在的企业实行改制，他认为企业给自己提供的发展空间太小，经过深思熟虑之后，连建祝办理了停薪留职手续，回到庵里村开始自主创业。“抉择是艰难的，放弃安逸，把自己逼上险境，妻子不理解；10年寒窗、金榜题名，指望我光宗耀祖的父母对我的选择也想不通。”

连建祝如此形容他当时的处境。不过最让连建祝头疼的是，创业需要大量资金，之前积攒的微薄收入对于创业来说，无异于杯水车薪。于是，他厚着脸皮，陪着笑脸，一次次往返于亲朋好友和单位间游说。功夫不负有心人，最终连建祝筹到了 30 万元的启动资金。

连建祝之所以如此执着要回乡创业，是因为他对农村有着深厚的感情。当时农药、化肥等农资市场已经逐渐放开，但由于缺乏系统监管，时常出现坑农害农现象，这深深刺痛了连建祝的心，他希望通过自己的努力，为农民百姓增产增收致富做点实事。从当年回乡创业开始，连建祝就暗下决心："既然选择回来，就要把这件事干下去，把绿色事业做大做强来造福乡里乡亲。"

为了让全镇农户放心购买农药、化肥等农资，连建祝经过多方考察，最终决定自己开办农资门市。说干就干，当年 8 月，他的农资门市开张了。同是经销农资，连建祝的农资比起别家物美价廉，获得乡亲们的一致好评。为了让乡亲们在购买农资时能够对症下药，他把退休在家的镇农技站站长、高级农艺师宋承恩请来当技术顾问，这样，乡亲们在购买农资时就多了一份"明白纸"。而农闲时节，他还要挨村举办科普培训班，指导大家学习粮油作物高产栽培技术，帮助大家科学种田。连建祝贴心的服务赢得了大家的信赖，几年下来，他的农资网点从 1 个发展到 24 个，几乎遍布虎山镇，什么样的粮油品种高产、什么样的耕种技术省时省力、什么样的农药绿色高效，从他的农资门市里都会得到答案。"我的根在农村，我要尽自己最大的努力回报乡里。"连建祝如是说。

连建祝（左一）向合作社农户讲解新品种的优势

搭建平台　真诚服务谋发展

随着事业的不断发展壮大，为了更规范地为群众服务，连建祝于2007年10月成立了虎山农业种植专业合作社，在品种选取、农资配送、技术指导、产品销售等方面为合作社的社员提供全方位服务。在品种选取方面，他投资10多万元，成立了农产品检测中心，指导农民因地制宜种植相应的优良作物。2012年，大面积推广花生新品种“花育31”，较传统出口型花生增产15%以上。在农资配送方面，他提供上门服务，并在农资包装袋上印上“虎山农业合作社专供”字样。在技术指导方面，他为每村培训一名农安员，负责到田间地头专门提供规范指导，将技术服务落实到户。同时，他聘请青岛农业大学教授王铭伦为技术顾问，常年为社员提供免费的技术咨询。其中，花生高产栽培技术在荣成远教频道进行了一年多的专题讲座。在产品销售方面，他负责统一销售。几年来，合作社为农民统一销售农产品4600吨，较非社员农民增收280多万元，特别是2011年，合作社以每吨高于市场价150元的价格帮助社员销售花生，使入社农民尝到了加入合作社的甜头。

“贱买贵卖”是市场经营法则，连建祝却反其道而行之。他成立的虎山农业种植专业合作社出售的农资价格均低于市场价，每吨化肥均较市场价低400元，让近5000农户受益，累计让利50万元。2012年初，连建祝根据当时的化肥市场价格，向社员口头许诺化肥价格最高每袋不超过27元。后来，受市场价格波动影响，一个月内化肥实际价格涨至每袋42元。而连建祝为了信守承诺，仍按当时许诺的27元配送给了农户，自己补贴了10多万元。家里人不理解，连建祝却说：“钱没有了还可以赚回来，信誉如果失去了，多少钱也买不回来。”

如今，传统农业效益普遍低下。为了调动农民的种植积极性，引领其逐步走上现代农业的发展道路，连建祝积极筹划、做足“功课”。首先，做到让利于民，通过提高分红比例，确保农村群众得到实惠。2008~2011年，连续4年对社员给予股金10%以上的分红。同时，对社员购买化肥等农资进行积分，增进了社员的信任。其次，创新发展模式，通过内引外联，先后与家家悦集团等公司签订基地种植协议，引导虎山镇大龙村种植糯玉米150亩，庵里村种植生姜100亩，五龙和梁家等村发展绿色食品花生基地1万亩，金曲家村发展甘蓝基地400亩。开展社员结对帮扶，在种植技术指导、新品种引进、市场考察、资金扶持等方面给予大力支持。目前，已结成帮扶对子16对，为每户结对社员年增加收入1000多元。最后，做大合作社经营规模，持续扩大种植面积和参社农户数量。几年来，入社总土地面积1.2万亩，遍及周边5个镇街60多个村，引导农民种植花生1万亩、小麦8000亩、玉米8000亩、甘蓝400亩、土豆600亩、生姜100亩。

科技兴农　带领会员共致富

随着山东省“科技兴农”战略的实施，根据多年来的切身体会，连建祝对科技引领农业发展有了更深刻的认识。在荣成市科协的指导下，他在合作社的基础上，组织各村技术水平比较高的农民126人，牵头成立了荣成市虎山种植业协会，于2012年12月正式在民政部门注册，按照“民主办会，依章办事”的原则，选举产生了理事会，并完善了各项规章制度。协会成立后，他瞄准优质品种引进和科技项目实施，抢占品牌制高点。一是打造科普示范基地品牌。积极联系青岛农业大学、威海农科院，连续多年承担山东省花生品种对比试验项目、荣成市万亩花生良种繁育项目、国家高油花生试验课题等重点项目，建成花生新品种实验基地10亩、花生良种繁育基地5000亩，挂名青岛农业大学花生良种试验基地、威海农科院新技术示范基地，极大地提升了合作社在群众心目中的地位。二是引进推广新技术、新品种。他积极引进“荷兰15”马铃薯、“花育31”大花生等优良高产品种，马铃薯亩产达到3000多公斤，增产达25%，花生亩产达510公斤，出仁率达76%，在农民群众中得到大面积推广。三是大力夯实技术基础。他建立土壤农残化验室1个，配备专业技术人员4人、机防队12人、农资供应网点24个，为社员提供全方位技术服务。同时，他大力抓好科技培训，参加市科协组织的农村实用技术培训，培训农民辅导员33人、科技示范户660户、新型农民1300人，在市科协指导下建立威海市级科普惠农服务站，每年进行科普宣传活动20多场次。

几多耕耘，几多收获。几年来，连建祝先后获得“威海市科普惠农先进个人”“威海市乡村之星”“虎山镇优秀党务工作者”等多项荣誉称号，他创办的农业合作社获得“国家级示范社”称号。2013年6月，连建祝被中国科协、财政部授予“全国科普惠农兴村带头人”称号。

2016年，连建祝更是大动作频出，改造原黄山镇供销社，建立全市首家为农服务中心。建成后的为农服务中心，集科技培训、农机演示、农资供应等功能于一体，为农服务有了更广阔的舞台。同时，他还成立全市首家金融信用合作互助社，承接国家、省及威海市花生良种试验，开展科普惠民工程，培训职业农民。这些让连建祝忙得不亦乐乎。连建祝说：“有各级政府和相关部门的大力扶持，我为农服务的信心更足、劲头更大了。”

如今，在连建祝经销的农资包装袋上除了印有“虎山农业合作社专供”字样，连建祝的头像也赫然在列。“连建祝”就是品牌，就是创新创业的典范。

（采访时间：2016年9月）

女“猪倌”的创业路

——荣成市虎山镇养猪专业户傅庆华自述

□ 赛绪强

傅庆华在荣成市虎山镇桥头庄村经营一家个体养猪场，让我们听听女“猪倌”傅庆华聊聊她创业路上的酸甜苦辣……

我的猪场，占地7亩，猪舍2000多平方米，投资300多万元，130头母猪，生猪存栏1000多头，年出售肥猪2400多头，每头130~150公斤，每公斤十七八元，你给算算，这收入不低吧。

猪们“投胎”到我家真是有福气。宽敞明亮的猪舍，收拾得干干净净，苍蝇都见不到几个，猪屎味也是淡淡的。夏有冷气，冬有暖气，猪们饿了就吃、渴了就喝、困了就睡。它们也很给力，使劲吃、使劲长，让我的日子过得一天比一天好。

养这么多的猪，我只雇了3个人，都年过70岁，其中有两个人还是夫妇，养猪这活不重，很适合老年人干。他们一个负责喂猪，一个负责给母猪接生，一个打扫猪舍。像打预防针、配种、阉割，这些都是我的事。这些技术含量高的活，只能由我来干，别人干，我还不放心。别夸我有能耐，那都是被逼的。找兽医？花钱多不说，还耽误工夫。不懂就问、不会就学啊，你想多挣钱，就得什么活都会干。

我的猪场，每个猪舍都有摄像探头，我只需看看监控，就能随时了解猪的生长状态。我只需按一下遥控器，自动加料机就把准备好的配方饲料，一两不少、一两不多地分给每一头猪。猪的饭量有大有小，分给它的饲料也有多有少，不同的时期吃不同的配方饲料，保证能让它们吃得又饱又不剩料。

现在，养殖规模扩大了，出售的肥猪多了，可是我的工作量却降低了。现在，我每天只干半天活，就把什么活都干得井井有条。我是一名共产党员，还兼着村里的妇女主任呢！我们村四五百户，杂事又多，每天牵扯我不少精力。你想，若是猪场离不开，老百姓能选你干这干那？我能有工夫干这干那吗？

我 32 岁养猪，到现在已有 10 个年头了，算得上老“猪倌”了。

说起我的养猪史，真是像做梦一样，苦辣酸甜，五味杂陈。假如一切可以推倒重来，假如时间可以倒流，无论如何，我也不会选择养猪这条路，这条路太艰辛。

我是一名下岗职工。20 岁那年，有 4 年工龄的我下岗了，我又到新开张的石岛九州商厦干了 9 年服务员。我 29 岁结婚，嫁到虎山镇桥头庄村，我丈夫是一名退伍军人。那年，我们揣着父母给的 3 万元现金要到崖头贷款买楼，银行以我们没有固定职业为由不给贷。我们不甘心，就在崖头闲逛，遇到一个朋友，说是有个跑长途的客车想转让，价钱是 5 万元，我们觉得合适就成交了。结果，楼没买成，转眼就添了 2 万元的债务。

勉强支撑了3年，我们不得不选择卖车。下一步干什么？我们俩反复合计，决定搞养殖。周围的人大部分养水貂、狐狸、貉子，我丈夫独辟蹊径，他说还是养猪好，大多数人都吃肉，销路不成问题，市场的波动也小。我们估算，一头猪挣200元，10头猪挣2000元，我们每年出栏二三百头就行了。说干就干。于是买了一大堆有关养猪的光碟和书籍，我们俩昼夜不停地看。慢慢地，我们看出了门道，未来的猪场也有了模样。我们买了村东的一工厂，拿出仅有的 2 万元积蓄建猪场，又贷了 5 万元款，买了 17 头母猪，边建设边养殖。

2万元能干多大点儿事啊。我们恨不得把一分钱掰成两半花，能自己干的，绝对不找人。沙子我们俩到河里捞，门窗我丈夫买铝材自己做，猪舍大部分是我们自己砌的。丈夫是大工，我是小工，房子盖高了，人手不够了，我们才找瓦工来帮忙。我们留了个心眼，把猪舍盖大，大到与工厂的车间没有多少区别，准备万一猪不能养了，可以改作它用。丈夫真是全能，猪的产床也是他买料自己做的。过后，我们粗略算了一下，这些方面能省下 60 万元。60 万元，够我们好几年挣的呀！

刚建场的时候，我们穷得连台粉碎机都买不起，每天总是那么忙、那么累，喂猪的间歇里，我们还要建猪舍，开着小手扶拖拉机走街串户收玉米，再找地方加工成玉米面，晚上我们根据营养配方制成猪饲料。母猪、大猪、小猪，吃的饲料是不一样的，每晚要拌1500多公斤的饲料，一样一样，一锅一锅，多的要拌6遍，拌一次只能喂3天。我们常常要干到下半夜，累得都不想上炕了，和衣一倒，但愿长睡不醒。

傅庆华悉心照料她的“宝贝猪”

养猪，最怕传染病，瘟疫一来，往往“全军覆没”。所以猪场损失最大的往往是在消毒防疫方面出了问题。我每年光是给猪打的疫苗就有6样，有的一次，有的两三次，还有其他的抗病针剂，做起来很麻烦，想做好不容易。我的猪场两个门口都有大狗把守，外人很难进来，若是有人进来了，走后马上消毒。这些年我们养的猪一直很健康。

我们严格按照规程操作，猪场也按照我们的设想，滚雪球般一点一点向前发展着。猪场稳定下来后，我们不再满足年出肥猪二三百头的“小打小闹”，又不“安分”了，我们有了更高的目标，头一个10年，把7亩地盖满，下一个10年，还清所有的贷款，再挣的都是我们自己的。

也许是累的，也许是走神，2008年，我丈夫在盖这栋房子时，从房顶上摔了下来，胳膊摔断了。但他只住了4天院，便打着石膏，一瘸一拐地回来了。他住得起院，耽误不起工夫。伤筋动骨一百天。我带着两个多月的身孕，又要养好这些猪，又要伺候丈夫，反复权衡，到医院做了流产手术，休息了7天，就接过了所有的麻烦事。

说起来你们不信，我养了两个孩子，大的是女儿，13岁，小的是儿子，8岁，都是我一手带大的。第一次坐月子是我婆婆伺候的，第二次是我丈夫伺候的。真是“月子”，一个月就下地劳动。我有时抱怨丈夫：“现在腰痛腿痛的，都是当初月子没坐好。”孩子小的时候，每天“钉”在我背上，能满地跑了，就在我身后跟着。那些日子，孩子走的路几乎和我一样多。

人吃五谷杂粮，难免头痛脑热。我们感冒发烧，是不输液的，都是吃药打针，真的是连生病的时间都没有。有两次我们俩一起病倒，那个无助，那个委屈，就别提了。挣扎着把猪喂饱，我们俩就一齐躺着，你管不了我，我也管不了你，你看着我，我看着你。炕上地下，都铺着厚厚的发泡塑料，任由孩子爬上爬下，任由家里乱成一锅粥。我们连做饭的力气都没有，眼睁睁地看着太阳一点点地向西向西……人总要吃饭啊，不知什么时候，我抓起电话，让我婆婆送来几包方便面。

养猪对知识的要求很高，我们从决定养猪的那天起，就从书籍和光碟中学。如果这些都算是老师的话，最重要的老师莫过于电脑。我是虎山镇的第一批电脑用户，那时电脑是奢侈品，买台新的要1万多元，我们就买了台二手的，花了4000多元。电脑可帮了我们的大忙，有什么不懂，不知道怎么做，生猪、饲料的行情怎么样，就在电脑上搜一搜，全国各地情况瞬间汇聚眼前。生猪、饲料的交易，都可以在网上完成，了却了我们很多心事。近几年有了微信，我又加入好几个养殖微信群，相互交流，了解各种商品信息，更为快捷方便。

这两年，养猪进入难得一遇的黄金期，生猪的价格上扬，饲料的价格走低，利润空间更大，我们原定的两个10年“规划”，不用一个10年就都实现了。电子监控、自动上料等“计划外”设备，也走进我们的猪场，大大解放了我们，给我们提供了更多的发展空间。

现在，我们像夏天脱掉棉衣那样轻松。以前，是奋斗；现在，是享受。下一步，我们准备在提高猪肉品质上下功夫，再买几亩地，上一批散养猪，满足更多的消费群体。

说了这么多，烦了吧？忘了告诉你，我叫傅庆华——师傅的傅，庆祝的庆，中华的华。

（采访时间：2016年10月）

有责乃远

——记山东三土能源股份有限公司总经理邹本尧

□ 赵世喜 张世松

邹本尧，山东三土能源股份有限公司总经理。作为荣成新能源推广领域的领跑者，他一直思考人类能源的利用方式，始终将“以迅捷的步伐推广清洁能源，造福社会”作为自己的责任，为荣成清洁能源事业发展、为“自由呼吸·自在荣成”城市形象塑造做出了积极贡献。

有的人，人生波澜壮阔，跌宕起伏，充满了传奇色彩，这样的人生很精彩；有的人，人生平平淡淡，朴实自然，却耐人寻味，这样的人生同样动人。山东三土能源股份有限公司总经理邹本尧就属于后者。

与新能源结缘的“二次创业”

和众多的创业者一样，邹本尧的职业生涯也充满曲折。他 1990 年参加工作，在水产养殖、市政建设等行业拼搏了十多年，最终小有成就，成为石岛湾旅游度假区市政企业的一名管理者。然而创业的道路并不是一帆风顺，2005 年，邹本尧开始经营煤炭等传统能源产品。面对传统能源带来的污染等问题，邹本尧深感担忧，他觉得自己应该在新能源的推广上有所作为。于是，他开始把目光投向了新能源领域，寻找适合荣成特点、适合自己创业的新能源项目。

“对于新能源，我一是喜爱，二是倾心。”谈到与新能源结缘，邹本尧如数家珍。2007 年，邹本尧去天津出差，当“节能专家——热泵”的广告映入他的眼帘时，有着在石岛湾配合地矿部门专家进行地热能源测量工作经历的他，对此产生了浓厚的兴趣。他在与该企业取得了联系后，又通过地矿部专家的推荐，找到了天津大学热物理专业研究所有关专家，详细了解了地热能及热泵技术原理。热泵是一种利用高位能使热量从低位热源流向高位热源的装置，可以从低温热源中提取热量用于供热。热泵的供热量远远大于它所消耗的机械能，热泵技术是一种利用低温余热的节能技术。按低位热源分，我国现在利用的热泵技术可分为水源（海水、污水、地下水、地表水等）热泵、地源（包括土壤等）热泵以及空气源热泵。地域辽阔的中国，浅层地温能可利用量巨大。据初步估算，全国 287 个地级以上城市每年浅层地温能资源量相当于 95 亿吨标准煤，在现有技术条件下，可利用热量相当于每年 3.5 亿吨标准煤。邹本尧清醒地意识到，如果能有效开发利用该资源，即使开发利用有电能消耗，每年仍可节约标准煤 2.5 亿吨。同时，随着我国一次能源年保有总量（不包括生物质能和新能源）的紧缺，国家已出台了系列的节能减排和新能源利用的法律法规。有《中华人民共和国节约能源法》、环境保护政策和《民用建筑节能设计标准》等的保驾护航，以及城市能源结构的改变和能源价格的调整，推广应用新能源的“窗口期”已经出现。

机不可失。邹本尧多次奔走于天津、北京、济南、威海，频繁进出于山东大学、天津大学等高校、科研院所，广泛搜集技术资料，研读国家产业政策，与专家学者探讨技术支持对策，论证自己推广热泵技术的可行性。在获得了专家的鼎力支持后，经过反复酝酿，一个大胆的推广热泵技术的计划在邹本尧的脑海里逐渐成型：在保证现有经营业务的同时，成立专业团队，在威海、荣成等地推广热泵技术，让千家万户享受到热泵技术带来的实惠与舒适。于是，他与清华同方人工环境有限公司建立了技术合作关系。邹本尧知道，公司要想发展，必须要依托高校优势科研和智力资源。果然，学校和产业结合，使公司的技术水平一直处于时代前沿，以此雄厚的综合实力作推广热泵技术的坚强后盾，将最大限度地减少新能源推广的技术障碍，为企业拓展出一片新天地。

在失败与挫折中深耕市场

采访邹本尧，给人最大的感觉是他的平静，一种荣辱不惊的平静。这种平静透出秉性，是从一个人的血液里流出的。

2009 年 9 月，邹本尧以 10 万元的注册资本、四五个人的小团队，获准进军热泵技术推广领域。面对一个空白的市场，要在以传统能源主宰天下的境遇中打开一片天地，荣成同方节能服务有限公司（山东三土能源股份有限公司的前身）尝遍了失败的滋味。打破人们固有的传统思维，注入新能源的理念，他们承受了许多质疑的目光，在产业发展中饱尝了诸多无奈。2007~2009 年，企业每年都投入 30 多万元的技术推广费，但这些仿佛是泥牛入海，不起丝毫作用。3 年里，公司没有接到一笔业务，如此的挫折足以让人知难而退，邹本尧却不轻言放弃。

说起推广热泵技术的过程与艰辛，邹本尧总是轻描淡写，但对于帮助过他的人，总是心怀感激。至今，他仍然感激荣华房地产有限公司的闫总经理，在 2009 年启动的“湖悦成山”的楼盘开发中，睿智地选择和应用了热泵技术，使这个占地 120 亩、规划建筑面积 10 万平方米的项目，融入了富于时代性格的建筑风格及选材，在打造一个呼吸天地灵气、藏纳山海精华的人居作品中注入了新能源应用的元素，省建设厅、财政厅的领导、专家对“湖悦成山”楼盘的肯定，让人们看到了热泵技术的优势，也让山东三土能源股份有限公司看到了新能源推广走向成功的第一缕曙光。当然，正是“湖悦成山”楼盘利用地下水源供热的应用工程投入使用获益颇丰，打开了我市着眼于宜居城市建设的大门，为实现经济效益和社会效益共赢，市城建局专门组织了 30 多家房地产及建筑企业进行现场观摩，将水源热泵技术力荐给房地产企业，在更广的范围、更大的平台上进行推广，助力新能源走进千家万户。

借力于政府的强势推动，山东三土能源股份有限公司的发展也进入了“快车道”， 2010 年有 4 个楼盘、2011 年有 7 个楼盘分别引入了绿色环保的供热新技术，接连创出了诸多“中国第一”。例如：2011 年投入运行的成山镇河口村“海角小镇”旧村改造项目，是中国第一个低温空气源热泵供暖的住宅小区，采用空气源热泵地板辐射采暖；2012 年投入使用的崖头街道碌对岛村旧村改造项目，是中国第一个使用海水源中央空调的旧村改造居民小区。

随着技术推广步伐的加快，山东三土能源股份有限公司经营空间不断扩大，从进军山东，逐步走向全国。该公司先后完成了文登南海太阳城小区供暖工程——文登区第一个水源热泵旧村改造供暖项目，淄博世博山区姚家峪桃源小镇采用超低温全热回收型空气源热泵机组项目、淄博市世纪东郡小区棚户区改造项目等，承接了建筑面积 3.37 万平方米的五星酒店——敦煌富丽华国际大酒店采用地源热泵项目，为地处缺水少雨、昼夜温差大的沙漠地带能源应用提供了最佳的解决方案。目前，山东三土能源股份有限公司成功完成了包括全国第一个海水源热泵中央空调小区、全国第一个空气源热泵供地暖小区等多个技术第一，得到专业领域以及社会的认可。

邹本尧（左）与技术人员探讨空气源热泵机组的技术原理

资本运营一直是我市众多企业望而却步的“短板”，商海拼搏，邹本尧知道，靠一己之力在风云诡谲的市场竞争中勇立潮头绝非易事。为此，他放宽视野，积极参加各种管理培训，如饥似渴地学习钻研有关资本运营的理念，请专家来指点迷津，大胆尝试。2016年2月26日，该公司召开会议，审议通过了《关于荣成同方节能服务有限公司以整体变更方式设立山东三土能源股份有限公司及各发起人出资情况的议案》，同意荣成同方节能服务有限公司以整体变更方式设立山东三土能源股份有限公司。

在追求超越中携责前行

发展无止境。在成绩面前，邹本尧仍然在市场深耕中苦其心志、劳其筋骨。

山东三土能源股份有限公司始终坚持以质量求生存、以信誉求发展，按照现代企业管理制度的要求，深化企业改革，利用自身优势树立良好的形象，打造公司品牌。每接到一项工程，山东三土能源股份有限公司都坚持换位思考，力争站在用户的立场上，对制订的多种节源增效实施方案进行反复的审视和筛选，注重从规划中要效益，力求充分利用资源、合理配置布局。从设计方面要效益，做到以最科学的设计方案，优化基础施工；根据不同地区的气候、条件，合理优化设备配置。从施工阶段要效益，努力缩短施工工期。同时，坚持向运行管理要效益，提高设备的可用率，降低综合消耗。从检修维护上要效益，培训自主技术力量，逐步实现自主运行和检修。针对实际工作中的瓶颈问题，邹本尧坚持与企业技术顾问密切沟通，常常在交流中碰撞出独到见解，并以较强的协调能力使问题迎刃而解，以细致、周到、一流的售后服务，确保了设备的通畅运转。当省建设部门的领导审查项目运转情况时，许多受益的群众都予以一致好评。

与此同时，山东三土能源股份有限公司始终牢记企业社会责任，从2009年起，山东三土能源股份有限公司作为技术支持单位，协助市发改局、建设局、经信局等，完成了申请国家建筑节能方面的资料准备，积极争取国家能源政策的倾斜与支持，使荣成市跻身2010年“国家绿色能源示范县”行列，成为2012年度“可再生能源建筑应用连片示范区”，并获批项目补贴资金1200万元。项目成果得到住建部、国家发改委、多省市相关主管部门及行业专家的一致好评。此外，公司还积累了丰富的实践经验，能为客户提供全方位一体化的服务。

邹本尧深知，在知识经济时代，创业的胆识源于知识。要成为掌握先进科学技术知识并有创新能力的人，就必须不间断地学习。他先后到复旦、清华等高等院校，参加了企业管理和有关科技、新知识等方面的进修。同时，加强对企业员工进行系统培养，努力为企业培养专业技术人才。企业在2016年2月完成股份制改造后，山东泰祥律师事务所于4月份出具了《关于山东三土能源股份有限公司申请股票在全国中小企业股份转让系统挂牌并公开转让的法律意见书》。2016年8月2日，经全国中小企业股份转让系统公司同意，山东三土能源股份有限公司于当天起在全国股转系统（新三板）挂牌公开转让，成为荣成市第4家在“新三板”挂牌上市的企业。

在集聚企业技术攻坚优势的同时，邹本尧和他的团队以中央空调恒温、恒湿、恒氧为技术攻关点，聚力突破，将每个使用热泵技术的家庭打造为四季如春的天然氧吧，为建设舒适、健康、节能的宜居荣成贡献自己的一份力量。现在，秉承“心系天下冷暖，胸怀百姓民生”宗旨的山东三土能源股份有限公司，已经昂首阔步走在全省乃至全国同行业节能减排产业的前列。该公司与清华大学、青岛能源研究院等科研机构和高等院校建立合作伙伴关系，由山东三土能源股份有限公司内部技术人员和外聘专业技术人员组建成立三土能源研究院，锁定新能源技术研究、工程节能管理和项目运营模式三大方向11大课题。外聘人员为从事本专业的资深人员，一般兼职担任三土能源研究院的顾问，具备较强的科技研发能力。它研发的塑料材质换热器，成本仅为传统材质换热器的1/10,热效率大幅提高。目前,该企业已获得实用新型专利15项、发明专利1项，计算机软件专利及版权2项，跻身于全省高新技术企业行列。而正在开发的烘干业务，其经营领域拓展到集新能源区域供暖、新能源中央空调、中央热水、烘干四大主营业务于一体，利用空气源、海水源等热泵技术全力打造新能源区域供暖新模式，开创了供暖运营服务的崭新天地。

面对日渐扩大的企业经营空间，邹本尧告诉记者，2008年爆发的全球金融危机，已经引发了人们对于经济发展模式的思考，新能源产业已经不再是人们口中的稀有产业，而被视作灵魂产业。为此，山东三土能源股份有限公司瞄准这个绿色经济模式中的重点投资领域，在探索中奋力求进，力争将新能源产业发展壮大。目前，该企业投资建设了自己的节能博物馆，并在落成后免费向社会开放，宣传和普及能源管理知识，帮助人们全面了解新能源产业。此外，山东三土能源股份有限公司还积极参加包村扶贫活动，投入大量人力、物力、财力，为我市打赢脱贫致富攻坚战贡献自己的一份力量。2016年4月，山东三土能源股份有限公司首批参与承建由国家发改委、住建部等17部委共同发起的“攻坚脱贫在阜平”精准扶贫供暖项目，利用空气源热泵供暖方式供暖，为习近平总书记关注的河北阜平的乡亲们送去了温暖。到目前，已经完成了3所学校的中央空调、1所学校的热能供暖和一个提升村、一个兼并村的热能改造项目。2016年，进行了两座农业生产大棚的供暖试验，为实施千座大棚工程积累经验。

无论在哪个方面，山东三土能源股份有限公司都堪为表率。从公司组建到现在，他们秉承“科技服务社会，心系天下冷暖”的服务宗旨，热忱致力于中国低碳环保、节能高效的绿色建筑事业，所取得的成绩有目共睹。目前公司已完成可供参观的项目达120万平方米、中央空调项目180多万平方米，成为国内建成面积最多、运行费用最低、行业内管理规范和施工经验丰富、服务优质的新能源企业。

（采访时间：2016年11月）

融德润生 大道至臻

——记威海德道海洋水产机械研发中心董事长李惠

□赵世喜 张世松 杨青

李惠，威海德道海洋水产机械研发中心董事长。她凭着一股子不服输的韧劲，不懈奋斗，融德若水，以水为媒，在推行“大健康”的行动中，成就了曾经苦苦追寻的创业梦想，实现自己的人生价值。

岁月长长路长长，进步和成长的过程总有许多困难与坎坷，人能走多远全靠志向，人能攀多高全在意志。与李惠接触，你会被她开朗的性格所感染，让心底充满阳光。触摸她的创业历程，谁都会为其曲折而感慨。回顾走过的艰辛，李惠笑言：“下岗为创业提供了机会，不服输的性格给创业梦添了把火，遇到朴教授则是找准了创业的方向。”

历程：踏平坎坷

大学毕业后，22岁的李惠被分配到威海市畜牧兽医局直属企业利丰实业总公司上班，天性活泼开朗的李惠对自己的工作及未来充满了期待，然而就在她人生之路启程的关键时刻，挫折却意外降临：1996年6月，李惠所在单位因政策原因被撤销，她与工友无奈下岗，步入了失业的境地，这对于对未来充满憧憬的她无疑是晴天霹雳。

当时，安置失业职工的政策并非今天这样的健全完善，也许是性格的原因，李惠没有消沉彷徨，她很快调整好心态，开始了找工作的艰难之路。这期间，她去过很多地方，辉煌过，失败过，虽然始终没有找到一个值得自己付出一生的事业，但在洒满汗水乃至泪水的历练中，她不断修正着自己的创业目标，调整着执业的方向，提升着创业本领，寻找着展示人生价值的“爆发点”。

那些日子里，李惠不断地重复着应聘、上岗、离岗的循环。到后来，她萌生了去国外打工的念头。亲友们听说后，纷纷劝她，即便国外遍地黄金，但在那里同样充满艰辛，即便你努力打拼，也未必能够找到属于你的那一方天地。李惠的姐姐将李惠安排到一家餐厅，给予她的工作就是每天刷2000个盘子，并告诉李惠，如果能够坚持三个月，大家就支持她出国。李惠咬着牙坚持了三个多月，但她的出国手续办理却一波三折，她只好一边跑手续，一边继续寻找工作……频繁的打工经历让李惠明白，如果找不到自己喜欢的工作，或许这种状态会一直持续下去，但在三百六十行里要想找到自己喜欢的工作谈何容易？李惠想到了自主创业。

2000年，李惠的一位老领导邀请她到自己开办的公司工作。这是一家大理石加工厂，作为业务员的李惠在工作中发现了这个行业的潜力，当时风生水起的房地产业正强劲地带动了相关行业的迅速崛起，李惠瞄准商机，与创业伙伴在这个行业中拼搏，拥有了具有自己股份的“阳光石材”。但她发现，在这个阳刚坚硬的行业中，她还不具备展示更大作为的空间，于是她急流勇退。因为有过办理出国劳务的经历，李惠无师自通，她决定在这方面做一番尝试，没想到却取得了意外的成功，她的业务开展得分外红火，连她自己都认为，这就是值得自己全力以赴投身的创业空间。然而，命运并没有眷顾这位独立、坚强的女人，李惠的身体、家庭先后出现变故，再次跌入了人生的谷底。

每每想起这些，李惠总会感慨万千：“当时就感觉每天都是黑暗无光的，但我心里并没有放弃对未来的期望，始终坚信，挫折不过是我成功道路上的层层关卡，只有破关夺隘才能圆梦将来。”李惠的坚韧也让亲友折服。人们这样评价李惠：她是一颗夜明珠，只要一息尚存，就会散发出夺目的光芒，成为稀世珍宝。

曙光：创新制胜

创业艰辛百战多。作为一个女人，想要打拼出一份事业，需要比男人付出更多。但因其骨子里那种超乎想象的韧性，商场上的女人又往往会做出让人们刮目相看的佳绩。每经历一次创业的波折，李惠就反复地审视着自己，仔细反省自己在创业中存在的问题，总结经验，吸取教训，一次次跌倒，再一次次爬起。

心中有光的人，终会冲破一切黑暗和荆棘，而对李惠来说，爱情就是冲破黑暗最耀眼的一束光芒。在李惠最困顿的时候，她结识了现在的丈夫朴丹秀——哈尔滨工业大学研究生院教授、威海金涛机电科技有限公司总工程师，二人从相识、相知到携手相伴。李惠告诉记者："我们的相遇就像是命中注定一般。生活中，我们互相关怀照顾；工作中，也会因为项目而倾心交流。这样既增加了我们夫妻间的感情，也能够进一步推动事业的发展。"

当时，朴丹秀因车祸导致右腿高位骨折、卧床治疗，由于长期不能起床运动，加上摄入过多高嘌呤，又患上了痛风病，病情发作时疼痛难忍。处于病痛之中的朴丹秀，每行走一步，都要靠双拐支撑。朴丹秀是从事能源和机电技术研究的专家，听医生们讲痛风无药可医后，他就潜心研究起国内外的资料，在一次查阅资料中，他无意间发现了国外有报道说饮用饱和氢水对痛风有缓解作用，于是他将此事告知李惠，希望两人能共同研究。朴丹秀给了李惠一个郑重的承诺：他要重新站起来，与李惠一起携手，用科技开拓未来，用创新成就爱情和幸福。

为确认饱和氢水的报道是否真实、可靠，李惠查阅了大量资料，了解到报道中所谈及的饱和氢水其实是一种"富氢水"。从世界各国科学家针对氢分子生物医学发表的研究成果来看，人体新陈代谢中离不开氧气，但2%的氧气会变成过氧自由基，其中的羟自由基和亚硝酸阴离子等毒性很强，对人体有一定的危害。而氢是最适合中和这些过氧自由基的重要元素。氢在体内具有极强的选择性抗氧化功效，在体内扩散速度快、扩散能力强，利用水中的氢元素制造出的"水素水"在日本十分流行。当了解了富氢水的作用和原理后，朴丹秀与李惠意识到，这是一个巨大的商机和事业创新点。

心动不如行动。朴丹秀和李惠，起早贪黑，各展专长。朴丹秀的家都变成了实验室，他负责仪器原理设计和制造，李惠则负责联系厂家、洽谈合作商，两人合作无间。经历过千万次的试验之后，2011年6月30日，在常温常压下可达到饱和程度的氢水直饮机，在朴丹秀、李惠手中诞生。令人欣喜的是，这款机器不需要特殊的环境、特别的装置，就可在家庭、办公室或公共场合广泛使用。更令李惠难忘的是，经过一段时间饮用饱和氢水的体验，朴丹秀运用氢气生物学原理、靠自己研究的科研成果治愈了痛风，去医院查体各项指标正常，且扔掉了双拐，几年都没有再犯过。朴丹秀在病痛中坚持不懈研究的敬业精神及科技发明带来的神奇效果，给了李惠深深的震撼，她的身体也因饮用饱和氢水而得到了修复和改善。在拥有爱情的同时，李惠又拥有了新的创业梦想。

从此，在李惠的创业路上，每时每刻都有丈夫的支持和相伴，其景融融，其情切切，她幸福地坦言："是爱情让事业变得更美，事业让爱情变得更甜。"

启程：以水为业

一名优秀的创业者，在做人做事上总有自己的独到之处，李惠就是一个很好的例子。

在李惠的办公室里，摆放着各种各样的饱和氢水直饮机，有的像家庭式净水器，有的像瓶装化妆水，有的则像饮用水瓶，大小各异，颜色各异。李惠告诉记者，这种氢水直饮机在制造方法上采用物理方法制造氢水，该机器生产的饱和氢水呈乳白色小分子团雾状，氢含量达到1000PPb以上，还原电位（ORP）达 -550~-700毫伏，pH值为7.5~9.0，且生产成本较低、便于携带，即产即用，十分方便，既可以在家庭使用，也可在办公室或公共场合饮用。

当第一个氢水直饮机出厂后，朴丹秀和李惠并没有大批量生产，而是选择先使用、体验一段时间，全方位查找直饮机的不足，精益求精，力求臻于至善至美。李惠知道，水是生命之源，蕴含着进取、奉献、柔韧、公正、创新、谦虚、清廉和包容的"八德"，善利万物，唯为德融若水，才能创业致远；李惠明白，在充满概念营销等多种模式的水市场，面对矿泉水、纯净水以及各种元素水等令人眼花缭乱的水产品，只能用科技来打造不易被抄袭模仿的项目，做一个对众多消费者长长久久有益的好产品，才能创出一片新天地。在确认直饮机可以入市销售后，李惠根据自己多年来在市场上摸爬滚打得出的经验，制订出详细的创业计划，准备打开饱和氢水直饮机的市场大门。她在自己家中设立一个免费体验中心，接纳不同年龄段愿意饮用此水体验的试验者，展开了批量式且又个性化的多次试验，虚心听取并认真记录下每位试验者对饱和氢水直饮机的评价，不断改进工艺，以求做到最好。这个过程历时两年，取得了显著的效果：为饱和氢水直饮机的上市提供了最可靠的第一手数据、资料；400多例饮用饱和氢水试验者的体验成果，也让大家奔走相告，传递着发明改善生活的传奇；CCTV-10《我爱发明》等栏目的跟踪关注，中直机关创新创业中心连续3年跟踪李惠的产品，都扩大了影响，同时该产品还获得了国家权威部门出具的质检报告。

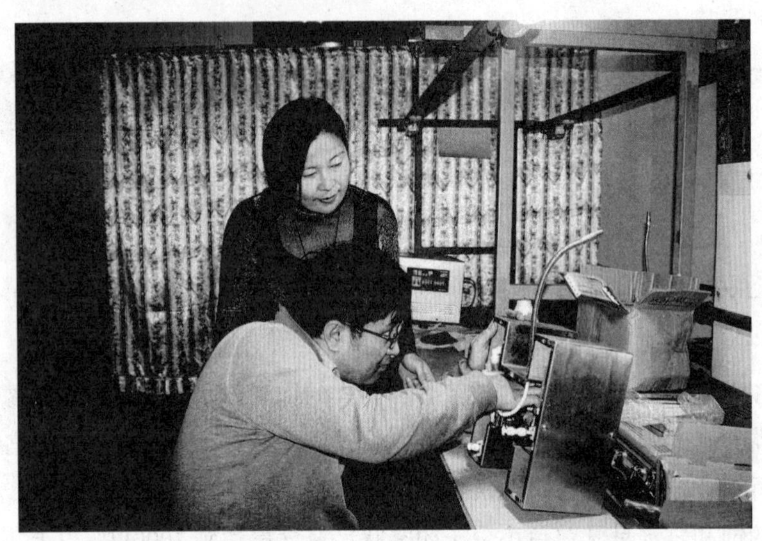

李惠（后）与研发人员探讨饱和氢水直饮机的设计构造

繁重的工作压不倒拥有创业激情的李惠，通过脚踏实地的工作，科学技术发挥出巨大力量，爱心和奉献结出了丰盛的成果。2014年5月，李惠在经济开发区科创园正式注册成立了威海德道海洋水产机械研发中心，决心带领中心凭借先进的技术把这件事情做到底，实现自己的创业梦想。谈到中心的命名，李惠有她自己的道理：观世音甘露水故事家喻户晓、妇孺皆知，要让饱和氢水成为有益消费者和大众健康的“圣水”“甘泉”，给“自由呼吸·自在荣成”再添一抹亮彩，既要有科技创新为之引领，又要有道德准则来自律，厚德载物，大道自成。德道研发中心就是要“持以德融行之念，行以水润世之举，做利民济生之事”。此时，饱和氢水直饮机也经过国家相关权威机构的严格鉴定，产品定型推向市场，使用效果得到专家学者的高度赞赏。有着早年毕业于辽宁阜新矿业学院、1990年留学德国慕尼黑理工大学机械系，曾任大连远东学院院长和大连平安、太平人寿、合众人寿等经理、总经理的梁纯生博士，2014年带着全家人从大连来到威海，在体验了饱和氢水的技术和产品效果后，笔走龙蛇，写下了“始皇三寻不老药，芝罘神仙窃自笑。丹秀悬壶绘春秋，饱和氢水济世妙。秦帝应悔未识君，广度苍生行天道”的诗句。如果说这是同行者间的一种恭维式的认同，那么随后，梁博士一掷百万元，与德道水产机械研发中心的技术合作，则更能表明科技界对德道饱和氢水直饮机发明的尊重和认可。李惠的事业由此踏上了一个新台阶。

付出总会有收获。截至目前，前来与李惠商谈投资合作的商家、经销公司络绎不绝。数载的市场拼搏，使李惠更熟稔地把握着市场开发的节奏和力度，甚至以租赁的方式来拓展市场，掌控着市场的前端到末端、低端到高端等各个环节和经营的主动权。

在威海市首届创业大赛上，李惠以优异成绩获得妇女创业鼓励奖。她频频出现在各个创业秀场上，在展示自己产品、技术的同时，与大家分享、共享创业的甘苦。她懂得，当创业浪潮来临，草根创业者站到了时代的风口，其中女性将成为未来创业大潮中一道靓丽的风景线。她向更多拥有梦想的创业者讲述自己创业的初衷与梦想、成功与失败、泪水与欢乐；讲述女人创业的优势与劣势、道路与方向，给人以启迪，让后来的创业人规避弯路和风险，助推掀起更大的“双创”热潮。李惠是创业人才，与朴教授的结合，使她更知悉人才的可贵，只要有了人才，创新就水到渠成。为此，她与丈夫一起充分利用中韩 FTAR 的机遇和自身的人脉优势，成立了荣成中韩人才技术转移有限公司，以此为平台和载体，通过政府指导、企业主体、市场运作，致力于推动韩国与中国荣成的人才、科技成果的交流、合作与引进。平台刚刚搭建，就引进了 5 名博士和 3 个高端项目，最近还将有一个科技实体项目落地，将为荣成创新技术和人才的富集、为建设创新型城市增光添彩。

现在，李惠还在创业的路上跋涉，她的信条是：与其花长时间怀疑，不如花短时间求证！人生可以有过错，但不能有错过！意志决定你的成功，进取决定你的未来！怀疑和等待你永远看不到未来，拼搏的人生才会更精彩！

未来的日子里，李惠将以饱和氢水的涓涓之姿，以百炼成钢化为绕指柔的执着，投身建设“健康中国”的实践，在促进全民健康中奉献自己的才智，让大众感受科技和道德的力量与温馨。

（采访时间：2016 年 11 月）

大山上的“田园梦”

——记荣成市虎山镇嘉润农场主于水

□杨青 于佳佳 赵德龙

于水，荣成市虎山镇西塘子村创业农民。虽然时光飞逝，但于水追逐梦想的脚步从未停歇。两年前，他选择到从小生活的村庄再创业，用执着和汗水将一片荒地打造成绿树合围、炊烟袅袅的田园小居。不忘初心，他在筑梦田园的路上继续前行……

葡萄爬满藤架，苹果挂满枝头，各种时令蔬菜生机盎然，闲来无事徜徉其间，采摘新鲜果蔬，尽享田园风光……这大概是许多人在心中向往的“田园梦”。

荣成市虎山镇西塘子村村民于水也不例外，自小在农村长大的他，始终怀有一份割舍不掉的田园情。2014年，他大胆将梦想转化为实际行动，在山林深处建造着属于自己的“归园田居”，并为它起名“嘉润农场”。秋末之际，记者驱车来到农场，听于水讲述他的“追梦”故事。

梦想启航

农场被偌大的一片苹果树包裹，中间是一座接待游客的休闲小屋。在小屋旁的暖棚里，记者见到了于水，他正在给蔬菜浇水。不大的暖棚里种植着小葱、青菜、小油菜等菜蔬，数量不多，但长势喜人，在阳光的映射下翡翠般耀眼。鸡、鸭、鹅见到我们，也不认生，仍悠然自若地踱着步子。眼前的于水，就像一位隐身山林、悠然田园的“修行者”。

走进小屋，不大的房间里挂满书画，木雕家具透着古香古韵。谈起建农场的初衷，于水笑称是缘于初中时学到的陶渊明的一首诗。陶渊明在《归园田居·其一》中写道："榆柳荫后檐，桃李罗堂前。暧暧远人村，依依墟里烟。狗吠深巷中，鸡鸣桑树颠。"诗中意境给年少的于水留下了深刻的印象。他告诉记者："诗中描绘的那种怡然自得的田园生活让人心生向往，我希望自己长大后的生活可以如诗中所写。虽然就业后在城里上班，但我一直喜欢摆弄花草，经常带着家人到乡下体验田园生活。尤其随着年龄的增长，那份'田园梦'愈发强烈。"

2014 年，于水顶住压力，开始了圆梦之旅。他利用所学的农业知识，结合到各地休闲农场观光学到的经验，开始创建嘉润农场。

有信念，有想法，资金问题却成了于水圆梦的"拦路虎"。困难面前，家人和朋友给予了他极大的支持。他把自己多年的积蓄全部投入，加上朋友的帮助和银行贷款，终于凑足了启动资金。2014 年，于水承包了西塘子村150 亩山地，投资 200 万元打造了集果林、平塘、跑山鸡养殖、绿色蔬菜种植于一体的农家乐，开始了他的生态创业之路。

筑梦路上

万事开头难。农场建设之初，于水在整体规划和种植品种选择上下了一番功夫。

为确保农场收益稳定，于水选择在农场外围大面积种植苹果。谈及选择苹果种植的初衷，于水告诉记者："经过考察发现，荣成的土壤和气候条件最适宜苹果种植，无论是果品质量、口感还是营养价值，都不输栖霞、烟台苹果。况且苹果收益相对稳定，基本能保证农场的运转。"

梦想与现实总有很大差距。建园初期，由于缺乏种植管理经验，种植的果树病虫害多发，成活率低。但于水没有泄气，他坚持每天学习果树种植知识，有时一整天都扎在苹果树林里，研究苹果种植方法。他还专门到河南、江苏、青岛、烟台、威海等地的农科部门，向专家请教苹果种植方法，专门邀请果树技术专家到农场指导。经过专家指点，于水采用矮砧、宽行、密植、水肥一体化等现代苹果种植技术，选用果个大、果型正、表光亮、口感好的"烟富 10"苹果进行种植，利用牛粪和鸡粪的发酵肥以及秸秆还田的方式来保证苹果的绿色健康。功夫不负有心人。在专家的帮助和自己的摸索下，于水的苹果种植步入正轨。

果林栽植情况稳定后，于水又将心思放在了农场的规划设计上。为了让农场更具特色，于水走遍全国多地农场，学习借鉴先进经验，最终确定了自己的农场布局。如今，他的农场已初步形成以生态苹果为主，无花果、葡萄、桃子、梨、花卉等为辅的绿色生态布局。

于水正在果园里观察果树的生长情况

在参观农场时，记者发现了一个有趣的现象，每行果树都挂有“名片”，上面标有名字、编号和联系方式，原来这是嘉润农场探索尝试的“会员制”经营模式。“农场发展会员认领果树，按 1000~3000 元 3 个标准入股，每棵树 100 元。会员可自愿参与果树管理，每年可获得出资额等价的农场产品，并可随时撤资，机动灵活。主要是想通过这种方式，让会员亲自照料自己的果树，圆更多人的‘田园梦’。”自 2016 年 6 月实施会员制以来，农场已吸纳 81 名会员。闲暇之余，很多会员会到农场做义工，在打理自己果树的同时，帮忙做农家饭，招待游客。

农场毗邻长会口大桥。临近中午，很多文登的游客驱车来到农场，小小的农庄门庭若市、座无虚席，平均每天来此的客人可达五六十人。采访当天，午饭和晚饭的餐间已经全部被预订。厨师聘用西塘子村农民，主推纯天然无农药的特色养生菜，炖跑山鸡、鱼锅粑粑、地瓜粥等特色农家饭菜，让来此的食客赞不绝口。孟浩然的诗句“开轩面场圃，把酒话桑麻”，正是此刻嘉润农场的真实写照。

整装再出发

嘉润农场很快就要过3岁“生日”了。3年的精心规划、用心经营和辛苦付出，终于让于水看到了希望，也正如他所希望的那样，嘉润农场逐渐成为朋友欢聚的场地、孩子们亲近自然的乐园。因为有了众多会员的支持和参与，农场各类参与性活动持续不断：定期举办亲子游活动，让孩子上山寻找鸡蛋，体味山中“寻宝”的乐趣；教孩子野炊，亲手烤地瓜给父母吃；让孩子拔草、种树、体验农耕等。国庆节期间，他还组织学生来农场，听老红军讲述革命故事。

2016年，我市推出“自由呼吸·自然红”苹果区域公用品牌，于水发展苹果种植的信心更足了。于水告诉记者，2016年苹果树挂果不多，2017年大面积挂果，他打算在管理设施上加大投入，实现精细化、现代化管理，以提高果品质量，生产名副其实的“自然红”苹果。同时，将推出苹果采摘游项目，吸引更多游客来农场体验田园生活乐趣。前不久，他还与荣成市引航爱心志愿者协会商讨合作事宜，决定创立“爱心苹果”项目。由志愿者协会确定救助对象，农场提供“爱心苹果”，让更多困难市民吃到“自由呼吸·自然红”的荣成大苹果。

说起未来打算，于水显得沉稳而自信：“建设农场的初衷和目的就是为了圆自己的‘田园梦’，圆更多人的‘田园梦’，所以我从没有把经济效益看得很重。现在农场刚刚起步，以后的路还很长，但我知道不能急于求成，现在要做的就是安心把果树种好、管好，把农场打造得更精致。我相信‘有志者事竟成’，不管农场的发展如何，我都会坚持我的‘田园梦’，让自己的农场开满花、结满果，让更多的人在农场里体验日出而作、日落而息的田园生活。”

（采访时间：2016年11月）

创业有道铸商魂

——记威海雅丝佳房车家具有限公司董事长陈俣汀

□ 赵世喜 张世松 张华刚

陈俣汀本是体制内的一员，却怀一腔创业热情而辞职经商。经历了创业初期的大起大落，他无怨无悔，终靠诚信和创新两大“法宝”，硬是在竞争激烈的装饰材料行业“杀”出一条新路，谱写了一曲创新创业的凯歌……

创业：因为心中激情如火

2001 年，成立荣成市雅丝佳装饰中心。

2006 年，成立荣成市雅丝佳贸易有限公司。

2011 年，成为广东佛山穗鸿家具山东总代理、广东中山宏祥鲁川红木家具山东总代理、广东佛山贝莱丽床垫山东总代理、广东中山富美达办公用具山东总代理。

2013 年，设立广东宝罗赛特威海专卖店。

2015 年，通过对房车家具市场的深入调研进军房车配套行业，成立威海雅丝佳房车家具有限公司……

在这看似一帆风顺的企业发展史背后，陈俣汀经历了许多外人无法想象的艰辛，但他用激情在创业路上闯出了一番事业。

1994 年，对陈俣汀的人生来说，是一道分水岭。此前，陈俣汀是荣成市商业系统的一名采购员，日子安稳、悠闲，加上自身能力突出，深得领导赏识和同事们的认可。然而，不甘于安稳的陈俣汀在几经考虑后，毅然决定辞职，从事百叶窗帘的生产。

理想很丰满，但现实很骨感，创业之路并没有想象中那么好走。虽然陈侯汀有过从事窗帘生意的经验，但那时他的工作只是订货、调货。如今，采购、送货、生产管理等等，都需要他亲力亲为，经常忙得团团转，一个人要顶几个人用。当时，国内没有完整、便捷的物流体系，陈侯汀所用原料需要从泰安进货，然后将货运到济南，再从济南运到荣成，十分烦琐。一次，他进货没有赶上去济南的客车，只好坐货车前往，到达济南后，又找不到宾馆，经过数次辗转，最终将货卸在宾馆的走廊里……

这样的日子让陈侯汀感到迷茫和痛苦，但他没有放弃，通过积累和总结经验，几年后，他的窗帘事业有了起色。“随着房地产业的发展，新的产业不断涌现，家居装饰业也开始有模有样地发展起来。接的订单相对比较稳定了，这时我觉得应该注册品牌，以适应未来发展。”陈侯汀告诉记者。2001 年，陈侯汀组建了荣成市雅丝佳装饰中心，虽然当时只有两个人，但陈侯汀以此为起点，开始对生产、管理、营销等方面进行全方位整合，不断充实自己。

沉淀：失败带来理性思考

成功绝非偶然。陈侯汀始终高度重视市场，始终把消费者的需求作为自己的追求，每年都要参加在广州举行的春秋季“广交会”：上接“天线”，前瞻国际、国内市场动向；下接地气，在与同行、客户的交往中悉心洞察消费潮流及客户的心理期待，从中挖掘潜藏的商机。为此，他主动与中国纺织总会、广东纺织工业协会等专业组织联系沟通交流。他代理的第一个窗帘品牌——广东“美居乐”，就是在“广交会”上签单的。

在“广交会”上，陈侯汀获悉有人做窗帘年利润逾千万元，他经过了解得知，窗帘出口贸易前景不错。陈侯汀在评估自己的实力、人脉、商脉等因素后，找到广东外贸服装协会，争取到业务和技术支持。为寻找商机，他多次进京，与斯里兰卡驻华使馆的参赞交谈，尝试开展对斯里兰卡的窗帘贸易。第一笔订单货值为 1 亿元，由于个人实力有限，陈侯汀还与浙江等地的客商合作，确保货源充足。此后，陈侯汀与合作商准备继续从国际市场上拓展业务，但天有不测风云，国际、国内市场原材料价格一路飙升，使生意出现亏损迹象，陈侯汀及时“刹车”，避免了更大损失。

从国际市场上铩羽而归，陈俣汀与同事、朋友经过反复沟通、探讨，认为要在市场竞争中占有一席之地，强大的实力是关键。在随后的日子里，陈俣汀一边打理着装饰中心的生意，一边沉淀自己，在市场中历练，将在管理实践中获得的感性认识进行系统化整理。“机会总是垂青有准备的人”，当房地产产业蓬勃发展时，陈俣汀意识到，应该以此为切入点，由窗帘向家居装饰、家具等方向切入，拓展经营的空间。

借势：精准定位开拓市场

在商言商，作为家具卖场运营者来说，赚钱才是根本。经过深入的市场调查，陈俣汀很快发现在三、四级市场做品牌代理的优势。他认为，一个卖场的成功必须达到经销商、厂家、消费者三方共赢的局面。卖场需要充分了解市场和消费者的需求，找到市场的机会点和突破口，在此基础上拟订计划实施，并且让消费者在卖场感受到一种舒适的购物环境、贴心的服务、多样的购物选择和一流的产品品质。为此，他精心盘算，精密布局，在加大硬件投入时，坚持“合适”才是最好的，根据市场的客观情况来确定自己的市场定位，让自己的家具店在硬件配套、营销辅助、宣传组合等方面，具有不同于其他卖场的个性特征，打造有集群优势效应的家具商场。

在经营中，陈俣汀坚持顺势而为。在大物流上，他利用威海的区位优势，与济南、临沂等超大物流基地紧密联动，确保大物流畅通。在卖场货物运送方面，他积极解决商户送货的问题，并采用最先进的定位点阵存储方式，营造良好的购物环境。

陈俣汀特别注重在三级市场立足，他对商场的定位是要做当地最高端的家具卖场，符合当地的经济发展实际，与社会消费能力、消费习惯、消费意识相适应。他认为，经销商的成功与品牌建设、产品加工以及市场定位密不可分。一个好的经销商需要好的品牌作支撑，一个好的品牌需要高质量的产品作保障，而高质量的产品则需要流畅精细的产品加工线作基础，方可成功。

在选择品牌这方面，陈俣汀并不一味地以品牌的知名度和市场覆盖率为标准，而是多方面考察品牌内涵，如企业的发展理念、产品的设计理念和市场的运营服务理念等，辩证分析其产品的市场定位是否形成系统化并符合自己的定位。

与此同时，陈俣汀不失时机地参加各地的家具展，全力推介自己的公司，借势广交朋友，很快就加盟10多个品牌家具的生产销售体系，结成了紧密的战略伙伴，成为广东佛山穗鸿家具山东总代理、广东中山宏祥鲁川红木家具山东总代理、广东佛山贝莱丽床垫山东总代理、广东中山富美达办公用具山东总代理……同时，在威海、临沂等地开办了连锁店，实现了“借势生财”。

转型：敢立潮头抢占先机

近年来，企业因转型而折戟沉沙者不在少数，很多企业虽想转型升级，但由于缺乏从头再来的勇气和决心，只得放弃。谁也想不到，就在陈俣汀的百叶窗帘生意如火如荼地发展时，他却毅然转型，开始从事房车家具的生产，并做得风生水起。可以说，从生产、销售百叶窗帘到生产房车家具，算得上是陈俣汀一次华丽的转身。

房车，又称“车轮上的家”，兼具“房”与“车”两大功能，但其属性还是车，是一种可移动、具有居家必备基本设施的车种。中国的房车是由国外引进的时尚设施车种，其车上的居家设施有卧具、炉具、冰箱、橱柜、沙发、餐桌椅、盥洗设施、空调、电视、音响等，可分为驾驶区域、起居区域、卧室区域、卫生区域、厨房区域等，集“衣、食、住、行”于一身，是实现“生活中旅行，旅行中生活”的时尚产品。目前，房车仍然属于小众消费，走入寻常百姓家尚需时日。

陈俣汀认为，房车虽然目前看来属于小众产品，百姓购买能力有限，对于房车尚处于观望状态，但这并不影响房车日后的市场影响力。“房”与“车”都是人们日常生活的必需品，如果说房子是生活的发酵箱，人们因为有了房子让生活得以落地、孵化，那么车子就是添加剂，匆忙生活因为有灵活的交通工具而张弛自如、丰盈柔韧。房车将二者合二为一，是对生活品质的更高追求。

经过市场调研，陈俣汀看到，房车在我国经历了缓慢发展的初期，正被汽车行业所重视，一些进口房车在各大车展赚足了人气，受到高端消费者的青睐。面对正在蚕食高端消费者群体的进口房车，国产汽车公司已摩拳擦掌、跃跃欲试，房车将是我国汽车行业的最后一块蛋糕，成为与大飞机一样的“朝阳产业”。

陈俣汀告诉记者："对于家具行业来说，房车算得上整个行业中最大的一片蓝海。因为小型房车相当于一房一厅，中型房车相当于两房一厅，发掘这样一片蓝海，对企业后续的发展成长可谓如虎添翼。况且，近几年家具行业整体遇冷，在市场急剧萎缩的同时，竞争日益加剧，整个行业都在一片'红海'中厮杀，如何杀出重围，在竞争对手如林的市场环境下脱颖而出？这已成为众多家具企业当务之急。与其与同行在'红海'里血拼，不如另辟'蓝海'。"

陈俣汀（右）和员工一起探讨钻研房车家具工艺

基于以上论证，陈俣汀决心举企业全力，奋力推进转型。他先后考察了国内的房车行业、家具行业、家具机械行业等，对其技术水平、配套要求、市场潜力和企业愿景进行了综合、严谨的分析，经过审慎决策，决定立足于荣成，将原计划在广东番禺的投资项目，选择在荣成落户，经过近一年时间的努力，投资600多万元用于设备制造和技术开发，完成了设备的试制、安装和生产，赶在主机商要求的时间内拿出了合格产品，并进入批量生产。

诚信：固基建业厚积薄发

在家具的王国里，如何从容面对众多竞争对手，陈俣汀给出的答案是：首先要跟自己竞争，在磨炼中成长。企业需要找准定位，同时管理者自身必须对自己有要求，也许创新的根源就在于对经营、管理进步的不懈追求。

经营中，陈俣汀一直坚持两点：一是诚信，二是创新。“办企业就和做人一样，从产品看人品。”陈俣汀坦言，与家具生产商打交道，要遵循行业游戏规则，以“诚信”“品质”为招牌，向国际市场要效益。为此，他一开始就确立了企业经营宗旨：诚信立业，优质创新，以人为本，与时俱进。把诚信作为立业之本，把品质作为生存之基。所以，他认真地对待特定条件下产生的问题产品。比如家具行业存在的甲醛超标等环保问题、实木家具行业出现的隐性欺诈等，在替消费者把好商品价格关、质量关、环保关的基础上，积极应对客户提出的要求及问题，与生产厂家的技术人员一道认真地找出问题、分析问题、解决问题，为消费者提供优质售后服务，确保客户利益及满意度，争取更多的回头客。认真研究市场和消费者的喜好，把家具市场和产品的研究做深做透；紧跟市场潮流，向消费者推介适销对路的家具；聘请家具专业技术人员，充实设计力量，提升企业的技术研发能力，并不断投入资金、人力、物力完善各项硬件，提高自身的综合竞争能力，使企业立于不败之地。

为确保企业一起步就动能充沛、高效运作，陈俣汀以高起点、高标准要求自己，认真总结自身在家具生产方面的成熟经验，抓住当今房车家具的行业要求，重点在轻量化和保强度上求突破。在轻量化突破方面，房车兼具房与车的性能，需要轻装才能快跑。企业为此以国际流行的多层板为原材精工制作，新型家具板材为 15 厘米厚的多层板，每张仅重 19 公斤，而意大利的标准板幅重量为 21.49 公斤，市场目前通行的标准板为 28 公斤；在板幅突破方面，雅丝佳通过采用 R 角形式，利用技术手段解决了因板幅不足而出现的板材间接缝问题，而意大利尚未突破这一难题；在性能突破方面，外观采用的 PU 纸及板材，都具有世界先进水平的防火、防潮和防碰撞、防震动等性能，提高了家具强度；在结构突破方面，通过采用中国传统的家具卯榫结构和黏合技术，使整个家具通体无钉子和金属构件，从而保证了家具的抗扭曲、拉伸的能力；在生产工艺上，采用自己研究的弯板技术，解决了因木材韧度不足而不易弯曲成型的问题。

目前，该企业正在为两项技术申报实用新型专利。北方旅居车辆有限责任公司作为中国首家研发生产房车的专业企业，在对雅丝佳的产品进行考察后给予高度评价，并将其确定为家具供应商。

“工欲善其事，必先利其器。”在加强市场调研和技术储备的同时，陈俣汀组织企业技术骨干立项攻关，与合作伙伴联合攻关，定制开发专用设备，为设备增添了许多新功能。比如开发的封边机长度可达7.5米，厚度为0.6厘米，比德国的豪迈品牌设备还精确了0.4厘米。目前，该企业所有设备全部实现智能化操作，在提高技术精度的同时，设备效率大幅提高，有效地解决了人力资源紧缺的问题。

陈俣汀知道，市场有风险，商场如战场，竞争似战争。只有担当起行业创新的先行者和社会责任，才能为企业带来恒久活力，他也愿意以自己的努力接受行业赋予的使命——做专业的房车家具供应商。为此，他时刻带着强烈的危机感去经营企业，不断鞭策自己努力提升应对竞争的能力，在激烈的市场竞争中昂首前进。

（采访时间：2016年12月）

无花果女王是这样“炼”成的

——记威海长寿康农民专业合作社理事长夏钰涵

□赵世喜 杨青 于佳佳

夏钰涵，威海长寿康农民专业合作社理事长。怀着满腔创业激情，夏钰涵与丈夫一起投身于之前从未接触过的冻干水果行业。经过多年创新、求索、奋斗，最终建成全国首家无花果精深加工企业，让小小的无花果开出“富裕花”。

刚接触夏钰涵，就被她开朗、干练的性格所感染，更令人意外的是，她竟“学非所用”，跨界到了无花果这个杂果领域。

就是在这个陌生的领域中，夏钰涵用一双点果成“金”的巧手，推动无花果走向精深加工，将寻常无花果做成了冻干果、果脯、果汁、果茶、饮料酒以及益生菌冻干粉系列产品，并走俏日、韩市场，畅销国内市场，让原本属于“提篮小卖”的杂果，发展成为一个富有潜力与前景的产业，为“中国无花果之乡”再添新的生机。而她本人，也被十里八乡的群众誉为“无花果女王”，跻身第九届“全国农村青年致富带头人”行列。

跨界：不让果农流汗又流泪

天晴日朗，在位于荣成市好运角旅游度假区工业园内的威海长寿康农民专业合作社实验室里，理事长夏钰涵正在认真地用量杯对刚加工出来的无花果果汁进行感官鉴定。她向记者介绍道：“每次生产出来的无花果果汁都需要过人工、仪器两道关，用量杯进行人工测量，检测果汁内部是否有沉淀、残渣，确认果汁质量是否达标。再用仪器设备进行精细检测，保障无花果果汁各类指标符合规定标准，确保产品品质。”

与无花果结缘，夏钰涵的创业之路也颇多曲折。

夏钰涵是“70后”，出生在威海市文登区一个普通的农民家庭。大专毕业后，她并没有从事所学的幼教专业，而是去一家商场当起了售货员。2006年，她与丈夫马云良一起做起了海产品加工的生意。夏钰涵脚踏实地，勤勉苦干，把自家的生意打理得红红火火，也因此累积了一部分资金，为她的创业做了铺垫。

早期无花果市场，就是威海区域内的“提篮经济”，当天摘，当天卖。2010年夏天，正是无花果上市的季节。有一天，夏钰涵与丈夫在威海经济开发区泊于镇洽谈生意时，发现一些果农正在往路边的水沟里倾倒无花果。“好端端的无花果怎么就往沟里倒呢？”夏钰涵问一位老大爷。这一问，大爷委屈的泪水在眼眶里直打转：“这么多果子卖不了，又没法储存，只能全部倒掉认赔。”原来，随着无花果种植户增多，加之无花果保存时间短、易破损，每当到了无花果收购季，总会有大批无花果因破损而被拒收，这些“残果”果农自已也处理不了，只得倒掉。

听了这番倾诉，夏钰涵的心被深深刺痛，她很喜欢吃无花果，看着农民辛苦种植的无花果就这样被倒掉，觉得很可惜。无花果中含有18种氨基酸，还含有较高的果糖、果酸、蛋白质、维生素等成分，有滋补润肠、健脾开胃、治疗咳喘和利咽消肿等作用。她心想，如果能对无花果进行深加工，既能避免浪费，也能带来经济效益，可谓一举两得。“那一刻，我特别想帮助他们”，夏钰涵说。也正是那一刻的感受，改变了她日后的道路，那一年夏钰涵40岁。

夏钰涵由此开始无花果深加工的创业探索。在多次的市场调查中，夏钰涵发现，利用无花果加工成的保健饮料、酒、茶、果干、果脯、果酱、罐头、果汁、速冻果、叶粉等产品，市场供不应求，价格居高不下，具有广阔的市场前景。市场上每袋500克的无花果果干、果脯售价为60~70元，仍很抢手。并且，近几年，我国无花果产品出口创汇一直看好，无花果果脯、罐头、果汁、叶粉等产品畅销日本、韩国、东南亚等国家和地区。

心动不如行动。在与朋友、专家交流后，夏钰涵夫妻俩决定生产冻干无花果。为了筹集创业资金，夫妻二人经过商量，将此前做生意的所有本钱全部投入到无花果深加工生产。她成立了威海市长寿康食品有限公司。有了资金兜底，夫妻俩就放手大干。

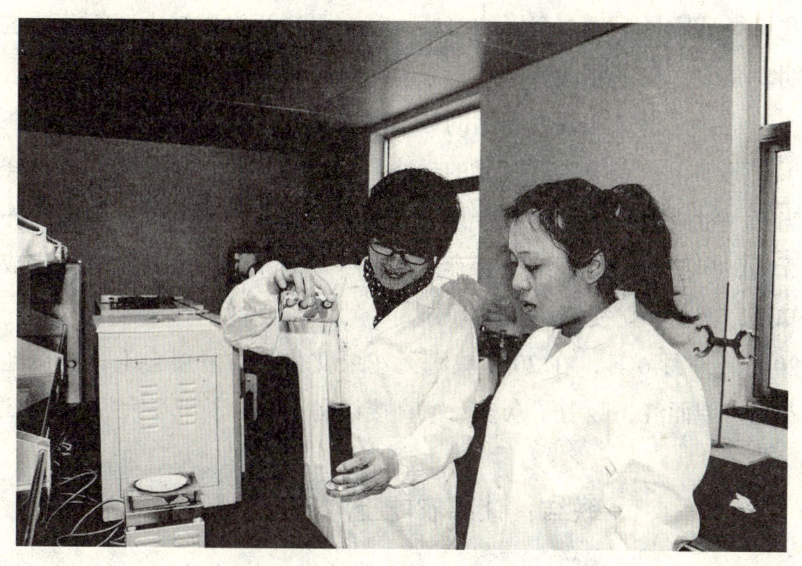

夏钰涵（左）与工作人员检测无花果果汁相关指标

冻干无花果，顾名思义，就是指利用真空冷冻干燥技术，保留无花果的色、香、味、形及营养成分制成的无花果干。2011 年的夏天，夏钰涵和丈夫跑遍了荣成各大盛产无花果的镇街，挨村挨户收购无花果。令夫妻俩没想到的是，当年无花果鲜果价格起初是每公斤 2 元多，他们开始收购后，价格直接翻了好几番，最终达到了每公斤 7 元。这让夏钰涵几乎把全部的资金都套牢在无花果收购上。这年春节，当兑付完果农的货款，他们夫妇全身上下就剩了 200 元。“在收购前，我们计算出制作冻干无花果的成本是每公斤 4 元，每公斤 7 元的收购价格让我们几乎无利润可挣，不过做生意要讲究诚信，既然答应了村民收购他们的无花果，我们就必须要做到。”夏钰涵这样说道。

或许是诚意感动了果农，夏钰涵收购的无花果质量令人满意，个大、色正、无破损，完全符合制作冻干无花果的要求。有了原料，夫妻俩开始四处打听，准备购进真空冻干机。她一周跑了 3 次济南，拿着样品到生产冻干机厂家，反复做实验，但没有达到预期效果，70 多万元就这样打了水漂，失败让夏钰涵感到很失望。“毕竟我们从没有接触过冻干这个行业，心里没有底，加上很多厂家的冻干机只做蔬菜、海鲜类，做出的无花果冻干效果没有想象中那么好，我和老马很是失望。”

无花果娇贵，它外皮柔软，极不耐储藏，一个成熟的果子，在常温下保质期不到 24 小时，而生摘下来则涩嘴。找不到合适的冻干机，储存在冷库里的无花果果品质量下降，会影响口感。就在夏钰涵夫妻二人一筹莫展之时，一位朋友介绍，在东北铁岭市有一家专门从事水果冻干的企业，向外售卖冻干机。于是，夫妻二人载着满满的一车无花果，千里迢迢奔赴铁岭。在说明来意后，那家企业老板对夏钰涵的想法很感兴趣，当下决定制作一批样品看看，当第一批成型的无花果冻干果生产出来，粉白色的果肉、翠绿的外衣被完好无损，口感也被较好地被保存下来。“看着手中的无花果冻干果成品，我就知道，成了！”夏钰涵激动万分。

2011 年 9 月 6 日，在 2011 威海无花果文化旅游月展会上，夏钰涵的冻干无花果一炮而红，吸引了众多商家直接订购，打开了市场大门。

联结：让果农吃上“定心丸”

虽然冻干无花果吸引了许多客户，为企业赢得“开门红”，但由于冻干无花果对于果品质量要求很高，一点瑕疵都不能有。为了保证原料质量，夏钰涵采取“农户 + 合作社 + 企业”的模式，成立合作社，与果农抱团发展。合作社成立初期，几十户果农抱着试一试的态度加入了合作社，没想到这次无意中的尝试让入社果农成了首批受益者。在别人发愁销路的时候，他们只需把无花果送到合作社就行，而且随行就市绝不压价，等级、价格分明，大小通吃。就是这样的一个开始，让夏钰涵获得了果农的信任。

经过夏钰涵与合作社社员研究，合作社决定与周边的村子联合起来，分片建立种植基地，并与山东省果树研究所签订了产学研协议，请来国内外无花果种植专家，带领大家一同发展种植无花果，建立合作社自己的无花果基地。果农可按自己的意愿分级加入：一级社员以土地入股，自己种植采收，参与合作社的年终分红和重大决议的讨论决定；二级社员也以土地入股，但不参与种植采收，由合作社统一管理，参与合作社的年终分红；三级社员不以土地入股，自己种植管理，到了采收时间把果子全部卖给合作社，价格随行就市；四级社员既不以土地入股，也不把果子全部卖给合作社，只有因为天气原因卖不掉的时候才卖给合作社，这些社员的无花果价格由合作社定，不享受合作社社员价格保底。其他只要是市场消化不掉的无花果，合作社全部收购。

随着合作社的日渐发展壮大，又一个隐忧摆在了夏钰涵面前：如今农村老龄化问题加剧，由于缺乏劳动力和技术，无花果种植面临着规模扩张瓶颈和品质保障问题。如何吸引更多的人尤其是年轻人留在农村，让无花果产业持续健康发展成了摆在她眼前的一个现实问题。经过多方商讨交流，夏钰涵利用节假日在在外务工、上班一族返乡的时候把他们聚到一起，请来农业和经济发展方面的专家教授，给他们讲解国家的相关政策，为大家细算每一笔账，让大家看到农业的发展前途和广阔前景。很多年轻人听后跃跃欲试，合作社借机作出承诺，鼓励大家回乡创业。夏钰涵统一引进优良品种免费分给大家，统一提供种植、修剪管理技术和有机肥使用的指导，统一提供收购销售服务。通过“四统一”，让社员和果农没有了后顾之忧，调动了村民种植积极性，既减少了合作社的管理成本，也最大限度地保证了无花果的品质。

为更好地服务社员，合作社出资集体采购了农机具、割草机等农资器具和有机肥，免费给农户使用。同时，合作社平均每亩地补助社员1000元，帮助其改良土壤。夏钰涵还推出了“紫宝”这个无花果新树种。

在夏钰涵的鼓励下，合作社的农户们开起了网店，利用互联网思维和平台将无花果产品销往全国各地，打破了“提篮经济”模式，引导无花果走上了产业发展之路。

截至目前，长寿康无花果合作社社员达289户、无花果优良品种培育基地200亩，带动2900户农民规模化种植无花果1.5万亩。

在这一串成功数字的背后也承载着夏钰涵太多的汗水。

创新：让无花果香飘四方

商场如战场，夏钰涵始终把开发研制新产品作为立市兴企之魂。

无花果最大的问题就是“保鲜”，夏钰涵多次去泰安请教山东省农科所的保鲜专家，回来后又自己在冷库里琢磨。经过反复实验，终于找到无花果冷藏的最佳冰点，使无花果鲜果储藏一周仍能保持外观和风味不变，延长了鲜果销售的货架期。

“我在超市里发现有很多草莓、樱桃、黄桃等做成的蜜饯，很甜很好吃，我就想无花果能不能也做成蜜饯、果汁、果酱之类的产品，这样既可以保证剩余的无花果有效利用，还能让我们的产品多元化，满足不同年龄层客户对无花果产品的需求，提升经济效益。”夏钰涵拿出一包无花果蜜饯介绍道。

长寿康农民专业合作社一直致力于无花果领域中的“精耕细作”，不断延伸产业链条。为了培育新品种、研发新产品，夏钰涵先后与中国农业大学、山东省果树研究所、中央国家老干部养生保健总部基地管理委员会生物科技部建立产学研合作关系，积极探索无花果精深加工的产业化之路。为了加工无花果产品，夏钰涵三上东北、两下江南，考察果品加工厂，并且和中科院下属企业合作，引进真空冷冻干燥技术，推出了无花果冻干果新产品，研发出无花果冲剂、果脯、果粉、口嚼片等系列产品。无花果高档礼盒更是成了人们逢年过节的最佳选择。

从果到叶，无花果全身是宝。为开发新产品、充分利用无花果叶的营养价值，2013年，夏钰涵夫妇驱车往返福建数次，学习炒茶技术。当年添置了制茶机，成功炒出了风味类似铁观音的无花果茶。

有付出总会有回报。夏钰涵夫妻俩经过4年的不懈努力，最终完成了由海产品加工向无花果精细加工的转型发展，也获得了丰厚的回报。

时光荏苒，夏钰涵从事无花果产品加工已有4个年头，夫妻俩致力于打造专属于荣成的无花果品牌——觉苑牌。谈及创建品牌的初衷，夏钰涵说：“经过几年的努力，我们的无花果产品基本已经做到畅销全国，但市场上很快出现了仿冒产品，利用我们的口碑欺骗消费者。有一次，一位顾客在网上买到了假货，以为是我们卖的，就找到厂子里质问我们。虽然我们作出合理的解释，但顾客还是不相信。那次事件后，我觉得品牌化建设必不可少，因此决定打造属于我们自己的品牌。”很快，夏钰涵的无花果产品有了自己的名字——“觉苑”。如今，这一品牌已经得到了市场的高度认可与好评。截至目前，合作社已经拥有发明专利和实用新型专利5项、产品包装外形设计专利1项。

在夏钰涵的不懈努力下，合作社也先后成为澳门国际绿色环保产业联盟成员、中国经济林协会无花果分会理事单位、山东省林业龙头企业。2015年还被省农业厅、财政厅授予农村一、二、三产业融合试点企业。这些荣誉的获得，并没有让夏钰涵夫妻俩的创业热情消退，他们一如既往、不改初心地坚持做良心产品、绿色产品、放心产品，就像“觉苑”名字的寓意一样，善心、善品、善行。

益生菌是肠道的健康卫士，主要抑制肠道的致病菌，促进食物消化，缓解肠道过敏反应，还能促进免疫球蛋白的产生，增强人体免疫力。无花果自身富含膳食纤维、钙、铜、镁、锰、钾、维生素K等多种有益人体的物质，还含有多种抗氧化剂、黄酮和多酚，是肠道健康的有益成分。夏钰涵认为，既然益生菌与无花果同样对人体有益，那么将二者结合应该会达到事半功倍的效果。在咨询了有关专家学者、查阅大量资料后，夏钰涵决定做“第一个吃螃蟹者”。

经过长期实验，最终无花果益生菌冻干粉被成功研制出来，因其富含更多的硒和钙元素，成为保护肠道的保健新品种。而觉苑旗下的一系列产品也被评为威海市首届十大名优农产品，荣获中国林产品交易会金奖。

为加快无花果产业化步伐，夏钰涵历经3次“搬家”，从威海搬到了荣成，把小作坊做成正规的生产工厂。她要运用新思维、科技手段，打造一条集研发、种植、加工、包装、销售于一体的产业，将“小杂果”做成“大金果”，更大范围地带动农民增收和社会就业，实现创业致富目标。

如今，夏钰涵的名气在当地也越来越大，同行称她为“无花果女王”。她本人对此却不认同，说：“我做得也算不上成功，只是做一些自己想做的事情而已。创业是一个很艰难的过程。我有两个女儿，也都有过创业的想法。我告诉她们，要想创业就必须从最基层做起，这也是我想对所有创业者说的。在别人准备享受退休生活的时候，我放弃了已经从事多年的海产品经营，进入了自己一无所知的无花果行业。如果没有坚持、探索，如果不是身边众人的帮助，我也不可能有今天的成绩。”

“长寿康为大家展现的不仅仅是一种营养丰富的美味食品，而是要让它成为对无花果集环境微生态、土壤微生态和人体微生态维护、修复于一体的技术方案与产品提供者，做成荣成自己的特色品牌，这就是我的最终目的。”每每提及未来，夏钰涵心中总是充满着期待，而且信心满满。

（采访时间：2016年12月）

门外汉“夺金”记

□ 孙艳丽

王炳海年轻时下海经商脱离农村成为城里人，步入中年又回归农村，进入全新领域，大力发展果业。就是这样一个“门外汉”，结合实际，用自己的经验解决果业种植上的一个个难题，成了远近闻名的种植大户。在前不久举办的威海市第七届苹果擂台赛上，他种植的维纳斯黄金苹果一举夺魁，获得样品类唯一的特等奖。

隆冬季节，笔者走进荣成市俚岛镇正宇农场，附近一带的山峦、房屋和果林都浸沉在无风的恬静和清朗的严寒中。农场主人王炳海急忙把我们迎进屋里，递上一杯暖茶。初见王炳海，给人的感觉就像这杯茶一样淡泊、自然、朴实。笔者祝贺他的维纳斯黄金苹果在第七届威海市苹果擂台赛上夺魁，王炳海憨厚地说：“意料之外，意料之外。”

47岁的王炳海可不是一般的农民，几年前，还是一个穿梭在大城市的老板。高中毕业后，胸怀大志的他不甘心一辈子当农民，立志做勤学肯干、勇于开拓的有为青年。凭着一股子韧劲和灵活的头脑，他先后干起了建筑业、养殖业，后又涉足酒店管理，成立了自己的物业公司。自强不息、诚信为本的经营理念，加上行之有效的管理模式，使王炳海的生意做得风生水起。他先后创办了金域仕家商务酒店、威嘉物业管理公司，这让他积累了丰富的经营管理经验和雄厚的资金基础。

近年来，荣成市加快农业产业结构调整步伐，大力发展现代苹果规模化种植，这让生在农村、长在农村的王炳海对农业充满了希望，他要用这些年积累的资金反哺农业。但是隔行如隔山，欲改行，三思不多，四思不过，大家都觉得这是他一时冲动，很不理解他好不容易跳出“面朝黄土背朝天”的生活，为何还要回到农村，都劝他放弃。但倔强的王炳海认准的事说什么也要试一试。他认为农业是老百姓的生命之本，发展绿色农业、打造品牌农业是未来的发展趋势，现在的农业发展还停留在自耕地时代，带领乡亲们用高新技术致富也是自己人生价值的体现。

有苗才不愁长，既然决定发展果业，选育好的树苗才是头等大事。为此，王炳海将市面上的苹果进行了比较，荣成主要种植富士和国光，作为本土老品种，国光微酸而不脆甜，富士脆甜但品相不佳。无巧不成书，一个偶然的机会，王炳海接触到维纳斯黄金苹果，他说吃第一口就感觉苹果口感脆爽，酸味轻、甜味足。经过打听，他得知，维纳斯黄金苹果为有性杂交繁殖的后代，其母本为金帅，由日本引进，在日本很受欢迎，作为礼品果，它比富士苹果价格高数倍。市场的认可让王炳海心里有了底。他又专门向果树专家详细询问了该品种的丰产性、抗病性、抗寒性以及荣成是否适合种植等，专家肯定的回答让他吃了定心丸。2014 年，王炳海回家乡俚岛镇流转了 500 亩土地，按照梯改坡的模式进行整修后，维纳斯黄金苹果树苗正式“进驻”园区了。

多年来，在种植方面的经验都是摸索而来的，该如何剪枝、施肥，果农都用自己的土方法，各有说法。这几年，王炳海在做事方面有自己的一套准则，那就是从事一样、精通一样，自己钻进去了解明白了，才可能用最科学的方法取得好成绩。为此，只要有果业技术讲座他就去听，只要听说哪家的果园经营得好他就去“取经”。这几年，威海、烟台、青岛等地的好果园，他都跑了个遍。

跟随着王炳海走进果园，笔者看到 10 多位果农正在进行锄草深耕。“很多人都认为冬季杂草数量较少、草籽已经成熟，除草似乎没有必要，其实这时锄草可以连同肥料一起掩埋，变成有机肥，对果树大有好处。”王炳海看出我们的疑惑，详细地解释道。现在的他谈起果树种植技术、市场销售前景头头是道，俨然行家里手。

王炳海介绍：“以前用老办法、老技术种苹果，施肥就是氮磷钾，苹果虽然好看，但是总感觉不是以前的味道。现在我们将猪场改造成环保型猪场，猪饲料是将玉米秆粉碎，利用韩国有益菌发酵，猪的粪便经过二次发酵，是纯有机肥料，可以为土壤补充大量的微量元素，为微生物的生长创造有利条件，发酵充分还能有效减少苹果的苦痘病。”此外，他还根据果树不同生长期的需要，施用对应比例的海带生物菌肥，为果树生长提供最需要的“营养套餐”，最大限度地增加苹果对微量元素的吸收，从而提高苹果的含糖量。

在威海市第七届苹果擂台赛上，王炳海种植的维纳斯黄金苹果一举夺魁

谈起创业中的困难，王炳海憨厚地说没有什么困难，一切还算顺利。因为早年从事的建筑业帮了他的大忙，真正见证了一通百通、触类旁通的重要性。小树初长时，需要进行剪枝、造型，现在市面上的小树别枝器主要是M型的塑料夹，但是这种塑料夹牢固性差，容易被风吹掉，不仅浪费人力财力，效果还不佳。一次大风过后，看到果农们又忙着做重复性劳动，费钱费力不说，还不利于果树造型，王炳海意识到这件事必须及早解决。他想到工地上用扎丝绑钢筋，扎丝成本低，如果用来固定小树枝一定牢固。为了验证自己的想法，他马上组织果农改用扎丝，这样固定，树枝成型后还可以自动脱落，省时省力。老专家看到后高兴地说："我们的难题居然让你这个搞建筑的给解决了。"别人眼中的大事、难事，在王炳海这里很容易得以解决，看是运气好，实际是将多年来不断积累的经验加以创新的结果。

不但在种植过程中创新解决困难、提高经济效益，王炳海还注重环境效益。果园的树苗现在还处在成长初期，发酵肥多无法直接使用，怎样就地储存还不污染地下水？早年的建筑业经历又帮了他的大忙，建造楼房时各家都有小粪池，王炳海将化粪池按比例放大数倍，就地建造4个大型化粪池，化粪池全部用水泥浇筑而成，肥料就地储存，既不浪费还保护环境。

“一个好品种仅有好品质远远不够，还要推广出去，得到消费者的认可，否则就白辛苦了。”谈起未来发展，王炳海说，现在技术进步，传统农业面临着重新洗牌，虽说“酒香不怕巷子深”，但信息社会“藏在深闺无人识”的困境非常明显。为了树立品牌效应，走精品化道路，王炳海逐步加入电商，计划2017年带着宫美富士、新西兰玫瑰皇后参展。同时，在大城市设立高档水果专卖店，将保鲜库与专卖店结合起来，更好地拓展消费市场。

（采访时间：2016年12月）

躬行方得“纸”业兴

□ 李传来

> 十几年前，为了创业，邓海军和王红梅夫妇毅然放弃收入稳定的“铁饭碗”。从平凡的造纸厂工人到如今拥有自己的印刷公司，多年的努力使他们逐渐成长为行业翘楚。进入互联网经济时代，他们再次启程，开始了新的创业实践。

工作稳定、收入不错、夫妻俩是双职工，这样的家庭条件在十几年前是令人羡慕的。然而，谁都想不到的是，2004 年的一场大雪过后，年仅 28 岁的邓海军、王红梅夫妻俩毅然放弃了在造纸厂的安稳工作，辞职下海经商，凭借着勤奋、拼搏和努力，共同创立荣成市友邦印刷有限公司。目前，友邦印刷有限公司固定资产达 800 万元，员工 25 人，拥有我市印刷业最先进的日本五色彩印机等设备，成为我市印刷行业的领军企业之一。

2014 年，邓海军和王红梅夫妻俩再次创业，发起成立泰富友邦电子商务食品有限公司，在淘宝网开设“紫贝传说生鲜”网店，2016 年又在阿里巴巴设立“泰富友邦”海产品批发网店，开启小企业“互联网 +”的创新之路。别看如今夫妻俩的公司办得红红火火，然而这条创业之路走得却并不平坦。

“那是 2004 年，我记得很清楚那天雪下得很大，我们俩一起辞职了。”

1992 年，16 岁的邓海军与王红梅相识，两人共同考入荣成市技工学校，学习造纸专业。1995 年毕业时，两人都被分配到市造纸厂当工人，以“纸”为媒，两人的缘分从此开始。“我的性格属于外向型，喜欢自由的工作，所以在车间当了一年半的操作工，一听说厂里急需销售人才，我就毛遂自荐去当了业务员。当时去了全国好多地方做销售，像北京、上海、济南、青岛等地，我都去过，销售业绩还不错，一直干到2000年。”邓海军回忆道。

邓海军在车间流水线上工作

2000年，由于销售能力强、业绩突出，邓海军被一家纸制品公司看中，前去从事印刷销售工作，又干了四年。在从事造纸和印刷工作的9年里，邓海军见识长了、业务精了、人脉广了，他觉得应该找一个更大的舞台发挥自己的才智，于是萌发了下海创业的念头。“2004年，对我们俩来说是既甜蜜又纠结的一年，那年春天我们俩步入了婚姻殿堂。因为那时我们是双职工身份，工作、收入稳定，生活过得还算不错，可没过多久，他就跟我商量要一起辞职，办自己的印刷厂，我当时根本不同意，思想斗争很激烈，加上家人也觉得创业风险大，我们跟他僵持了好几个月。”王红梅谈起这段往事，表情严肃。但邓海军认为“人生能有几回搏，既然打定主意就要立志干出一番事业”，最终说服了妻子和家人，夫妻俩双双辞职，开始创办自己的印刷厂。

2004年冬，一个飘着雪花的日子，友邦印刷厂成立了。邓海军笑着说：“自己当时觉得这是个兆头，瑞雪兆丰年，预示着自己的印刷厂会好运当头。”

“由于我们夫妻当了9年工人，收入有限，加上结婚买房子，创业资金少得可怜。刚下海创业时，我们俩为资金愁得团团转。办小印刷厂时，就在原市元件厂租了80平方米厂房，办厂需要购买小胶印机、切纸机、晒纸机等各种印刷设备，算下来要 12 万元。”邓海军说道。

没有钱怎么办？邓海军和王红梅将自己 5 万多元的积蓄全部拿了出来，又向双方父母和亲友借来 7 万元，这才凑齐了办厂费用。小印刷厂办起来了，夫妻俩起早贪黑地忙活，因没有钱聘用工人，从设计到购买纸张，再到印刷、搬运、销售、记账等工作，两人都亲力亲为，甚至连孩子也没时间照看。由于工厂小、设备差，只能印刷黑白、低档次的单据、信封、便笺和宣传单。一天到晚忙个不停，结果第一年利润只有四五万元，完全不够支付第二年的生产投入。这样持续干了一年半，夫妻二人承受着收入、前程和家庭等方面的巨大压力，甚至萌生了打退堂鼓的想法。

“说实话，那段时间的确很困难，无论是物质方面还是精神方面压力都很大，但我们硬是咬牙坚持下来了。”

2005 年，邓海军总结了办厂 1 年多的经验教训，意识到工厂规模小、设备差，只能印刷黑白低档印刷品，难以在印刷行业站稳脚跟。要发展，工厂必须转型升级，向彩色印刷方向发展。

于是，夫妻俩决定再拼一次，下狠心投资 100 万元，在山东泓达集团院内租用车间 200 平方米，搞彩色印刷。由于办厂时间短，利润也低，要融资 100 万元再办新厂何其难也。夫妻二人决定把房子作抵押，从银行贷款，费尽周折，好不容易凑足资金，购买了小四色彩印机、半自动模切机等先进设备，印刷业务向彩色商标、包装箱、样本宣传册等高档业务进军。在泓达集团院内，夫妻俩一干就是 7 年，工厂人数发展到 7 人。邓海军和王红梅里里外外一手抓，从产品设计、制版、印刷、覆膜、上光、裁切、糊盒到包装、发运，整套工序他们都身先士卒，把吃苦耐劳当作快乐。尤其是寒冬时节，大车间因安全问题不能生炉子，也没通暖气，王红梅冻得手脚生了冻疮，发作时又痒又痛，但她硬是咬牙坚持了下来。在夫妻俩的努力下，印刷厂业务逐渐扩大，与威海家家悦、好当家、上海梅林等大企业合作，印刷出口包装箱和商标等，年产值达 160 多万元，利润 20 多万元，彩色印刷业务初见成效。

“我觉得创业就一定要坚定目标，下定决心拼一场。”

印刷业务扩大到年产值 160 万元，一心要干一番事业的邓海军并不满足，但随着业务的不断拓展，200 平方米的厂房和 100 万元的设备已经远远不能满足生产，怎么办？邓海军夫妇又作出重大决定：再次搬厂，扩大规模。

在印刷行业打拼这么多年，邓海军对市场需求和行情了然于胸。他深知，要想突破创新，必须增上全自动化印刷设备，那就少不了五色彩印机。但日本生产的五色彩印机，一台就要 400 万元，还要配套全自动模切机、糊盒机、切纸机、UV 闪光机、瓦楞机等设备，再加上租赁更大的厂房，算下来要 1000 多万元。

怎么办？面对资金难题，夫妻俩想到了股份合作的办法，主动与山东泓达集团对接，双方合资成立公司，对方占股 51%，自己成为二号股东，掌握公司经营权。“我只是想要搞好经营，希望公司能够发展壮大，这才是根本。”他的诚心打动了对方，2013 年，双方合资成立荣成市友邦印刷有限公司，注册资本 200 万元。同时，将公司搬迁到市邹泰南街 28 号，租用厂房 2000 平方米。邓海军从银行贷款 600 万元，整修改造车间和办公楼，投资 800 万元购买进口五色彩印机等全自动设备 12 台，使公司实力跃升到全市印刷行业一流水平。

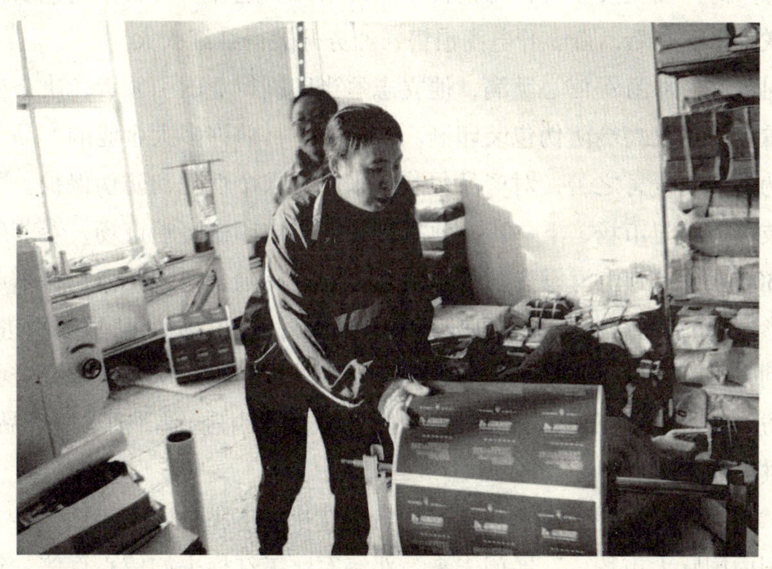

王红梅（前）在车间工作

目前，该公司员工已发展到 25 人，以出口包装印刷品为主，与青岛嘉源、威海家家悦、华鹏玻璃、广信食品、好当家等 20 多家大企业建立了稳固的业务关系。2016 年，公司实现了从简单的黑白商务印刷到彩色防伪包装印刷的飞跃，成为荣成市印刷行业的翘楚。

“现在是互联网经济时代，咱们可要改变思维，抓紧赶上电商时代这股潮流啊！”

互联网与各领域的融合发展具有广阔前景和无限潜力，已成为不可阻挡的时代潮流，眼光敏锐的邓海军早有预感。经过慎重考虑，他选择以海洋食品销售为切入点，向“互联网 +”进军。

在与多家海洋食品企业的业务接触中，邓海军发现许多企业有产品，但解决不了包装问题，而且很多客户都是自己经营单一的食品品种，无法实现综合经营。于是，他抓住商机，投资 7 万元与青岛爱淘电子商务公司合资，于 2014 年在中韩边贸城租下 200 平方米店铺，成立泰富友邦电子商务食品有限公司，并在淘宝网开设“紫贝传说生鲜”网店，海产品年销售额达 200 多万元，目前店铺信誉已达 3 个蓝冠级别。2016 年又投资 11 万元，在阿里巴巴开设“泰富友邦”海产品批发平台，月销售额 5 万余元。这样，自己印刷包装产品，自行联系采购产品，自己开电商销售，业务开展得红红火火。

对未来，邓海军信心满满，他立志争当印刷行业的引领者，决心向国际标准看齐，主攻高端防伪包装印刷。他说：“目前许多大企业的产品，深受假冒伪劣包装侵害之苦，对产品包装越来越要求个性化和防伪保护。”为了创新技术、领先市场，下一步，他打算开拓国内印刷高端市场，春节后计划投资 300 万元，到上海设立防伪包装服务股份有限公司。新公司将采取三方合作形式，由上海合作方提供办公场所，负责产品的市场销售，联系引进英国、意大利先进设计理念和技术，增强友邦印刷的软实力，从当地造纸企业采购高端防伪纸张原料，开展高端防伪印刷，形成技术引进、高端印刷、产品销售、纸品供应链条。

“现在我们年纪不算大，还有精力继续拼搏下去，不想停歇，将来还想开拓国内国际大市场。”展望未来，邓海军、王红梅夫妇信心百倍，新的一年向着更高的目标砥砺前行。

（采访时间：2017 年 1 月）

“蘑菇大王”创业记

□张世松 王福东 于佳佳

早在20世纪80年代，创业浪潮刚刚兴起，身为农村娃的邹积峰就敢于冲破传统观念，走出家门，加入创业大军。交通不便、自然灾害对生产的破坏都不能令他停止创业的脚步，他以虚心求教、永不气馁的精神，终成远近闻名的“蘑菇大王”。

9座紧密排布的温室大棚，上万个长满蘑菇的菌棒，忙着采摘、加工、装箱的工人们……闻着淡淡的蘑菇香气，日前，记者走进荣成市食用菌研究所位于上庄镇小龙庄村的蘑菇生产基地，探访这个“蘑菇王国”和它的主人邹积峰。

农村娃勇当时代“弄潮儿”

55岁的邹积峰，是荣成市食用菌研究所所长，兼任荣成市健绿食用菌专业合作社社长。谈起邹积峰与蘑菇结缘，还要从20世纪80年代说起。农村娃出身的邹积峰，凭借踏实肯干、吃苦耐劳的这股劲，很快成为村里人羡慕的“万元户”。当时，改革开放正掀起一股创业浪潮，平时喜欢看报纸、听广播的邹积峰，了解到很多人靠养殖致富，这让他很心动。几经思考，邹积峰选择了栽培成本较低的蘑菇行业，成为创业大军中的一员。

“小时候在山上经常看到野蘑菇，所以当时觉得养殖蘑菇很简单，买管菌种就能成事儿。”1985年，邹积峰带着这样的想法前往上海农科所购买菌种，回家后靠翻阅几本农学书籍，就搞起了培植蘑菇实验，然而邹积峰的首次实验以失败告终。邹积峰骨子里有一股不服输的韧劲，一次不行两次，两次不行三次，直到成功为止。

就这样，除了继续丰富农学理论知识，邹积峰还到专业技术院校听课，向农学专家请教，不知道是第几次实验，从培养基里慢慢冒出一个个“小伞头”，邹积峰成功了！他目不转睛地看着这些如“小精灵”般可爱的蘑菇，一看就是大半天。

创业路一波三折终圆梦

这小小的成功不足以撑起邹积峰的创业梦。从 1987 年开始，邹积峰踏上了求知求学之路。“我记得那时快入冬了，为了向专家求教，自己一个人骑着自行车，路也不好走，骑了几十个小时才到莱阳，结果扑了个空，心想不能就这样回去，又坐了一夜的火车辗转到东营找专家。那个年代，农村娃第一次出远门什么也不懂，没有介绍信，也没有联系方式，找不到门路，就在人家楼下等。快下半夜的时候冻得发烧，烧得头昏脑涨，就蹲在角落里稍微避避风，都忘了那晚是怎么熬过来的。”说起这段经历，邹积峰感慨颇多。

邹积峰以真诚和坚持，得到了山东省农科院高级农艺师解思泌的赏识，并被推荐到山东农业大学进修。“我在那里学习了两年，真正学到了很多知识，开阔了视野，增长了见识。在学习上，遇到不会的就想方设法学会，不懂的就虚心求教，直到弄懂。”邹积峰说。除此之外，邹积峰还前往北京、上海、天津等城市的高等院校和农科所旁听学习、搞研究。带着丰富的理论知识和实践经验，邹积峰不仅将自己的蘑菇栽培搞得风生水起，还于 1993 年成立了荣成市食用菌研究所，当起了周边栽培养殖户的老师，耐心解答其提出的问题，带动周边 3000 多家食用菌专业户从事蘑菇生产。

“最初销售蘑菇是通过周边村镇的集市，一赶集我就挑几担蘑菇去卖，但卖得不多，蘑菇生长周期短，经常积压。那时候，我刚引进栽培滑子菇这种新菇类，老百姓都没见过，销量并不好。但天无绝人之路，当时威海家家悦超市负责人看到了我的滑子菇，很感兴趣，了解到滑子菇营养价值高，属于珍稀品种，说可以放到超市里卖卖看，没想到销路特别好。”邹积峰笑着说。就是从那时起，邹积峰成为家家悦超市蘑菇供货商。走出村落看到外面广阔市场的他，决心甩开膀子大干一场。

2007年初，通过向银行贷款、亲友借款，邹积峰筹集上百万元资金，在上庄镇小龙庄村租赁近50亩土地，建设温室大棚，购买消毒、包装机器等，一切有条不紊地进行着……然而，邹积峰却迎来了创业路上最难熬的一个冬天。都说瑞雪兆丰年，可一场大雪却将邹积峰的全部心血毁于一旦，建好的大棚全部被压塌，所有的蘑菇、菌种都被冻死。“看着满目狼藉的基地，我的眼泪一下子就流了下来，心里五味杂陈，心想这下完了。”邹积峰回忆起那一幕，脸上流露出淡淡的遗憾和无奈。上帝给你关上一扇门的同时，也会为你打开一扇窗。就在邹积峰深感绝望的时候，他赶上了山东省食用菌协会组织去乌克兰参观学习的机会。在乌克兰，邹积峰看到了蘑菇市场的广阔前景，这让他信心大增，立刻与乌克兰有关方面洽谈建立合作基地。回国后，邹积峰鼓足干劲，重建自己的蘑菇栽培基地，并一鼓作气成立了荣成市健绿食用菌专业合作社。目前，合作社社员已达100多户，邹积峰为社员提供菌种、技术支持、产前产后服务等。2015年，合作社获得山东省农业厅颁发的“全省农民专业合作社示范社”荣誉称号。

对每一株蘑菇，邹积峰（左）和他的员工都精挑细选

“研究所生产基地的情况慢慢好起来，但我深知固守摊子没有大的出路，要想获得更好的发展还是要创新。”邹积峰说道。于是，他先后进行了食用菌的周年栽培、病虫害的综合防治等多项综合配套技术研究，并成功引进榆黄菇、黑木耳等珍稀品种进行栽培，培育出适于韩国、乌克兰等国家栽培的

食用菌新品种，获得“山东省先进青年个体劳动者”“山东青年星火带头人”“山东省农民学科学用科学标兵”“威海市农村十大有为青年”等多个荣誉称号。

天命之年创新不停歇

看着刚采摘下来的平菇，记者发现比市场上卖的小很多，邹积峰笑着解释：“不能让它长太大，浓缩的都是精华，小个头的平菇味道好，有机物含量高，只要将平菇的破损处和根部剪掉，摆好装箱第二天就可以走上市场啦。”记者注意到，产品包装箱上不仅印有邹积峰自己注册的“劲绿”商标，还有“无公害产品”标识。“我们家的蘑菇可是纯天然无污染的，坚决不喷农药，做生意要本着良心做，卖就卖最好的。”邹积峰拿出由山东省农业厅签发的无公害产品产地认定证书告诉记者，“最开始用棉籽皮作培养物，但是价格高，我就想怎样能利用好咱本地的玉米芯，这样既不浪费资源还能降低成本，没想到还真被我研究成功了。现在我将棉籽皮和玉米芯混合着用，养出来的蘑菇绿色天然，味道更好。”

说起蘑菇来，邹积峰总是笑得合不拢嘴

“没想到，年纪越大越有干劲，干出了滋味，在实验研究中，能不断发现新乐趣。”仅平菇这一种菇类里就有十几个菌种，每年邹积峰都要将菌种放到野外驯化、提纯扶壮，不断更新菌种，适应市场需求。他还将固体菌种改为液体菌种，以前需要十几个人，现在只需一个人就可完成接种，从接种到投入使用时间由四个多月缩减到七天，大大提高了生产效率。2016 年，邹积峰投资了 20 多万元，购买了自动装袋机、反烧气化灭菌炉等设备，采用蒸汽灭菌实现物理消毒。

“现在，9 座温室大棚完全可以实现规模化生产，产量充足，每天早上 4 时出去送货，货好卖得就快，不到 7 时就回来了，不少商家专门指定要咱家的蘑菇，每天能批发出 400 多公斤，每天电话、微信响个不停，继续干，以后我还要进军大城市呢！”邹积峰笑着说。

（采访时间：2017 年 1 月）

踏平坎坷成大道

——记威海绿源农产品物流有限公司总经理王文

□ 赵世喜 张世松

王文，威海绿源农产品物流有限公司总经理。他虽学历不高，却以非凡的胆识和丰富的实践经验，冲破重重困难，将不可能变为可能。今天的他，化身创业导师，走上讲台，与大学生们一起探讨创业经验，分享创业的酸甜苦辣。

在威海绿源农产品物流有限公司总经理王文的人生词典中，仿佛没有“困难”这个词。这位 1980 年参加工作，一直在市场中摸爬滚打的基层供销社工作者遇到过数不清的困难，但他始终把困难当作前进的阶梯，吃尽千辛万苦，想尽办法予以化解，最终品尝到成功的喜悦。

王文创业起点不高，从基层供销社做起，但以荣成市优势资源为依托，大胆创新，创造了虚拟经营、跨界经营的新模式，让荣成的海洋食品走向全国，提升“自由呼吸·自在荣成”的品牌形象，受到了业内同行的好评。

谋生路：多种经营闯难关

市场经济体制建立后，供销社经营受到严重冲击。1997 年，时任滕家供销社副主任的王文升任滕家供销社主任和党支部书记。1999 年，上级部门将崂山和王连两个供销社合并到滕家。合并后的供销社，负债几百万元，资产被封存抵押，没有经营业务，职工下岗上访，全社只剩下 4 人看摊子。

王文深知供销社过去曾是发展农村经济的主力军，能够在计划经济时期挑担子，而在市场经济条件下，供销社发展不能照搬老套路，需要与时俱进，寻找发展突破口。为了战胜困难，将供销社继续发展下去，王文筹措资金 70 多万元，将部分抵押闲置资产买回来，发动职工入股，改制成益盛商贸有限公司。拆除临街破旧的楼房，开发商住楼 2000 多平方米进行出售或出租。对设施落后的门店进行改造，开办超市。利用偏僻的老仓库和旧大院招商引资，出租办起了海带、针织等加工厂。为了不靠租金过日子，王文带领职工开拓经营求发展，办起超市、出租设施等 7 个门市部，经营化肥、农药、种子、果品等农需品，成为连接城乡经济的桥梁和纽带。在王文的努力下，滕家供销社不仅偿还了大部分债务，而且为职工创造了一个稳定的、具有发展潜力的工作环境。此后，他又开办了滕家、孔家等 6 个农资门市，采取送货上门、技术推广、基地试验、测土配方、培训示范等方式，全心全意为“三农”服务，年供应化肥、农药、种子等农资额达 900 多万元；建立了宁家村大樱桃、鲁家村草莓、孔家村玉米 3 个专业合作社，建成 800 亩樱桃、800 亩玉米和 10 亩草莓绿色基地，按照农产品标准化指导农民生产，为樱桃、草莓分别注册了“大红灯笼”和“红宝”商标，将产品打入市场，带动农民致富。2008 年，滕家供销社已经建立了 3 家日用品超市、6 家农资超市、3 家农产品专业合作社、2 家敬老院、2 个农村社区、3 个农产品基地等，年销售总额达 3000 万元，实现利税 120 万元，供销社由一个“烂摊子”跃升为全省优秀基层供销社、全国百强基层社。

2009 年，凭着拼搏的精神、睿智的眼光及精练的业务能力，在组建威海绿源农产品物流有限公司时，王文成为总经理不二人选。

拓新路：大胆试水养老业

滕家供销社虽然初步走出低谷，但在激烈的市场竞争中仍处于劣势，能不能开拓创新、另辟蹊径呢？王文时刻在求索。偶然间，他听朋友谈起在新农村建设中养老事业需求旺盛。受此启发，王文决心涉足“夕阳产业”。

经过调查，王文了解到我国正加速进入老龄化社会、“空巢老人”问题十分突出、社会养老机构十分短缺等实际情况。尽管面临诸多困难，自己也从未接触养老事业，但王文对开发养老市场却成竹在胸，认定这是一个开拓创新的机遇。2005 年，他主动联系镇政府，要求承办敬老院。这一要求得到镇政府的支持，将孔家村一所占地 30 亩的废弃学校转让给他。但那里只是一处荒凉的废弃校园，一切只能由王文自己想办法。

怀着一腔替天下儿女尽孝、为千家万户分忧的火热心肠，2005 年以来，王文投资 400 万元将这座废弃的学校改造为镇敬老院。他求亲托友终于筹措到百万元资金，让敬老院改造得以开工。为了加快修建敬老院和节省资金，他与工人们在工地上同吃同住，带头实干，最终建成 1500 平方米的现代化老年公寓。2007 年，他代管王连街道敬老院，按省一级标准进行改造。2008 年，滕家敬老院被评为“全省一级敬老院”和“威海市十佳敬老院”。

与此同时，王文又发挥自身优势，将孔家敬老院建设成农村社区，配套建设饮食、娱乐、医疗、购物、健身、超市、洗浴、文体活动中心等服务设施，全方位为周边农民服务。孔家社区被评为“全市优秀社区”，受到省供销社领导的高度评价。

2014 年 5 月，王文又投资 750 万元，新建一栋五层老年公寓，建筑面积达 5000 平方米，已于 2016 年 7 月建成。公寓内设有卫生室、康复室、餐厅、娱乐室等，现拥有服务床位 300 多张，入住 260 多人，管理和服务人员 22 人，每个房间内都设有液晶电视、空调、暖气、独立卫生间等，为老人们老有所养、老有所依提供充足保障。孔家敬老院秉承“奉若父母，如同亲生”的服务理念，为入住老人从生活起居、营养膳食到精神生活的每一个细节都制定量化服务标准，为自理和半自理的社会各界人士提供护理与生活照料服务，努力建设专业化护理、人性化服务、设备一流、管理科学的专业养老机构。

奔富路：搭起产销连心桥

2011 年 3 月 15 日下午，商务部部长陈德铭在省市领导的陪同下，参观了威海绿源农产品物流有限公司农产品展示展销中心。在听取相关情况汇报后，陈德铭赞叹道：“能把荣成这么多优质海产品资源和农产品资源集中起来展示销售，了不起！”领导的赞许让公司总经理王文百感交集。此时，公司才成立仅一年零三个月，其中甘苦，只有他与员工才能体会。

2009 年 12 月 14 日，经过反复酝酿和认真筹备，由威海市供销社牵头发起，荣成市供销社下属的泓达食品集团、副食品公司等骨干涉农企业和所有基层供销社投资入股的威海绿源农产品物流有限公司正式创立，时任滕家供销社主任的王文受聘担任总经理。

王文（右）与员工一起探讨产品经销业务

着眼于“为农产品新型经营服务体系提供强有力支撑，加强系统上下的联合合作，搭建农产品流通的更大平台”的宗旨，该公司成立后，王文克服资金不足等困难，依托威海乃至山东的优质农产品和我市得天独厚的海洋食品资源，全面开展农超对接、参与专业合作社建设、发展各类规模化标准化种养基地等业务创新。他从一开始就坚持高标准规划、高起点推进，严格按照《公司法》和市场规律运作，做大物流，做成体系，为农产品走向国内外市场、打造完整产业链蹚出一条新路。目前，该公司已经与山西美特好超市公司、北京华普超市公司、安徽合肥合家福超市公司、山东银座、山东家家悦集团以及嘉兴、苏州、长春、大连等地客商建立了合作关系，苹果、花生、地瓜、海带等产品已配送到省内及北京、山西、安徽等地的超市、卖场进行售卖。

市场的历练，让王文深知品牌的力量，他注册了“绿原丰收”商标，覆盖了55种海洋食品，买断了蠓子虾酱的市场经营权，自主设计包装产品，对我市知名的海洋食品进行品牌包装，并以“虚拟生产”挖掘传统海洋食品的文化价值，形成专业化市场推广体系，升级我市“海洋食品名城”的品牌价值。他致力于打造企业品牌，自主研发了婴儿蝴蝶面、冻干无花果及海带一棵菜、海藻王、熟干海带丝等品牌海产品和30多个品种的海带酱、裙带酱产品，其中海带酱、裙带酱的制作与加工申请了国家7项专利；“绿源丰收”深裙带系列产品被指定为第六届中国威海国际人居节海藻类指定专用产品；“渔家乐”即食鱼系列产品在新近评选的“到山东不可不买的100种旅游特色商品”中位列前茅，收到了风采一“品”、领先一“品”、创新一“品”、榜样一“品”、特色一“品”的效果，威海绿源农产品物流有限公司更是获得了由中国农产品经纪人协会颁发的“中国海洋食品集散基地”称号，全国仅此一家。

王文坚信“要想在大市场驰名，首先需在本地叫响”的理念，多方筹措资金在黎明南路建设一处1000平方米的农产品展销大厅，免费为企业搭建展示威海、荣成优质农产品的平台，并以易货贸易的形式浓缩、荟萃全国名优特产。该公司现已搬迁至市海洋食品博览中心，走出深巷卖好酒，加重槌敲擂响鼓，让好产品有更大的展示平台，全国名优特产以全新姿态在这里悉数展现，使客户更好地知悉荣成，并让供需双方在这里方便地对接。他还积极参与“百家超市经理进荣成”和“旅游大篷车”等活动以及区域性、全国性的专业展会，将展示我市名优产品与旅游经济发展融为一体，现场义务宣传我市名优海洋食品。同时，王文深入市场全面了解客商需求，并将收集到的市场信息及时反馈给企业，促进企业良好发展。

置身于全国性的招商引资浪潮，王文悉心关注各类市场、政策信息，利用各种机会“引进来，走出去”，在全市范围内广布经营网点的同时，又在北京、深圳、济南、信阳、潍坊等地设立经销网点，拓展企业经营空间。利用我市与黑龙江省尚志市是友好城市的优势，在尚志市创办了哈东荣成海产品一条街，打开广阔的东北市场。该项目从决策到开业只用了10天时间，人们在惊叹“绿源速度”时，怎能体会到10余名职工起早贪黑连轴加班的辛苦！为了抢在春节前开业，王文和员工们在装修现场同吃同住，夜以继日地工作，累了就垫块纸板打个盹，以最快的速度抢占春节销售旺季，取得了良好的经济效益。经营面积2600平方米的哈东荣成海洋食品大市场，常年展示和销售荣成无公害产品、干鲜海洋食品和即食海洋食品，品种达上千种，填补了哈东地区海产品批发的空白，成为荣成海产品开辟东北地区市场的重要窗口。这种直销模式不仅节省了时间，提高了海产品的鲜活度，更让消费者得到真真切切的实惠。

为适应电商时代的新挑战，威海绿源农产品物流有限公司着力办好企业的实体店，开通了微博、微信等信息通信工具，坚持线下为线上服务，当好电商的好后勤。目前，全市 200 多家电商都将绿源作为供货商，绿源公司也通过代发物流服务扩大影响，为提升“海洋食品名城”开辟新渠道。

短视者挣今天的钱，战略者谋长远的事。与王文交谈，记者发现他思维敏捷，运筹帷幄，观念前卫。他认为，驰名更要驰市，一个要做百年品牌的企业要经受得住市场的诱惑，始终坚持苛刻的安全标准。绿源公司在做专业、正宗的产品的基础上，广泛联系市内外客商、参展商和采购商，促进我市优质产品进一步走出去，提升知名度，发挥品牌效应，带动整个区域经济发展。为此，王文用服务做市场，掌握更多的营销渠道和更多的市场资源，努力助推企业形象塑造。在参加展销会的过程中，王文坚持把收集到的产品改进、包装信息进行整理，反馈到主要生产企业，发挥协助企业对接超市等作用，坚持与企业交流，切磋市场营销改进策略，立足销售一线为企业服务，同时当好企业的宣传员、信息员、设计员和服务员，力促企业货畅其流，扩大共享空间，带动整个区域经济发展。

在王文的努力下，荣成海洋食品“驰市”的梦想正一步步变为现实。

（采访时间：2017 年 2 月）

“养鸡人”新传

——记荣成市博海禽业有限公司总经理林明博

□ 张世松　于佳佳　许永通

林明博，荣成市博海禽业有限公司总经理。20世纪90年代大学毕业的他放弃“铁饭碗”，选择从养鸡场饲养员干起，工作中的脏活、累活并没有挫伤他的创业梦，反而以非凡的胆识和魄力，走出一条和父辈不一样的现代化养鸡之路。

3万多平方米的蛋鸡养殖场内，几乎看不到工人，也没有刺鼻难闻的气味；鸡蛋会“走路”，越过高墙规规矩矩地“来”到装箱口；饲料、饮用水无需人工投喂，就悄无声息地来到蛋鸡面前……初春，记者来到位于崖西镇大蒿泊村的博海禽业有限公司，探寻主人公林明博现代化养鸡的秘密。

为创业
银行员工成养鸡场饲养员

远远地向“博海禽业”望去，整齐划一的现代化工厂式建筑颠覆了记者对养鸡场的传统印象，这座小山上的现代化养鸡场隐秘在一片茂密的苹果林中。走近“博海禽业”，门口的“车辆消毒通道”和“人员消毒通道”标牌尤其引人注目，记者好奇地走进去一探究竟。当进入人员通道后，前后电动门自动落锁，进行大约20秒的喷雾消毒后前门自动打开，方可进入养殖区内。如此严格、高标准的规定，记者第一次遇到，更对这座现代化养鸡场充满了期待。

初见林明博，其正在观看养殖场内的监控画面，大大的电子屏将整座养殖场的实时动态尽收眼底。“安装监控，可不只是为了防盗，更是为了工作方便、快捷。现在工厂全部实现自动化，监控可以让我随时掌控仪器仪表、各工作场地的动态。”说着，林明博将一处监控画面放大给我们看，“这两部仪器是鸡舍控温装置，通过监控可以随时调节鸡舍的温度，确保温度恒定，不用工作人员来回跑，这样工作既方便又安心”。

这样高效、现代化的蛋鸡养殖场并非一朝建成，而是20多年养殖、经营经验的结晶。1994年，大学毕业的林明博被分配到我市某大型国有银行工作，令多少人羡慕不已。林明博工作认真，刚参加工作就参与单位一些活动的组织工作，深受同事喜欢。然而，就在一年的实习期结束临近转正时，林明博却主动提出辞职。“当时大学刚毕业，有股年轻人爱冲、爱闯的劲儿，自己也是个闲不住的人，想着利用上学学到的知识，趁着年轻闯一闯，别等到老了以后再后悔。”谈起当年的选择，林明博显得异常坚定。

“刚辞职的那段时间很迷茫、很纠结，高不成低不就，不知道该干些什么，家里人都怪我太冲动。还记得那是1996年的春天，我只身回到东山街道谭村林家村，在父亲的养鸡场里打工。”因为从未养过鸡，不懂技术成了林明博最大的难题，一切只能从零开始。林明博决定放下“大学生”的“臭架子”，先从饲养员干起，每天喂鸡、打扫鸡舍、捡鸡蛋……一边苦干，一边跟有经验的老师傅学习，这样一干就是3年。父亲见林明博“翅膀渐硬”，具备了独当一面的能力，决定放他“单飞”。在父亲的安排下，林明博来到位于文登区泽头镇林村的林家名下一家小型养鸡场，开始了自己真正的创业之路。

转思路
小鸡舍变现代化养殖场

看着一砖一瓦盖起的鸡舍，听着“咯咯咯”的鸡叫声此起彼伏，林明博为这片属于自己的小天地激动不已。“养鸡场那会儿刚建起来，规模不大，工人也不多，什么活儿都要自己亲自上阵，几乎每天都守在这里，生怕小鸡出现一丁点儿问题。有天夜里突然下大雨，气温骤降，为了保证鸡舍温度，防止小鸡感冒生病，我和另一个工人忙了整整一夜，第二天困得眼睛都快睁不开了。”回忆起创业初期的那些经历，林明博倍感珍贵。

传统蛋鸡养殖行业风险大，行情不稳，鸡蛋市场价格起伏不定，而且蛋鸡体质特别娇贵，不仅经常有蛋鸡感冒生病，甚至容易遭受禽流感的威胁。多年的传统式蛋鸡养殖，并没有带给林明博多少成就感、自豪感，反而让他经常为鸡蛋销路犯愁，为防疫防病担心。“那么多年，起起落落，虽然说没有大的亏损但也没有特别大的进展。就这样看摊守业一辈子？那时候，白天想晚上想，头发都白了一大片，就想着蛋鸡怎么养殖能有新出路，闭门造车根本行不通，得走出条新路来。”从2010年开始，林明博决定走出家门，去上海、广州等城市观摩学习。外面的世界让林明博大开眼界，他发现，传统蛋鸡养殖方式在大城市已不多见，取而代之的是大型自动化、现代化养殖场，不仅省时省力，而且机械化生产和包装让鸡蛋身价倍增。通过近半年的市场调查，林明博了解到，在北京、上海、杭州等大城市，这种统一包装、统一大小、清洗干净的高标准鸡蛋销路特别好，供不应求。几经思考，林明博决定抓住机遇，立志要成为我市现代化蛋鸡养殖领域的“带头人”。

林明博（右）与员工察看鸡舍情况

林明博形容自己的性格就像一团火，说干就干。回到家中，林明博立马将原先的传统式养殖场转卖，租下位于崖西镇大蒿泊村的160多亩地，准备风风火火大干一场。之所以选在小山上，既考虑到环境幽静，也希望为当地农民解决玉米等农作物销路问题。2012年6月，博海禽业有限公司正式成立。经过4年的不断发展壮大，养殖场内海兰灰品种的商品蛋鸡已达到30多万只，公司发展成为集商品蛋鸡养殖、饲料加工、原料仓储、优质富士苹果种植、鸡粪无害化处理于一体的综合性生态农业循环企业。

深谋划
现代化养殖再出新招

“现在养殖场内全部采用从广州广兴设备公司引进的中央输蛋线和从欧洲引进的时加工 3 万枚鸡蛋的农场分装机，可以实现鲜蛋从鸡舍到蛋库直接包装成箱。”林明博的描述，让记者更想一睹现代化蛋鸡养殖场的风采。

进入鸡舍需身穿白大褂、套一次性鞋套，进行第二次封闭式喷雾消毒。在这里，记者看到鸡住“楼”、蛋自“走”的神奇画面——长长的 5 栋标准化蛋鸡舍，一眼望不到头，近 4 米高的单栋鸡舍分为 4 层，蛋鸡们就住在这样的“楼上楼下”。鸡笼底部的坡形设计可让鸡蛋自行准确地落到传送带上，通过传送带节奏有序地将每层“楼”的一枚枚鸡蛋收集起来，从鸡舍运到包装间，鸡蛋通过分装机“乖乖地”在纸质蛋托中各自就位，等待工人们装箱。

通过传送带，鸡蛋从鸡舍直接“走”到蛋库并被包装成箱

蛋鸡的“悠哉”生活可不止于此，场内采用大型自动送料机送料，一次可送料 25 吨，一天供料两次，无需工人，饲料通过输送带自动送到蛋鸡面前。同样，鸡粪也采用输送板随时清理，直接输送到运输车中，实现鸡粪不落地、无二次污染。参观中，记者没有发现饮水装置，正当记者感到不解时，林明

博走了过来笑着说："一般外行人很难发现鸡的饮水装置，其实就在鸡笼中，你看中间那个小红点和下面那条宽宽的绿色带子，蛋鸡们渴的时候可以啄小红点，水就自动滴下来，同时绿色传送带会将水完全接住，这样既可以保持鸡笼干燥也可以节约用水。"鸡舍温度适宜，进口控温装置全年保持恒温，专用风机实现舍内通风，夏季通过湿帘实现鸡舍降温，防止温差过大影响蛋鸡健康。同时，每隔3~4个月就要对每只蛋鸡接种防疫针，将蛋鸡养殖风险降到最低。

"场里的蛋鸡吃的都是过筛的纯天然玉米面，我们实行'公司+基地+农户'经营模式，与崖西镇、夏庄镇、荫子镇等两万多农户签订《玉米购销合同》和《豆粕饲料购销合同》。2016年，我们投资了300多万元实现鸡粪装袋售卖，农户可以买到纯天然有机肥料，我们也获得了绿色健康的鸡饲料，节省了很多的中间环节，让当地农民既解决了销路问题，又增加了收入，实现了双赢。"林明博说道。

如此大的规模养殖，销售问题怎么办？谈到销售，林明博说这是他最大的法宝。从建厂初，博海禽业就与上海某大型公司合作，进行订单式保护价收购，生产的鲜蛋全部包装发往上海及周边地区的学校、大型超市售卖。该公司先后完成了国家无公害认证和验收，获得食品出口企业资质，2017年还获得了"2016年国家级标准化示范场"荣誉称号。

"现代化养殖还有很长的路要走，公司成立以来，我们不仅向国内大城市的养殖场学习，还经常出国参观国外的现代化养殖模式，受益匪浅。下一步，我们准备发展本地市场，对鸡蛋进行彻底清洗和消毒，并采用小型蛋盒包装，在连锁超市或小型便利店进行售卖，市民可凭借鸡蛋票提货，也可以直接购买，让当地老百姓可以更方便地吃到放心产品，分享我们这种现代化养殖成果。"林明博的话语中充满了憧憬与自信。

（采访时间：2017年3月）

好一个“杨门女将”

——记荣成市城西街道不落耩村党支部书记杨洪艳

□ 于佳佳 王君 殷朝红 宋婉婷

杨洪艳，20多年前的一次辞职，让她从车间走向地头，以巾帼不让须眉的勇气和不轻言弃的毅力带领村民奔富路，成为新时代女性的典型。

新的时代，女性逐渐摆脱传统“弱女子”形象，在“妇女能撑半边天”思想的指引下，变得独立自主、能干敢干。城西街道不落耩村党支部书记杨洪艳就是新时代女性的典型代表。

“辞掉工作，就为了心中那份创业梦！”

初春，记者走进荣成市城西街道不落耩村，只见不远处山地中的4座现代化大棚在排列整齐的房屋映衬下格外引人注目。走进大棚，一个个熟透的西红柿仿佛一步跨越了季节：红彤彤的分明是来自盛夏的果实，为何这里却是丰收在春天？我们找到主人公杨洪艳探寻答案。

初见杨洪艳，她正忙着将刚采摘下的西红柿挨个儿检查、套上防护网，准备装箱发往外地。“一大早就开始忙活了，这25公斤西红柿是发往青岛的，每个西红柿咱都得认真包装好，保证客户收到的时候完好无损，让客户满意，咱也放心啦。”真诚、勤奋是杨洪艳给记者留下的第一印象。

20多年前，杨洪艳还是市农业局花生加工厂的一名普通工人，每天不停地将花生分拣、打包，这就是她的日常工作。天长日久，单调、重复的工作内容让杨洪艳渐感乏味，用她自己的话说：“我就是喜欢接触些新鲜有趣的事物，每天让自己过得不一样，我觉得这就是生活的乐趣所在。”1997年，杨洪艳主动辞职，开始寻找属于自己的精彩人生。然而，接下来干什么却让她迷茫了很久。2000年初，杨洪艳再次辞去保险业务员的工作。“虽然保险业务员的工作性质比较灵活，也能接触更多的人，但自己的心总是想飞出这种固有的工作模式，也没想太多就辞了职。”杨洪艳笑着说：“还好有家人的支持和理解，当时在烟台从事农业工作的姐夫建议我搞大棚蔬菜种植，那个年代咱们这儿大棚蔬菜种植特别少，自己也没接触过，于是，就抱着怀疑的态度去烟台瞧瞧人家如何搞大棚蔬菜种植。”在烟台，看着大棚内菜农们忙着收获蔬菜时热火朝天的景象，让杨洪艳坚定了信念——就搞大棚蔬菜种植！

2000年成了杨洪艳大棚蔬菜种植的起点，她将家中积蓄全部投入，租下了城西街道不落耩村一处荒废多年的老窑厂，将老窑厂拆除不算难，但老窑厂位于一处坡地上，极不适宜建设大棚。“那时，咱们这儿还没有大型挖掘机，只能租用小型挖掘机，一点儿一点儿将坡地挖平，光准备工作就费了不少力气。”由于资金有限，杨洪艳只能先建设两座冬暖大棚，开始她的大棚蔬菜种植之路。

“当农民怕啥，一样能干成大事！”

大棚蔬菜种植这条路上，杨洪艳只能摸着石头过河，从学习农业种植专业书籍、观看农业节目自学开始，一点点积累蔬菜种植知识，再在实践中反复实验积累经验。在杨洪艳的努力下，两座大棚焕发出勃勃生机，成了果实王国。收获时节，在繁密的绿叶下藏着红的、绿的、紫的等不同颜色的果实，黄瓜、茄子、生菜等各种蔬菜，在杨洪艳的悉心栽培下茁壮成长。此外，杨洪艳还喜欢种植些蔬菜新品种，如白黄瓜、有机花菜等，而且她还是荣成第一家种植香椿的蔬菜种植户。

“刚开始销售那会儿，只能每天早上5点就和村里其他菜农们一起到崖头街道北大街市场售卖。有时运气好，蔬菜会被饭店全部订走，多数时候当天卖不掉。蔬菜积压只有坏掉一个结果，只能挨个儿食堂送。本以为这些新品种蔬菜能有个好销路，卖个好价格，可没想到，多数人只是觉得稀奇，看的多、买的少。”杨洪艳笑着摇了摇头。蔬菜种植这条路杨洪艳一走就是10多年，尽管一直面临销路问题，但她从未退缩。

“有困难找娘家，市妇联就是咱广大妇女的娘家啊，当时正逢蔬菜销路出现问题，市妇联就组织我们去济南到山东女子学院学习新技术和新的管理模式，这次学习启发了我，蔬菜种植要走高端精装精品这条路。”2014 年，杨洪艳引进国外普罗旺斯西红柿品种，放弃多种蔬菜种植，专心致志种起了“洋品种”西红柿。普罗旺斯西红柿价格高、味道香甜，对生长环境要求也更高。现有的冬暖大棚年久且设施老旧，杨洪艳想要改造现有大棚并新建两座春暖大棚，但苦于缺乏资金。紧要关口，市妇联向她伸出了援手，为她推荐了妇女小额贷款项目，两年免息，属于扶持妇女创业的一项惠民政策。杨洪艳与丈夫商量后，立即办理了10万元的妇女小额贷款，随即开始着手大棚的扩建、改造工作。

看着全新的 4 座现代化大棚，杨洪艳心里别提有多高兴。她心想，要是枝上再结满西红柿，那该是多么美妙的一件事情。可这 2 亩多西红柿苗全蔫在地里的场景，打碎了杨洪艳的美梦。“虽然种了 10 多年的蔬菜，但种西红柿还是头一回，看着西红柿苗蔫了一片，彻底傻眼了，自己干着急也解决不了问题，只能请教咱市农业局的专家。经专家‘诊断’，原来种了 10 多年蔬菜后土壤就会发生病害，种上西红柿苗就有可能全部灼烧死亡。经过一番整治，现在长出来的西红柿又红又甜，搞农业种植还是离不开过硬的技术啊！”杨洪艳说着，摘下一个熟透的西红柿掰开来递给记者。西红柿虽个头不大，但皮薄汁多，沙瓤的果肉闪着微微亮光，记者忍不住咬了一口，果肉软糯，又香又甜的柿汁渗入口腔中的每一个细胞，唇齿留香。

“现在我采用半无土栽培技术，自己研究着用玉米秸秆、珍珠岩、牛粪、菌棒等发酵制成有机肥，第一次制作时没发酵好，不仅有刺鼻的味道，而且还灼烧了很多西红柿苗，经过反复研究，终于成功了。现在的西红柿不易生病，也不用打药，西红柿根部泥土很少，很干净。并且我们采用无激素授粉，连孕妇、小孩都能放心吃。”说着，杨洪艳拿出一根不长的铁棒，放在西红柿花下方按动开关，震动几下即可完成授粉，这种震动授粉器不仅提高了工作效率，并且通过模拟自然风效果大大提高了果实授粉率和质量。记者发现，在红绿相间的蔬菜大棚里，一块块明黄色的粘虫板格外醒目，这种利用昆虫趋黄性的物理杀虫法，不仅可以有效杀灭害虫，还可以避免使用杀虫剂产生化学残留。到目前为止，杨洪艳是荣成唯一一家种植普罗旺斯品种西红柿的种植户。

杨洪艳正在用震动授粉器为西红柿进行人工授粉

“现在销路也不成问题啦，市妇联和城西街道办事处帮了俺不少忙！市妇联通过网上宣传和各种电商平台，城西街道办事处通过商会平台公众号和微信群为咱的‘睿丰家庭农场’打响名号、叫响品牌。通过参加市妇联组织的巾帼电商、微商创业培训班，俺学会了使用微信并做起了微商，实现直接订货、转账，方便、快捷！”杨洪艳正说着，手机频频响起。

“妇女能撑半边天，俺也能干好村支书！”

能闯敢干的杨洪艳成了不落耩村的能人，成了广大妇女学习的榜样。2015年，原为村委主任的杨洪艳被推选为村党支部书记兼村委主任、村妇女主任，一人身兼三职的杨洪艳深感责任重大。“俺自己的事儿根本不值得一提，老百姓的事儿才是大事儿。”杨洪艳的眼神里透露着真诚和坚定。几年间，杨洪艳组织人力、机械，对村里的路面和山路进行修整，让村民走上放心路、安心路。对于组织村民进行集体作业等活动，杨洪艳及时结算工钱，绝不欠老百姓一分钱。刚开始种植西红柿那年，为了参加党员夏训、冬训活动，家里的西红柿熟透了都顾不上采摘，结果导致大量西红柿烂在地里，损失不小。为了带动村民一起致富，杨洪艳对于前来询问大棚种植技术的村民毫无保留，为他们详细讲解建棚、选种及管理等农业知识。“现在自己家的西红柿种植逐步走上正轨，2016年草莓种植也起步了，预计到2017年，草莓就能成熟上市。

希望通过我的引领和带动，可以让全村的百姓经过努力，都能拥有一份自己的事业，过上更好的生活。”杨洪艳坚定地说。

“今后，蔬菜种植仍以西红柿为主，我觉得人的一生能认真做好一件事情就足够了，就成功了。2017 年下半年，再在大棚前面的空地上种上桑葚、大枣、脆柿、无花果等果树，将休息室好好装修一番，这样客人来了不仅可以体验到采摘的乐趣，还可以三五好友在休息室聚会聊天，最终打造出一座生态休闲的家庭农场，我想这就是我追求的人生乐趣吧！”杨洪艳笑着说。

（采访时间：2017 年 3 月）

志在沃野驱“铁牛”

——记荣成市玖玖农机有限责任公司总经理高忠勇

□ 于佳佳

二十多年的时间，高忠勇从一个毫无基础的“门外汉”转变成家喻户晓的“农机大王”。他以诚信为本，脚踏实地走好创业路上的每一步。而对他来说，迎接时代挑战、服务好农业现代化的道路才刚刚开始。

初闻玖玖农机，还是在15年前，那时我跟着父亲回村到地里帮爷爷收割麦子。由于人手不够，我们就租用了一台大型联合收割机来帮忙。歇息时，听着农机手谈起了收割机：“现在农业生产逐渐机械化，咱们这儿买大型收割机和各种播种机也方便了，我也是听别人介绍，在玖玖农机购买的。”后来，在经过南山中路时，远远地就能注意到4个显眼的大字——玖玖农机。

正值春耕时节，记者来到荣成市玖玖农机有限责任公司，一睹这座“农机王国”的风采。

田地里迸发的“奇思妙想”

刚进玖玖农机的大门，就听见机器的阵阵轰鸣声。在高忠勇的带领下，记者进行了一场“农业机械化之旅”。在农机展厅里，人们对着不同的机器上下打量，有的还要亲自坐上去体验一番；在农资自选区，各种化肥、种子、地膜等分门别类地整齐摆放，供顾客开放式选购；在配件售卖区，前来购买农机零配件的人们向工作人员咨询价格和使用方法；在修理部，几位技术人员正在修理一台农机，敲一敲，拧一拧，还不时发动机器进行试验……一派热闹景象。

高忠勇的“农机王国”建成史还要从20世纪90年代初讲起。那时，高忠勇高中毕业后到崂山海带养殖厂当起了海带养殖工人，工作的苦和累在高忠勇眼里都不是难事，辛辛苦苦干了三年，却被一件事难住了——种地。1993年初夏，暑气微袭，虽已过晚上八九时，但田间家家户户正忙着收割麦子，打麦场上依然灯火通明。在工厂忙了一天的高忠勇，还没来得及吃口热饭，就被叫去地里帮忙，麦子一割起来就要好几天，这样连轴转的节奏让他有点吃不消，高忠勇一边割着麦子一边想：“要是每家都能有台大型联合收割机就好了，这样割麦子实现机械化，不仅效率提高而且还节省人力。如果农业种植、收获的各个环节都能实现机械化，那就太棒了！”高忠勇越想越觉得这是一条发展的好路子、正路子。

当时，正逢崂山街道一家农机店由于经营不善倒闭，高忠勇觉得这是个好时机，想将这家店盘下来。结果一打听，盘下来要7000元钱，这在当年可是一笔不小的数目，一个普通工人一年的工资也不过一两千元，才工作三年的高忠勇，积蓄本来就不多，还全部花在了结婚盖房子上。手里一分钱没有的他仍然不肯放弃，毅然辞去了海带养殖厂的工作，向亲朋好友借遍也没凑够7000元钱。“那个年代，咱们这儿的人思想逐渐放开，越来越多的人开起了自己的小商店、做起了手艺活儿，我不想错过这个机会，可是当时手里真是多一分钱也拿不出来了。越想越烦，晚上一个人坐在院子里抽烟，一支接着一支，早上起来一看，烟头都快堆成了‘小山’。”苦思了几天，高忠勇咬了咬牙，决定将新房卖掉，终于凑足了盘店面的钱，夫妻二人搬进了只有十几平方米的小店里，与各种机械零件一起“搭伴”生活。

说明书“培养”的农机专家

农机这行可是个技术活儿，需要过硬的专业知识，一般人还真做不了，而从未接触过这一行的高忠勇只能从零开始。“刚开始我只销售农机配件，连大大小小上百种配件全部认识都困难，更别说还要做到精通，为顾客提供最正确、最合适的配件。没人教，自己只能拿着配件对比着说明书挨个儿看，一点点学。”说着，高忠勇在一堆书里随便拿了一本说明书给记者看，记者翻了几页，就已经被各种配件代码和名称弄得晕头转向，更别说要将名称和配件一一对应。“说起这事，还有段笑话呢！那时刚起步，对配件还没完全掌握，有位顾客点名要买烟囱，我一时也没反应过来是什么，对着说明书挨个儿找也没对上号，结果这笔买卖就没做成。后来才知道方言中说的烟囱就是说明书中的消声器，我当时就知道死背书，根本没考虑到实际使用和书本上的差距。”高忠勇笑着说。

卖了 3 年农机配件，高忠勇俨然变成农机方面的行家里手。1996 年，高忠勇增设农机维修服务项目，亲自维修，不管什么样的农用机械，他都能“手到病除”。然而，只靠经营农机配件和维修服务让这间小店举步维艰。“光靠卖配件、维修真的很难维持下去，那时，我什么都卖，像食品、三轮车等等，但农机这方面我一直没放下，也不能扔掉。”高忠勇坚定地说。

一次决定，成为高忠勇创业路上的转折点。1997 年，高忠勇联系上海某公司引进一批 50 马力拖拉机。在那个年代，50 马力拖拉机算得上大型农机具，而且土地种植以个体农户为主，土地集中化程度低，大型农机几乎用不上，而高忠勇还是坚持想法——就要引进大型农机。“小型农机精细化程度高，耕种的土地面积小，成本较高，本来农民的收入就不高，小型农机很难满足农民的胃口。而且时代进步这么快，以后甘心留在农村做农民的人将越来越少，土地集约化程度必然会越来越高。”高忠勇以前瞻性的目光“押对了宝”。

互联网潮流中的“新农机”

有了第一批农机，高忠勇不断与上海、河南等知名厂家合作，引进一批又一批不同种类的农机产品。从最初的十几平方米的小板房经过 11 次搬迁，店面规模不断扩大。2014 年，高忠勇投资 1500 万元，在南山中路盖起了玖玖农机这座占地 2 万平方米的“农机王国”，打造一处集农机销售、配件服务、维修、售后“三包”于一身的“农机 4S 店”，成为目前我市最大、胶东唯一一家开放式农机自选超级市场。货架上琳琅满目的配件、农具、种子、化肥、地膜等，让记者眼花缭乱。据了解，目前仅农机配件种类已达到 1 万多种，每一件农资产品都明码标价，实现顾客自选、窗口结账，并将消费小票回执送到顾客手中。

在室外展销区，各种大中型拖拉机、收割机、联合收获机、犁具、播种机等农机产品，更是让人目不暇接。为防止风吹日晒对农机造成损伤，高忠勇把大部分农机停放在二楼室内展厅，这让记者大为惊讶，如此庞大的农机是如何在楼里“爬”上“爬”下？高忠勇为记者解开了这一谜团，原来农机也“坐”上了电梯，大型农机专用电梯将一楼和二楼连接起来，顾客看上哪辆农机，马上通过电梯运送下来。

谈及农机，高忠勇一脸灿烂

2016年，高忠勇开始与大品牌合作，引进上百种化肥，以满足不同的农业生产需求，仅一年销量就达100多万公斤。“胶东地区的农机、农资方面的经销商只进行单方面销售，有的只销售农机，不包括维修和零件售卖，有的只卖化肥、种子等，不卖机械。这样农民要到处跑，特别不方便。而且农户买了农机，商家不负责维修，这怎么能让农户放心购买呢？我现在就要将农机、农艺、农资集中起来，让农民兄弟可以在我们这里买到需要的所有产品。而且我们只引进知名大品牌的产品，这样我们卖得放心，顾客也买得放心！”高忠勇说。

以诚为本、脚踏实地一直是高忠勇做人、做事坚持的原则。于是，他不断完善企业销售、技术指导、农机维修等“一条龙”服务，在顾客购买农机前，专门对顾客进行使用培训，并督促工作人员实时了解农户对农技的掌握情况，针对一位农户前前后后就要进行5次培训，确保农户能够熟练、正确地使用农机。

提及未来发展，高忠勇侃侃而谈：“在农机、农资、农艺的基础上，下一步，我们打算做农产品收购。虽然现在农业效益并不好，但作为农民的儿子，我最大的梦想就是做荣成最大、最专业的农业全产业链。时代在发展，农业也要实现现代化，前不久，我刚从厦门引进一项先进的管理系统，将实行企业员工、产品销售、顾客推广等全方位一体化管理，实现跨行业联合，争当农业现代化发展的参与者、见证者、推广者！”

（采访时间：2017 年 3 月）

创业女人别样美

——记荣成市宁津街道巾帼电商创业基地合伙人

□ 邢伊爽 于佳佳 姜丹丹 石 炫

钱秀竹、李晓静和她的姐妹们原本只是一个个普通的农村妇女，因心中怀揣着共同的创业梦想而携手走到一起，将磨难当成前进路上的垫脚石，一路上摸爬滚打，不服输、不言弃，在市妇联的培训指导下，借助妇联组织搭建的平台，成了宁津街道巾帼电商创业基地的追梦人。

有人说，做人难，做女人更难，做一名家庭和事业兼顾的女人更是难上加难。作为一名女性，在追求事业与家庭的双赢与平衡中，需要加倍付出。然而，在荣成市宁津街道有这么一群可爱、可敬的女人，她们为了心中的信念，执着追梦，努力克服前进道路上的一切困难，不断演绎属于自己的人生精彩。她们，就是宁津街道巾帼电商创业基地的钱秀竹、李晓静等 7 名电商合伙人。

志同道合的"合伙人"

记者来到位于宁津街道东墩村的巾帼电商创业基地时，大厅站了好几十名妇女，你一言，我一语，热闹非凡。详细询问才得知，原来是宁津街道和俚岛镇妇联共同组织女机关干部和创业妇女前来观摩学习。现在，这处巾帼电商创业基地已成为周边区域妇女电商创业观摩学习的典型，多次迎来其他区市、镇街的妇女们参观学习。

谈起创业之路，李晓静告诉记者，她们这 7 个人以前都是典型的家庭妇女，原本对电商一窍不通。2016 年上半年，她和钱秀竹有幸加入了全市开展的阿里巴巴农村淘宝服务站项目，在各自村里经营了一个服务站点，帮助村民进行网上购物。这期间，钱秀竹和李晓静一直在想，不仅要让网货下乡，更希望自己家乡的农产品也可以“上网进城”。然而，缺乏网络销售知识却成为她们实现理想的绊脚石。2016 年 5 月份，通过宁津街道妇联的宣传，她们有机会参加了市妇联组织的电商培训班，了解电商基础知识。8 月份，市妇联又组织巾帼电商创业团队来到宁津街道，举办了 4 期电商免费培训班。通过培训，钱秀竹、李晓静豁然开朗，因为有了宁津街道妇联主席胡晓红在培训课上的鼓励，加之培训班上结识了很多志同道合的姐妹，成立电商公司的这一想法一下子迸发出来。

于是，在胡晓红的倡导下，钱秀竹、李晓静等十几名姐妹决定迈出这关键一步——成立电商公司。胡晓红告诉她们，2014 年，她在虎山镇担任组织干事时，就想推广农村电商，促进农村妇女就业。办公物资都已购置，但一直苦于没有机会实现。时隔三年，胡晓红遇到了钱秀竹、李晓静等姐妹，终于有机会在宁津街道把农村电商做起来。用胡晓红自己的话说就是“以前只有我，没有团队；现在有我，也有团队了”。

李晓静告诉记者：“创业之初，我们团队有 14 个人，大家共同的想法就是成立电商公司，把宁津街道的电商搞起来。”于是，胡晓红及时向荣成市妇联反映了这一情况，市妇联领导给予了大力支持，从场地的选定与协调、宣传图板的设计与制作到各种设备的配备等都给予了帮扶。很快，宁津街道巾帼电商基地就创建起来了。同时，市妇联还积极协调相关部门，帮助她们申报注册公司。她们每人以 5000 元入股，成立了宁津海草居电子商务有限公司。2016 年 11 月份，她们正式领到了营业执照。“虽然成立时间不长，但我们用心做好每笔订单，诚心对待每一位顾客。”李晓静高兴地说。

妇女创业的“好娘家”

说到创业之初的艰难，钱秀竹和李晓静的声音不禁有些哽咽，微微低头，陷入沉思。李晓静告诉记者，原本以为领取了营业执照就再不需要其他的审批手续，但新的棘手问题又接踵而至。2016 年，销售网站规定，在网络上销售成品的农产品需要营业执照、食品流通许可证和从业人员健康证，审查规定更加严格。面对创业路上的一波三折，团队中的很多人想要放弃，竟然有一半人提出要撤股，当时钱秀竹和李晓静一下子懵了。

除了钱秀竹、李晓静在内的7个人决定留下来外，其余7个人全部退出，留下的7人当中还有两人因为有自己的实体店所以不参与公司管理，决定撤出一半的资金。那是年前的一天下午，钱秀竹她们4个人坐在办公室里，一开始沉默着，最后抱头痛哭，但擦干眼泪，路还得继续走下去。“姐妹们不能放弃，多难我们都要坚持下去，没有干不成的事儿！”钱秀竹鼓舞着大家的士气，李晓静、周玉燕、王妍立刻响应：“对，我们决不放弃，一定要把这件事干成！”

宁津街道巾帼电商创业基地合伙人（自左向右依次为周玉燕、钱秀竹、李晓静、王妍）

妇女创业，还要靠妇联这个好“娘家”。钱秀竹把需要“三证”的情况告诉了街道妇联主席胡晓红，胡晓红及时沟通市妇联，市妇联派专人帮助她们协调。在两级妇联组织的帮助下，钱秀竹和李晓静她们很快办好了相关手续，宁津海草居企业店铺终于可以在网上合法经营了，这让钱秀竹和她的姐妹们激动万分。钱秀竹对姐妹们说：“万事开头难，这个头总算是开起来了，后面无论遇到什么困难，大家都要咬紧牙关挺过去。”

虽然年前她们已经参加了4期电商培训，但都只是些基础入门课程，在实际经营过程中又出现很多新问题，钱秀竹她们又求助于市妇联。经过市妇联的牵线搭桥和街道妇联的积极协调，市巾帼电商创业团队每周到宁津街道举办培训班，针对运营过程中出现的问题，面对面、一对一地进行解答。“这样不仅能解决我们经营过程中遇到的困惑，同时也能鼓励、带动其他妇女创业。”胡晓红告诉记者。

“棒棒叶”引来德国订单

在运营前期，她们将发展定位于依托农村淘宝等电商平台销售当地的海带、海米等海产品以及花生、地瓜等土特产。后来，钱秀竹突然想到：“把农村家家户户都使用的‘棒棒叶’放在网上推介，不知是否会有市场。”抱着试试看的想法，她将“棒棒叶”的照片发到了电商平台上。起初很长一段时间没有接到订单，就在刚准备下架时，才发现有一位客户已经下单多日，这对于刚起步的她们来说，无疑是一种激励。

在随后的日子里，“棒棒叶”的订单越来越多，并成了热销产品。最让她们兴奋的是，前不久，她们竟然收到了一份来自德国的订单。“这位客户是在德国从事餐饮行业的华人，对方想和我们达成长期合作协议，每月从我们这儿购买50公斤‘棒棒叶’。”钱秀竹说，目前这位客户已经下了首批订单，由于快递费用过高，具体的合作细节仍在商讨中，但是能够得到市场认可，她们感到十分欣慰。

随着订单数量的增加，新的问题又出现了。“现在不是收玉米的季节，‘棒棒叶’出现了供不应求的状况。”于是，钱秀竹和李晓静就到附近各村寻找，甚至冒雨寻找“棒棒叶”，但是依然找不到充足的货源。为解决这个问题，她们不得不再次寻求市妇联的帮助。市妇联通过微信群、QQ群等渠道积极发动内陆镇街妇联主席，帮助寻找货源。很快，钱秀竹她们便得到了回应，在荫子、滕家等地成功找到货源，解了发货的燃眉之急。收购工作的深入开展，在为她们的运营提供了更充足的货源支持的同时，也为越来越多的农村妇女开辟了新的增收渠道。

“抱团”发展闯市场

“基地成立不到六个月，再去掉筹备的时间，真正开始运营也就三个月。虽然现在我们还没有实现真正盈利，但我们每个人都认真做事，积累经验，厚积薄发。相信会有越来越多的人加入到我们的队伍中，壮大我们的力量。”李晓静信心满满地说。

宁津街道巾帼电商创业基地的 7 位合伙人，分工明确，各司其职。钱秀竹和李晓静主要负责联系货源和网站大方向的统筹。团队中的周玉燕已经 47 岁了，之前是地地道道的农村妇女，从来没有接触过电脑，由于年纪大，学东西比较慢，但她就是不服输，每次上课都坐在最前排，认真做笔记，有不会的地方就及时求教，大家都说她有一股韧劲。有一次，有位顾客问她：“一公斤‘棒棒叶’大约多少张？”结果，周玉燕竟到楼下仓库拿了一公斤“棒棒叶”认真地数了起来。凭着这股认真劲儿，她得到了很多顾客的赞许。王妍擅长做饭和拍照，经常用自己的巧手为团队的姐妹们做上可口的饭菜，并将特色农产品做成美味佳肴上传到网店……在团队的共同努力下，电商创业基地被市妇联授予“巾帼电商创业创新先进集体”荣誉称号，并且已经申请我市电商示范镇项目，目前正在审批中。

截至目前，钱秀竹和她的团队已经在网上卖出了大约 200 公斤的“棒棒叶”，每天订单不断。在她们的带动下，该街道还有 5 家个人农村淘宝店也卖起了这一农产品。“我们不怕有竞争，卖‘棒棒叶’的人越多，说明市场越大，并且有利于打造我们这个区域的特色品牌，大家互利共赢。”钱秀竹和李晓静对此有着相同的见解，并且已经与几家个人农村淘宝店开展了合作。

创业的艰辛也许只有创业者自己才能深刻体会。“对于将来，我们希望能通过这个电商创业基地，把当地的个人电商业主联合起来，形成抱团发展的局面，共同谋划大发展。相信在各级妇联组织的帮助和支持下，我们的电商事业一定会越做越好。”李晓静说，她们一步步走来，非常了解个人创业的不易。个人创业存在着进货难、营销难、技术差等困难，但是抱团以后，所需要的货源可以订单生产，统一进货、发货，降低物流成本，同时还可以实现资源共享，进一步提升整体的市场竞争力。

“目前，我们有一项‘8 分钱募捐活动’，就是从海草居成交的每笔订单的收入中拿出 8 分钱用于修缮周边的海草房，这也是我们当初命名为‘海草居’的初衷。”放眼未来，钱秀竹她们希望可以实现多种形式共同运营，让线上线下同步发展。下一步，她们要将线下产品与乡村旅游结合起来，打造一条“特色旅游 + 海洋产品”线路，更好地打响地方特色品牌，带动更多妇女创业致富。

（采访时间：2017 年 3 月）

赵文松：守望丰收

□张世松 于佳佳 王君

赵文松常年与农机为伴，与农民为伍，为农民送机具、送指导、送服务，踏遍了田间地头，走进了千家万户，不仅帮助农民朋友发展生产，更成了农民的“贴心人”。

春分时节，是各种农作物播种的大好时节，可谓“春分得意，农事繁忙”。趁此好时节，记者前往荣成市上庄镇寻找“丰收”的秘密。

刚进入上庄镇驻地，道路两旁鳞次栉比的农机商店，令人目不暇接，直到“盛达农机”招牌的出现，令记者眼前为之一亮，门口停放的“雷沃谷神GE70”收割机如巨大的铁人一般守护着这座“农机王国”，这勾起了记者一探究竟的欲望。

青岛小伙的“荣成缘”

初见赵文松，他正在向前来购买农机的农机手详细讲解农机特点和使用技巧，那份认真、专注使其没有察觉记者的到来。随后，记者和赵文松交谈了几句，从口音才辨别出他并非荣成本地人。“我是青岛平度人，在荣成生活十几年了，一直在努力学习荣成话，但说得还不纯正。”赵文松笑着说。

赵文松与农机结缘，是从他16岁开始。初中毕业的赵文松考入平度市职业教育中心，学的是机械制造专业。得益于当时中德合作创办的“双元制”职业教育项目，赵文松的专业知识与技术实践紧密结合，以优异的成绩被分配到青岛收割机厂工作。那时工厂刚建成不久，人手不足，作为工厂的第一批员工，赵文松可谓是“一人担起了几个人的活儿”，装配、电气焊等只要是流水线上的活儿，赵文松都干过。“工厂刚运作起来，很多技术不成熟，自己也刚毕业不久，经验不足，只能‘摸着石头过河’，很多技术靠着一点点琢磨、一步步试验慢慢掌握。那时候，除了睡觉、吃饭，一天能有16个小时泡在车间里，浑身都是机油味儿，不过年轻时还是要多磨练自己，劳动真能锻炼人的意志。”谈及过往，赵文松一脸轻松。

赵文松可不是一个只会待在车间里、足不出户的“闷头匠”。两年后，赵文松离开车间，走上了销售岗位，负责青岛、烟台、威海等胶东地区的农机销售及售后“三包”服务。没想到，农机却成了赵文松的“媒人”，因为在荣成做农机销售，赵文松与妻子房迎宁相识。“那时他普通话说得不好，荣成话更是一窍不通，刚开始父母并不是很同意这门婚事，但因为我父亲也是做农机销售工作的，在业务往来上他们两个人在沟通上闹出了不少笑话，由于他的敬业和幽默，逐渐赢得了我父母的好感。”房迎宁回忆道。

2002年初，赵文松夫妻俩正式定居在上庄镇。“由于工作需要，结婚后，他经常要青岛、荣成两地跑，在家的时间特别少，既要忙工作，又要担心家里，特别耗费精力，而且我们都是那种闲不住的人，思来想去，决定共同创业。”房迎宁说道。说干就干！随即赵文松辞去了原来的工作，房迎宁辞去了农机石油公司会计的工作，他们决定利用自己掌握的农机知识和经验，开一家农机销售“夫妻店”。

研发农机具也“疯狂”

赵文松的创业可谓是“负数起家”。空有一身本领的他，却让资金束缚住了手脚。都说“置之死地而后生”，赵文松夫妻俩既然辞去原来稳定的工作，就不想再打退堂鼓。于是，赵文松贷款15万元，买下上庄镇临街的一处商品房，做起了自己的农机生意。

万事开头难，创业尤其不易。销售农机要与农民朋友打交道，干的是“接地气”的买卖。“那时很多人因为我是外地人，对我不太信任，所以一开始销售业绩并不好，而且还要偿还贷款，资金经常周转不开，怎么办？只能厚着脸皮去借。记得有一次，连500元都借不到。出现问题就要找原因，我觉得还是信任问题，老百姓对咱不信任，怎能放心地和咱们做生意呢？”就算销售量不高，但赵文松本着“销售一台农机便服务到底”的原则，走进田间地头亲自指导农机手操作使用。由于田间土质具有不可预测性，可能一块埋在土里的石头就影响了收割机的正常运作，但老百姓们收麦子可是一刻都等不了，赵文松时常在半夜接到农机手的电话，多远也要尽快赶到，指导修理农机，忙起来经常一天一夜都没时间合眼。他告诉自己，就算自己病倒、累倒，也绝不能耽误农民生产。“割麦子就那么几天，农机手能购买我们的农机是对我们的信任，他们的血汗钱赚得不易，为他们服务是我们应尽的责任，再说不苦点累点，哪能学到真本事！”就这样，凭着一颗真心、满腔真诚，赵文松逐渐在行业内树立起威信，叫响了“盛达农机”的名号。

赵文松从农机手口中了解到，大型农机在凹凸不平的田间作业时因为只有前车制动，并且制动效果特别差，在进行掉头转向等操作时，常常存在潜在的安全隐患，成为困扰农机手的一大难题。赵文松就想利用自己掌握的知识和经验革除这一弊端，于是，没日没夜地设计图纸又成了他的日常生活内容。功夫不负有心人，赵文松成功地将前轮老式传统的刹车方式改为同轿车一样先进的碟式刹车，使机械的制动性能大大提高，并创新研制出后轮制动，让当时的农业机械的制动性能有了质的飞跃。2005 年，赵文松研制的前、后轮制动成功通过江苏某机械制造厂的技术审核。“当时那批产品卖了 20 万元，是我们创业以来头一次赚这么多钱，终于把之前的所有贷款都还上了。”这一次的成功大大增强了赵文松的自信，然而接下来的一次打击让赵文松彻底警醒：“自己只顾着追求效率，反而疏忽了质量，因为之前的成绩，我也有些自我膨胀，在研制过程中马虎大意，导致部分零件存在瑕疵，结果厂商将全部产品都退了回来，当时整个人都懵了。”从那以后，“细心、认真、负责”成了赵文松研制产品的第一追求，并为自己的前、后轮制动命名为“平安牌”。由于全国市场需求量的增大，赵文松果断在文登汽车站附近开起了自己的分店，利用其物流配送方便的特点，将产品发往全国各地。目前，赵文松已成为雷沃、沃德等农机大厂家的配件供货商。

“除了刹车系统的完善，我还有一件法宝，你们猜猜看是什么？”说着，赵文松拿出一个箱子，里面放着一根胶皮管、一个小型风扇，还有一个小型空气泵，这让记者有点摸不着头脑。“这是收割机空调的零配件，到了麦收时节，天气炎热，农机手在封闭、狭小的驾驶室里根本坐不住，严重影响生产效率。汽车能有空调，农机为什么不能有呢？来我这儿买农机的农机手，可以为自己的农机选配空调，因此销量特别好。”

农机新发展的“弄潮儿”

记者发现，农机店门前除了“盛达农机”四个字，还有“成隆农机专业合作社”的标志。原来，为响应荣成市农机局的号召，赵文松于 2009 年成立了成隆农机专业合作社，主要进行土地深松、秸秆粉碎等系列项目推广，并组织农机手到河南、安徽等地进行麦收跨区作业。目前，合作社已拥有 200 多个社员。

说起农机，赵文松总是一脸的兴奋和自豪

赵文松始终把“为农、惠民”作为自己经销农机的宗旨，第一时间到市农机主管部门申请农机补贴经销商资格，让更多的农户可以享受到政策补贴。“有时订购的农机会比之前预计的价格要高，但我宁可赔钱卖，也不能坐地起价让老百姓吃亏，诚信不仅是做生意的首要原则，也是做人的根本。到了春耕秋收时，很多农机手急着买农机，但手中的钱根本不够，我们就赊账卖，等农机手有钱了再补上，将心比心，人与人之间要互相信任。有一个忠实客户在咱这购买了 4 代收割机，说到底，还是对咱的信任。”

农业发展现代化，农机销售也要走出单一思维。赵文松不仅参加全国农机展销会，还跑遍全国各地学习先进的销售技巧和农机技术。通过实地调查，赵文松了解到花生收获一直是全国性的“老大难”问题：人工收获虽能保障果实的完整度，但耗时耗力，而现有的花生联合收获机技术极不成熟，严重损坏花生果实，农民满意度极低。而赵文松学习先进花生收获“两步走”的方法，采用“花生放铺机＋摘果机”模式，先利用放铺机将花生连根拔起，不经任何处理直接平铺在田间，再通过摘果机将果实和茎蔓分离，最大限度地节省人力和时间，保证果实完好无损。

目前，“盛达农机”已与雷沃、时风、泰山、海山等农机生产厂家签订了购销合同，并成为“雷沃谷神”的一级代理商，收割机的销售量占我市农机市场份额的60%，连续多年获得“山东省明星维修点”称号。

随着经销品种的不断增加，之前的商品房已无法满足农机销售需要。2012年，赵文松买下现在的厂房，经过五年的发展，现有空间还是让赵文松感觉十分有限，束缚了手脚。“下一步要继续扩大规模，大干一场。现在，我们正在与金正大化肥公司进行洽谈，很快就可以正式达成合作。现在，我们仍然有很多地方不规范、不完善，优秀的同行这么多，都有值得我们学习、借鉴的地方，农业机械化推广的路还很长，需要我们做的还有很多。”赵文松说着，眼里充满了希望。

（采访时间：2017年3月）

激情演绎创富的精彩

——记荣成船宝发电机股份有限公司总经理滕红军

□ 赵世喜 张世松 蒲晓东 毕贞昌

滕红军，荣成船宝发电机股份有限公司总经理。他从一名走村串户的电器“修理匠”，变身为发电机行业的“领跑者”，并在船舶发电机领域独辟蹊径，发明全封闭发电机，让同行和高校的专家教授为之惊叹。如今，他继续带领他的公司在创新的道路上不断前进。

一分耕耘，一分收获！

滕红军的创业之路，是与众不同的！他的创业故事和梦想与他生产的产品一样精彩：独一无二，无人替代。

其研发的 TFWH 和 TFWZH 系列发电机自 2013 年 9 月获得国家渔业船舶检验局颁发的《船用产品型式认可证书》以来，他始终秉承“占领科技高点，服务渔业船舶”的发展战略，加大创新和投资力度，将企业发展成为拥有现代化生产车间 4000 平方米，集发电机和电动机科研、生产、营销和维修服务于一体的渔船配套企业，并在“新三板”挂牌上市。2017 年 12 月 28 日，企业又跻身国家级高新技术企业行列。

这一刻的到来，让为之耗费多年心血的滕红军欣喜不已：数年之功，终成大器！

乡间走出来的“发明达人”

滕红军，是一个地地道道的农民，也是一位酷爱发明的“达人”。

滕红军外表虽然质朴，与一般农民无异，但在他的内心深处总有股倔强的探索精神。尽管他文化水平不高，但脑子灵光，有知识、有技能，而且爱学习，肯动脑，善钻研，喜欢尝试新鲜事物，生产生活实践中遇到的一些难题，恰恰触发了他发明创造的灵感。现在，他手中拥有多项国家专利，仅花生地膜覆盖机“红军牌”电动喷雾器产品就为农民增加经济效益数千万元。

1990 年，19 岁的滕红军职业高中毕业后，在滕家镇驻地开设了“红军电器修理部”，开始从事家用电器、电机维修和农机具开发工作。2001 年，滕红军研制开发了自来水自动控制器，只要安装了这种控制器，无需人员看守，缺水时自动上水，水满自停，仅此一项就为各村各单位节省大量的人力物力，此项发明已申请国家专利，进入批量生产，到目前产品已销往全国各地，深受用户欢迎。

滕红军（左）和员工探讨发电机研发技术

多年来，花生地膜覆盖机的增产效果越来越被广大农民群众认可，但是有不少农民对滕红军说，现在用的花生地膜覆盖机的喷雾装置用水量 60 公斤左右，而且经常发生故障，农民群众的急需又给滕红军出了一道新的攻关课题。他经过反复研究，又研发出全新的电动喷雾器，这种喷雾器是通过电喷头内的交直流两用电机带动转盘高速运转，将农药高度雾化在塑料薄膜上，并通过地表水蒸汽在地膜上形成的水珠回落在地面上，形成了药雾的微循环，从而达到控制杂草生长的效果。经农民实践使用，此种喷雾器可省水 80% 左右，省药 10% 以上，药效期比传统喷洒长达半月之久。此产品一上市，马上就受到全国各地农民的青睐，产品覆盖全省，2017 年又销往河南、安徽、大连等省市，2004 年被省农机局推广全国，并参加了在济南召开的全省先进农机博览会。同时，该装置成为青岛市万农达花生机器有限公司和全国最大的手扶花生覆膜机生产厂家乳山农机贸易城指定配件。滕红军又不断加大研发力度，在原有的基础上进行了改进，他带着改进后的产品参加了 2017 年 10 月中旬在合肥召开的全国农机展览会。

滕红军热心开发农机具、让农民种田一身轻的事迹在《荣成日报》《威海日报》和荣成电视台等多家新闻单位宣传报道以后，在社会上引起了良好的反响。滕红军也因此连续 10 年被荣成市精神文明建设委员会办公室、荣成市工商行政管理局、荣成市个体私营企业协会授予“文明诚信个体工商户”荣誉称号，2000 年被评为“威海市农村致富带头人”。2012 年，滕红军应邀参加山东有线电视生活频道组织的“我有绝招”活动，引起了媒体的关注。中央电视台科教频道为此给他发来了参加“我爱发明”栏目展示的邀请函，他成为真正从乡间走出来的“发明达人”。

“苦”中作乐　回味余甘

每个人都希望拥有绚丽多彩的人生，而绚丽绽放的人生都来之不易。

这是一个创业的时代。滕红军知道，想创富必须要创新，创新可以是科技创新，也可以是商业模式的创新、内部管理的创新、资源整合的创新等等。

电动喷雾器面市后，即引起了强烈的市场反响，尽管市场推广面临着巨大的压力，但滕红军还是自筹资金，盘下了村里废弃的一间冷藏厂，组织了 10 多个人开始生产电动喷雾器，将发明培植成新的经济增长点。

在创业环境日益激烈复杂的今天，机会总是留给那些能力更强的人。相对于其他创业者，滕红军的发明探索为企业的发展奠定了坚实基础。没有模具，他可以自己设计，让厂家按着图纸专门定制加工，从而让自己的产品具有有别于一般产品的个性，因为每一种新模具的出现都相当于推出了一项专利，让对手难以仿制。没有专业的工具，滕红军就自己琢磨，理论联系实际，三鼓捣两鼓捣，就设计制造出一整套实用的设备，其自制设备的性能丝毫不逊于专业制造，减轻了工人的劳动强度，提高了生产效率。如果精明的商家在他的车间中转一圈，把其中的某一个设备进行规模化生产，都能带来源源商机和可观的经济效益。滕红军在几年内就将生意逐步做大，全国许多知名的农机企业都用上了“红军”“喜土”电动喷雾器，订货量一下子上升到几十万套。小件发明居然成了拉动区域发展、促进农民就业的一个有力引擎。

在生产经营管理中，滕红军深知技术信息的重要性，他积极利用各种机会，创造条件参加全国、全省有影响力的农机展会，广交朋友，搜寻商机，如一架高速运行的雷达兼收并蓄，网罗各种信息资源，并对其过滤、加工、应用、提升，借力借智，为我所用。“许多信息、知识都是通过这些方式获得的，‘纸上得来终觉浅’！”滕红军总是这样认为。平时他还利用互联网尝试开展电子商务，网上销售的绩效不断提升，滕红军是荣成市小微企业中最早从事电子商务的。

“赠人玫瑰，手留余香。”生活中需要宽容，如果紧握拳头，抓住的只是空气；伸开五指，触摸到的则是整个世界。生活中学会宽容，学会换位思考，既磨练了心志，自己也能收获快乐。滕红军专门钻研过专利方面的法律，深知市场仿制能力的强大和盗版行为的猖獗，善于运用技术手段在市场竞争中一步领先，步步主动。他每年都在自己的产品上进行小小的改进，以发明打造别人无法仿制的技术优势。他也有一颗包容之心，他经常跟身边的人说：“帮助别人，也是帮助你自己。”唯有企业强大，承担更多的社会责任，才能使人生体味更甘醇。为此，他与经销商结为紧密的利益共同体，有时还主动让利给对方，实现合作的双赢，而他也成为市场上最大的赢家，虽然没有进行过广告投入，但他的产品一直走俏市场，电动喷雾器主要市场占有率达到60%以上。

领先的技术优势，让滕红军不屑于打低层次的价格战，从而在市场上牢牢地把握了产品定价的主动权。对于那些企图利用仿制或价格战打击对手的行为，他能够让开两厢，让出低档产品的市场空间，但当忍无可忍时，他就会主动出击，绝地反攻。有一次，一家业内企业打价格战，扰乱了正常的市场经营秩序，让行业的发展蒙受了巨大的损失，他果断还击，一个回合就把这家企业打得落花流水，用知识的威力让对手所谓的“价格优势”烟消云散。

把“绝活”放大成产业

滕红军从家电维修转行到电机维修后，由于酷爱钻研，电机维修技术突飞猛进，很快在业内打出了名气，一些特种电机，不管是产于何处、技术如何复杂，只要送到滕红军的手中，他保证手到病除，妙手回春。许多被别人“判了死刑”的电机，经过他的维修又焕发了生机。为此，滕红军的“绝活”远近闻名，在行业内名声大振，电机维修业务从陆地拓展到海上，生意越做越多。

2008年，荣成五大力装饰材料有限公司要从日本引进一套壁纸生产流水线，但日方一不提供技术、工艺参数，二不提供图纸等技术性资料，而且剪断了设备上的动力线路，企图搞技术封锁。日方扬言，要让荣成五大力装饰材料有限公司在两年内无法运行设备、产生效益，最终要完全依赖日方才能正常生产。对此一筹莫展的厂家慕名找到滕红军，让他担起设备的电器部分技术安装重任。滕红军爽快地接受了厂家的邀请，于这年8月东渡日本，负责拆卸设备。那些日子里，滕红军一心扑在拆卸现场，尝试着一台一台地拆卸、研究，弄清了基本原理后，他们加快了拆卸进度，只用半个月的时间就将所有的设备分装于46个集装箱内，并于当年的11月份运回了荣成。后来滕红军用9天的时间，将近似一堆废铁变魔术一般装成了流水线，邀请日方前来验收，如此的效率和技术操作能力折服了日方。他们做梦也没有想到，一套技术复杂的流水线，却让一个只有职业高中文凭的电机维修个体户操控得如此流畅。后来，滕红军又为企业培养了一个技术过硬的电工，现在这套设备正在源源不断地为企业创造效益。

实践中，滕红军将电机维修业务拓展到渔船上。他发现，现在渔业捕捞正在向现代捕捞技术发展，由传统的围网捕捞逐步向灯光捕捞技术发展，尽管造船的技术发展很快，但安装在渔船上的发电机故障率非常高，有的渔船在捕渔期内捕捞一个季节，待休渔期过后再一次出海，发电机一启动就烧毁。他还发现，渔船作业环境恶劣，海上潮气及机舱的油烟对发电机内的定转子线圈及集电环腐蚀相当严重，而渔船用的船用发电机又是防护等级为IP22-IP23的开启式发电机，发电机正常作业时，因为机内循环温度比较高，线圈比较干燥，处于安全期。一停机后附着在线圈上的盐分和杂质将严重腐蚀线圈，特别是有缺陷、绝缘等级差的部位，再一开机很容易产生匝间短路现象。同时存在着发电机结构设计不合理、绝缘等级有待提高现象，给渔船作业带来了较大影响和损失。为此，滕红军和他的团队根据多年对海上渔船上使用的各种发电机进行深入研究的经验，新研发了一种全新产品——防护等级为IP44的TFWH和TFWZH系列无刷发电机，该产品专为适应海上的恶劣环境和渔船对发电机特殊要求而量身、全新打造的。该产品一改过去的传统观念，通风形式也由进出口风扇循环的IC0A1改为机壳表面冷风冷却的IC4A1A1，积极采用新技术新材料，绝缘材料采用F级，浸渍漆采用真空浸漆工艺，为适应渔船舱内的震动烈度要求，机壳和端盖材质为HT180-200，并且比起普通的机壳和端盖都做了加厚处理。机壳和端盖的加工精度也都比规定的精度提高了1~2个精度等级，当发电机转速范围在1050~1710转/分时，可供作照明、电热、通讯、导航、仪器仪表、电风扇、电炊具、通风机等用电，可使空压机、制冷机等可靠地工作。后来，该发电机的各项指标通过了中国船舶重工集团公司704研究所的型式试验，认为船宝发电机生产的同步发电机和轴带发电机是海洋捕捞作业船舶的上选品种。国家渔业船舶检验局于2013年9月30日颁发了“船用产品型式认可证书”。在验收活动中，有关部门的专家为滕红军的技术成就拍手叫好，当场表示要力荐力成，这在他们的执业生涯中是绝无仅有的。

产品不断创新，质量精益求精，让滕红军实现了由电机维修向电机制造的跨越。为让这一产品造福业界，他在滕家租赁厂房成立了荣成船宝发电机有限公司进行电机生产的基础上，于2014年在石岛管理区投资建设高标准的生产线，经营规模由个体电机修理部扩大成为注册资金500万元的规模以上船用发电机制造企业，并逐步在高新技术船舶和海洋工程制造等领域崭露头角。2017年8月30日，企业成功在齐鲁股权交易中心挂牌，进入了健康发展的快车道。

秉承“占领科技高点，服务渔业船舶”的发展战略，滕红军始终坚持创新致胜，不断推进企业自主技术创新。每年投入的研发资金占销售收入的比重远高于其他同类企业，累计申请各类专利达30余项。针对渔船的发电机、发电机组和各种船用电动机的使用环境的电气性能进行深入研究和探索，依据所积累的丰富的实验数据及经验进行产品创新，成为全国首家生产适合海洋作业的全封闭IP44等级的FTWH.CB-HZ系列无刷发电机的企业：自主研发的全封闭型发电机通过了中国船舶重工集团公司704研究所组织的耐潮试验及电性能测试；通过了GB/T19001-2016质量管理体系认证，同时，根据渔船作业特点研发出Y80-355H各种型号的船用电动机。企业及产品均通过了中华人民共和国渔业船舶检验局的检验，获得了资质认可证书。产品性能稳定，运行可靠，质量上乘，适用渔船、冷藏集装箱车，还可应用于其他室外作业，能轻松地应对各种恶劣极端的天气环境，产品畅销全国各沿海地区，深受广大客户的青睐。

目前，滕红军正带领他的研发团队，瞄准广阔的海洋产业领域，以创新的理念、卓越的品质、优良的服务和团结拼搏的精神，致力创新服务手段开疆拓土，并成为辽宁省渔船渔港行业协会的会员单位。相信随着他的全心投入，由他创造的“专有技术 + 专业推广”的模式会得到更多人的认可和追捧，他将演绎创富的更精彩的华章。

（采访时间：2017 年 4 月）

“鹤”鸣于兹天地宽

——记荣成市虎山镇北隋家村青年隋鹤鸣

□ 赛绪强 王佳卉

年纪轻轻的隋鹤鸣怀揣创业梦想，涉足多个行业，却屡遭失败。但几经磨练，他在养猪行业崭露头角，成为现代化养猪业的“带头人”，并以创新进取、敢闯敢干的精神和劲头，在创业路上砥砺向前。

“累并快乐着”，用这句话来形容隋鹤鸣的工作状态，再恰当不过了。

凌晨三四时，人们还沉睡在梦乡。然而，荣成市虎山镇北隋家村的隋鹤鸣却伴随着公鸡的一声声长鸣，在夹杂着的犬吠声中，开始了新的一天。

隋鹤鸣每天第一件事是清理猪舍，一晚上的时间猪们就要留下大量“作业”。两个多小时后，隋鹤鸣从猪舍出来，清扫工作完成。冲了澡，吃了饭，早上八九时，他一脸阳光、干净利索地出现在村委会办公室，开始了他的第二项工作。

隋鹤鸣还是村里的会计，管着组、宣、民、调等大大小小的事，上面千条线，到了村里，就他这一根“针”了。村子很小，不到200户，但“麻雀虽小，五脏俱全”。忙完了村里的事务后，他便开着车赶往镇政府办公事。办完事就到晌午了。他又急匆匆地往村里赶，把每个猪舍巡查一番，没有异常，他那颗悬着的心才算落了地。如果有时间，下午他就要忙着制作饲料了，把玉米磨成粉状后，还要掺上骨粉、鱼粉等配料，忙活大半天，才够猪们吃3天。他饲养了40头母猪，生猪存栏800多头，年出肥猪500多头，一天要吃掉不少饲料。

还不止这些，隋鹤鸣还饲养了5只羊，种着20多亩地，说他是北隋家村最忙的人，一点儿都不夸张。这么大的“家业”，隋鹤鸣却干得游刃有余，一个帮手都不找，一个零工都不用，他父母想帮忙，都插不上手。里里外外，所有的活儿，都是他一个人干。

每天都在重复着同样的事情，每天都在享受新的阳光。人们惊讶于他的能干，佩服他的勤奋。这时，他总是淡淡一笑：“累不坏，我还年轻。”

的确是年轻。隋鹤鸣才36岁，却有着9年的养猪史。

父母可不愿意隋鹤鸣这样辛苦。21岁那年，隋鹤鸣从威海技校毕业，父亲帮他在一家电子厂找了一份工作，希望他就此留在威海。怎奈隋鹤鸣却不“安分”，每天10多个小时的劳动时间，每月的薪水仅够自己花费，买房、结婚都成了水中月、镜中花，而哪能一切都指望父母的积蓄。干了两年，隋鹤鸣不等父母同意便跳槽了，新工作是做立邦漆销售工作。由于业绩好，没过多久，老板就让他独当一面，把一家店铺交给他经营。经营了一段时间后，隋鹤鸣那颗“不安分”的心又躁动起来，给别人打工做得再好也不如自己创业。经过市场调研，隋鹤鸣萌发了开蛋糕店的想法。威海市区的店面贵，租不起，他就想回荣成发展。父母犹豫了很久，还是给了隋鹤鸣5万元，蛋糕店终于开业了。

等到进入这一行，隋鹤鸣才知道竞争的残酷。没有技术，可以向人请教，摸索改进；没有人脉，可不是一朝一夕的事。结果，蛋糕质量不比别人差，价格不比别人高，位置不比别人偏僻，父母也没少帮忙，可蛋糕店就是兴旺不起来，而且生意一天不如一天。隋鹤鸣束手无策，不知道今后的路该怎么走。

在家千般好，出门万事难。隋鹤鸣接连碰几次壁，终于体会到创业的艰难。见此情景，父亲坚持要他回工厂工作，挣得虽少，但工作稳定，对象也好找，只要父子俩共同努力，在城里买房不成问题。但隋鹤鸣不同意，他不想啃老，不想让父母为自己吃太多的苦。

蛋糕店关门后，父母的投资瞬间化为泡影。隋鹤鸣情绪低落，整天唉声叹气，父母看着也暗暗着急。偶然的一天，隋鹤鸣在客车上遇到了老同学，说起眼前的迷茫，同学说：“为什么不和你爹一起养猪呢？”

一语点醒梦中人。隋鹤鸣的父亲隋道威养猪多年，但属于传统养殖，小富即安，算不上成功人士。隋鹤鸣决定回村养猪，走一条不同于父亲的养猪之路。

不出所料，父母坚决不同意。一来养猪太累、太脏；二来隋鹤鸣还没有对象，回村后，对象更难找；三来年轻人总该出去闯一闯，隋鹤鸣敢做“第一个吃螃蟹的人”，父母却丢不起这个人。

隋鹤鸣的父亲隋道威即将进入花甲之年，时常有力不从心之感，交班给儿子，不失为明智之举。斟酌再三，他妥协了，对儿子说：“回来养猪可以，但要在结婚以后。”隋鹤鸣明白父亲的言外之意，对父亲说：“你们尽管放心，我打不了光棍。只要肯吃苦，能把猪养好，不愁挣不到钱，不愁没有喜欢咱的女孩子。”

隋鹤鸣接手猪场后就开始大把大把地花钱。通自来水、上投料机，能用机械的地方，绝不靠人工；按照环保要求建污水池，把猪尿集中起来。池子满了，就有专人拉去肥田。现代化就是好，隋道威养10头母猪的时候，两口子忙得团团转，隋鹤鸣养20头母猪时还是半忙半闲。给仔猪阉割是累活，抓住仔猪后，一个人按着，一个人负责做“手术”。隋鹤鸣到网上一查，过了3天，用于阉割仔猪的手术平台，快递就给送来了。有了它，一个人就包办了一切。在这以后，隋道威就更帮不上忙了。

隋鹤鸣第一次卖肥猪，猪贩子以为他是帮父亲卖猪的，说猪是他养的，贩子怎么都不信。猪贩子上下打量了隋鹤鸣一番：二十五六岁，戴着一副近视眼镜，一身书卷气，皮肤白皙，衣着入时，精干又帅气。他硬是不相信，甚至和隋道威打赌，他走南闯北这么多年，从来没有看走眼。这次，真是看走眼了。

无师自通，隋鹤鸣的养猪事业终于走上了正轨。很快，他便成了村里的养猪能手。不管哪个环节，隋道威都挑不出毛病，而且猪场一天一个样，他服了，“青出于蓝而胜于蓝”，自己就安心退居二线吧。

养猪的第二年，隋鹤鸣的同学来电话，要他到威海相亲。女方是开服装店的，德州人。隋鹤鸣不抱多大希望，但还是去了，没想到两人还真对上了眼。女方父母前来拜访把关，见隋鹤鸣一家忠厚善良，姑娘没有看错人，什么彩礼都不要，让女儿把威海的店铺一关，姑娘就嫁到了北隋家村。

第二年，隋鹤鸣的女儿出世了，事业也蒸蒸日上。不论是猪场的规模、设施，还是养猪的收入，都“鸟枪换炮”，今非昔比。成功的背后是付出，岳父远在德州，两口子两年才能回去一次。岳父很开明，叮嘱他们：“你们不用考虑我们，要以事业为重，那些‘张口兽’，一刻也离不开人。我们还不老，还没到需要你们侍奉的时候。”近几年，隋鹤鸣有了私家车，去德州才频了一些。

隋鹤鸣是北隋家村唯一回村创业的大学生。村里空壳化、老龄化严重，找个会计都难。隋鹤鸣本想安心养猪，不管其他杂事，但给村里做点事的想法渐渐占了上风。回村第3年，他担任起了村里的会计。不干则已，干就要干好。村子又小又穷，领导班子只有3人，年纪偏大，知识也跟不上去，平时还要出去打工，隋鹤鸣除了妇女方面的工作，几乎把所有村“两委”的工作都接了过来。没有资金，就拿自己的钱先垫上，维持着村“两委”工作的正常运转。这两年，村里积极响应“创城”号召，可是村里不仅没钱，零工也不好找，他就动员自己的父母出来干。有一次，活儿多，回来晚了，有两头猪因打架被咬死。隋鹤鸣心痛不已，再也不敢粗心大意了。

这些年，村里的“杂事”消耗了隋鹤鸣很多精力，并且给他的经济造成了一定损失。惋惜之余，他并不后悔，帮助别人，快乐自己，能为村里尽力，也是他的光荣。2016年，他入了党，这既是乡亲们对他付出的认可，也是乡亲们对他的期望。

隋鹤鸣总是忙而不乱、游刃有余

隋鹤鸣养猪，并非一路坦途。猪舍里一头公猪太老，他舍不得更换，结果因小失大，导致2017年母猪产仔率低，很多养不活、长不大，存栏量低，别的养猪户是“大年”，他则是“小年”。

隋鹤鸣认准了养猪事业。随着政府治理污染力度的加大，一些养殖户面临关停并转，这个行当的门槛会越来越高；但对部分养殖户来说，则是商机，更是福音。下一步，他准备对猪舍逐步进行升级改造，进一步扩大养殖规模，在未来的市场竞争中，分得更大块的“蛋糕”。

2016 年，隋鹤鸣栽种了 1 亩地稀有品种——深秋红晚蜜桃，不为增加收入，只想为乡亲们找条致富路。

隋鹤鸣还想建一个沼气池，建一个温室大棚，利用猪尿和沼液，种植环保蔬菜。他说：“只要你有一颗善于联想的大脑和一双善于发现的眼睛，农村到处都是创业机会。”

富裕后的隋鹤鸣，本可以过得“潇洒自在”，雇几名工人，把脏活累活一推，就有了大把的时间，在酒桌上开怀畅饮，在风景区里流连忘返。面对这样的诱惑，隋鹤鸣始终警醒自己：“做人要低调，干事业要投入，创业过程中有苦也有乐，其中的累不也是一种享受吗？”

（采访时间：2017 年 5 月）

为梦想再起航

□杨 青 于佳佳 于荃

三年前，于水芹辞去工作，投身建材行业，几年的摸爬滚打让她从一位专职财会人员转变为建材行业的“奇女子”，闯出一片新天地。为了亲人，为了员工，于水芹用智慧和责任构筑着自己的“梦想大厦”。

在见到于水芹之前，记者也听闻过她的故事：“毅然辞职，帮助哥哥摆脱公司困境”“建材行业‘奇女子’”“爱心捐助，回馈社会”，等等。这星星点点的信息，让记者对这位“奇女子”产生了强烈的好奇心。日前，一个阳光的午后，记者走进位于荣成市夏庄镇的宏丰建材有限公司，探寻“奇迹”背后的故事。

亲人有难 鼎力相助

初见于水芹，与记者的想象不同，她没有岁月洗礼后的憔悴，反而妆容精致，干练利落，正忙着收拾新的办公室，做事雷厉风行是于水芹给记者的第一印象。

自2005年起，于水芹在医院从事会计工作。“当时的工作相对轻松，且假期比较多，隔三差五我就和家人、朋友一起郊游、旅行。”工作轻松、生活惬意，于水芹当时十分满意这样的状态。

2014年，哥哥的一通电话彻底改变了于水芹的生活轨迹。由于资金周转不灵，哥哥经营的宏丰建材有限公司缺乏足够的资金维持生产，情况十分危急，急需一个经验丰富的人来打理公司账务。哥哥第一时间就想到了于水芹，既从事过多年会计工作又是亲人，能够放心地将公司财务交由她打理。“当时接到电话心里很矛盾，第一反应是一定要帮助哥哥，但是一想到这么大一个公司的账目，心里又犯怵。没想到的是家里人也特别希望我能帮助哥哥，这让我十分感动。”亲人遇到困境，于水芹怎能袖手旁观？于是，她毅然辞职，决定尽己之力帮助哥哥、帮助公司走出困境。

用心做事　另辟天地

刚到公司时，公司账面上只有30多万元。“当时感觉30多万元还挺多的，应该能撑一阵子，可没想到第二天要购买水泥，账面上的钱一下子全花光了，而且30万元的水泥也撑不了几天的生产。”没有资金维持运转，不仅影响公司生产，在最困难的时候，甚至连工人们的工资都成问题。“以前是做好自己的本职工作就可以了，现在不仅要为公司发展谋划，更要对员工负责。这么多年，公司的每一步成长都是靠这些兄弟姐妹们的努力和支持，宁可自己吃亏，也绝不能亏了兄弟姐妹们。”有好几次于水芹都是自己从家里拿钱用来给工人们发工资，家里钱不够了就去亲戚、朋友家借，想方设法保证员工们的工资按时足数发放，至今没有拖欠过一次工资。

但是，这样“拆东墙补西墙”的方式让于水芹有些吃不消，而且购买原料、设备需要大笔资金，这让于水芹着实犯了难。没有办法，于水芹只能硬着头皮联系客户，要回外欠款。“虽然说自己不是个内向的人，但是和客户打交道要回外欠款还是头一遭。夜里翻来覆去睡不着，既要担心公司资金运转问题，又要想着该如何同客户打交道。”诚信不仅是企业生存之道，更是做人的根本。没有花言巧语，于水芹凭着一颗真诚的心挨个客户登门拜访，一次不行就两次，两次不行就三次，于水芹的真诚与执着，不仅感动了客户也感动了员工。“资金的回笼不只是靠我和我哥的努力，还有这么多情同手足的兄弟姐妹，他们为了公司，纷纷出去帮我们讨要外债，有的员工拿着要回的欠款来找我，那股高兴劲儿让我鼻子发酸，特想哭。”就这样，靠着大家伙儿的努力，断掉的资金链重新连接起来，公司终于恢复正常运转。

“做建材生意需要大量的原材料和大型机器，投入的资金必然数额巨大，有时我们一次性就要买400万元的水泥，并且受经济运行压力影响，互相欠账是很正常的事情，但只要我们资金运转出现困难，许多客户都会伸出援助之手，帮助我们渡过难关。靠的是什么？就是这份真诚、真心。有人说商场如战场，我不这样认为，做生意也要讲感情，也要讲良心。”于水芹的眼睛闪闪发光。

终获硕果　回馈社会

经过 3 年的发展，公司由原来的占地 100 亩、员工 60 余人的混凝土生产工厂发展为现在占地 180 亩、员工 100 余人的集采石场、搅拌站以及办公大楼于一体的全新的宏丰建材有限公司。公司生产的混凝土主要用于房地产建筑方面，在荣成具有极高的市场占有率。于水芹也由一名专职财会人员，成为宏丰建材有限公司副总经理，主要管理包括公司财务、项目运作、人员管理等内部事务。“以前，我什么也不懂，就知道怎么算好手里的几本账，对公司的管理一是靠自己一点点摸索，二是靠哥哥的帮助和指点，而对混凝土的了解则是自己跑生产基地和建筑工地练出来的，一天下来，整个人灰头土脸的全是泥，但是干一行就要精一行！”的确，记者在和于水芹的交谈中发现，她对混凝土生产中的专业术语和注意事项可谓了如指掌。

于水芹认真地查看账目记录

“现在公司发展得越来越好，也有朋友劝我别干了，太累了。虽说以前步入建材行业是没办法必须要干，但现在与建材接触时间长了，反倒觉得越干越有意思，况且和这么多员工在一起工作，他们的每一个笑容、每一句贴心窝子的话，对我们来说都是一种动力。”于水芹笑着说。

同样，于水芹所做的一切也温暖着周边村庄的每一位村民。逢年过节，宏丰建材都会拿出几万元为夏庄镇河北崖村、二胪村的村民发放福利，并为夏庄镇石硼闫家村大集修路免费提供建材。

“遇到再难再苦的事，也要保持积极乐观的心态，现在公司规模不断扩大，员工数量也不断增加，在欣喜多年努力没有白费的同时，自己肩上的担子也更重了。我一直坚信，只要用心就没有攻不下的堡垒。在我们兄妹俩的带领下，公司能够稳步发展、员工满意幸福就是我最大的梦想。”于水芹说。

（采访时间：2017 年 5 月）

爱拼敢赢谱新篇

——记荣成中康医院院长戴建新

□ 赵世喜 张世松 于佳佳

戴建新，荣成中康医院院长。他虽不是医学专业出身，却用善良和爱温暖着康复中心的患者。他创办医院，只为让更多的人恢复健康，让更多的患者看到希望。

商海浮沉二十余载，荣成市政协委员戴建新凭着坚定的意志、超人的胆识和闽商的睿智，在黄海之滨书写着医疗产业经营的成就与辉煌：让荣成医界因外来民间资本的注入和新业态的引入，而填补了荣成康复医疗领域的一项空白，让荣成医界、商界流动着闽商精神的元素。

爱拼才会赢

不经历风雨，怎能见彩虹？

要想取得辉煌的成就，必须付出比常人更多的努力和劳动！

经过数次相约，日前，戴建新终于挤出了一点时间，仔细地梳理着自己的创业经历。于娓娓叙述中，记者体验着他创业的艰辛。

2014 年，荣成市残联有关领导找到戴建新，想让他承担起荣成残疾人康复事业的重任，建立荣成残联康复中心（中康医院）。其时，他正为让所运营的几家医院进入良性循环而废寝忘食，因此，在反复掂量、权衡这副担子的分量后，戴建新陷入了深深的思考……于新的医疗领域中，在权衡人才等诸多要素保障后，他沉默了。直到市政府一位领导同志出面做工作，面对重托，戴建新开始梳理自己的创业历程，寻找着拼搏的突破口。

戴建新祖籍福建，福建人大都心胸宽阔，敢于闯荡，豪爽大气，富有开拓进取、创新创业精神。耳濡目染之下，戴建新举手投足间都显露出厚重与豪放的气息。这位“70后”创业者，抓住改革开放的难得机遇，十五六岁就在家乡开办了“阿建汽修厂”。企业规模不大，他既当厂长，又当修理工，泥里水里的摸爬滚打，一身汗、一身油，埋头苦干，很快就打开了市场，赚得了人生的“第一桶金”。

也许是过度的劳累和超常的付出，1999年，戴建新在因腰椎间盘突出做了一次大手术后，转让了汽修厂，第一次离开了生他养他的故乡，怀揣着新的创业梦想，由东海之滨踏入了黄土高原。在西安，他与姐夫一起租赁商场的柜台，从事皮具经营。时年22岁的他，目光敏锐，头脑灵活，只要发现一丝商机，他就全身心地投入，以优质平价吸引用户，生意做得越来越红火。当年，全国首次实行“五一”“十一”和春节3个“黄金周”，引爆了巨大的消费浪潮，在古都西安从事皮具经营的戴建新更是赚得盆满钵盈。每个黄金周，一天的营业额都超过万元。火爆的经营局面，使他按捺不住将事业做大的激情。2003年4月17日，他拿出全部的积蓄，与商场签订了21个摊位的租赁合同，准备甩开膀子大干一番。

天有不测风云。正当戴建新蓄势加能，信心百倍地准备刷新自己的创业纪录时，一场波及全国的“非典”疫情开始在神州大地上肆虐。2003年4月19日，西安发现了第一例“非典”患者，西安被划为疫区，启动了疫区应急预案，原本车水马龙的城市因“非典”的肆虐而归于沉寂，商旅不兴，红火难再。戴建新租赁的21个摊位开始入不敷出，出现亏损。

2003年7月14日，这个本来十分平常的日子却让戴建新刻骨铭心，终生难忘！

就在这一天，戴建新与商场解除了租赁合同，将全体员工集合起来，清算了所有的债务，向员工发放工资，原来想做大的买卖因为“非典”的不期而至，成为戴建新创业路上的“滑铁卢”，他的事业就此黯然收场。当时，员工们都知道戴建新创业的不易，知道他血本无归的结局，大家纷纷表示不想结算工资，只想要与他一道风雨同舟、东山再起。但是好强的戴建新还是满怀感激，坚决一分不少地把工资发到员工手中。随后，他靠借来的路费回到了老家。

一时失落不能哀叹，一时落魄绝不胆寒。虽然不是衣锦还乡，但回到了老家的戴建新没有因生意的失败而一蹶不振、怨天尤人。他如受伤的猛虎般独踞一隅，静静地舔舐自己的伤口，蓄势待发。回到家乡不久，他就振作精神开始了新的打工生涯，在同学经营的超市中负责送粮送米。此刻，他顾不得曾经做过手术的身体，25 公斤重的米袋从一楼扛到八楼，不惜气力。在同学的超市中免费打工两个月后，戴建新和妻子一起开起了自己的米店。几个月后，米店经营刚刚走上正轨，戴建新就接受朋友的邀请，于 2004 年初远赴宁夏银川，开始在一家民营医院——银川博爱医院从事后勤管理工作。一年后，带着医院工作实践心得，戴建新辞职了，他要走向全国寻找自己的经营空间。2005 年下半年，他进入银川的华夏医院，担任了医院的中层管理干部。2006 年底，他抓住地方医疗体制改革的机遇，牵头承包了一个医疗科室，他的开拓经营，很快就在银川打开了局面。戴建新将自己学到的管理、经营经验全部用于实践，并与闽商踏遍千山万水、吃尽千辛万苦、说尽千言万语、历经千难万险的“四千四万”拼搏精神有机融合，所从事的医疗服务事业越来越红火。历练让他感到羽翼丰满，他决定到沿海地区开拓属于自己的一片天地。

2008 年“汶川地震”发生后，戴建新离开大西北，来到黄海一隅的荣成考察。在朋友的协助下，他在荣成考察了很长时间，起初他认为荣成地理位置不占优势，市场容量小，想另择市场，但是在与当地人接触中，他切实感受到荣成人的质朴与真诚，为荣成人热情周到、明礼诚信的处事风格所感染，最终他决定落脚荣成，组织人马经营起了一家民办医院。历经几年的艰苦创业，医院经营终于走上了正轨。现在，市里又将残疾人康复的重任委托于他，面对重任、信任，经历了一番市场调研的戴建新，心里有了底，凭着敢为人先的胆识，他接下了这副重担。

求精以致远

作为闽商的一员，戴建新通过多年来亲身经历与实践，认同着这样的闽商形象：似古榕苍苍——傍山为伍，依水为盟；结缘而至，随遇而安；虚怀成厦，缀叶成冠；长髯扎地，复为新桩；根若潜龙，四处延伸；相与盘错，互为支撑；大巧若拙，至诚如神；团团如盖，垂荫一方。

2015年9月9日，中康医院经荣成市卫生和计划生育局批准获得医疗机构执业许可资质，正式挂牌投入运营，建筑面积1万多平方米，由荣成市残联主管，是以康复为特色，集康复、治疗、中医养生保健于一体的现代化综合性医院。身为投资人和管理者的戴建新，在全面审视自身医疗服务模式后，给自己和员工确立了如下的宏伟愿景：在时代发展的脉动中，中康医院将秉持“快乐康复，回归幸福”的理念，努力实现“打造区域康复医疗中心”的目标，用紧跟科技前沿的技术、至诚至真的服务和温暖悉心的关怀，帮助患有自闭症的孩子向美好明天扬帆远航，帮助那些残疾人恢复健康，开启新的生活。他淡定地看待自身发展中所遇到的各种困难，兵来将挡、水来土掩，逢山开路、遇水架桥，书写新的传奇。

戴建新与员工探讨自闭症儿童康复治疗技术

政策出台，资本涌动，但民营医院发展仍有不小阻力。“最缺的还是人才！”说起瓶颈，戴建新感触颇深：病人是跟着好医生走的。人才难引、梯队难建是民营医院的最大困难。在公立医院有编制、“铁饭碗”稳定、有更多的培训进修机会、可以评聘职称、更易申请科研经费、名誉地位都优于民营医院的情况下，戴建新注重反弹琵琶，把引进人才的目光聚焦于“一老一少”上，即退休专家和新毕业的医学生，善做“借才兴业”的文章。中康医院很快汇集了一批资深的医疗专家，他们在不同领域都术业有专攻，且声名远播，保证了中康医院能够按现代化医院模式运作。目前，医院设置成人康复科、儿童康复科、内科、外科、中医科、针灸推拿理疗科，与中国康复研究中心（北京博爱医院）、山东省立医院、山东大学齐鲁医院、威海市立医院长期合作，专家定期到中康医院坐诊、授课、指导业务。戴建新紧紧追踪医学前沿技术，累计投入3000多万元购入最新高科技医疗设备，如动态DR、彩超、全自动生化分析仪、麻醉呼吸机、中心供氧负压吸引系统、中心监护系统等。成人康复大厅及理疗室设施设备齐全，配备国内领先水平的康复器材30余套。在五楼、六楼开展儿童脑瘫、自闭症业务，是威海市唯一采用教育与医疗并重进行康复治疗和唯一应用高端教育模式进行孤独症儿童康复治疗的专业机构。医院还开设了中医康复等特色科室。在此基础上，戴建新又争取与全国多家知名医疗机构建立紧密的合作关系，内外兼修组建起强大的专家网络，定期邀请北京、广州、济南、青岛等地的医疗专家来院开展学术交流、指导临床实践，开发出了独有、成熟的治疗技术，赢得了社会的认可。

只有大力推动民营医疗事业发展，才能使医疗资源在短时间内得到迅速增长，满足百姓需求。戴建新知道，赢得信赖需先练内功。提起民营医院，很多人脑海里会蹦出“虚假广告”“谎称病情”“高额费用”之类负面印象。戴建新认为，对于民营医院而言，在用好政策优势的同时，更要练好“内功”，利用自身灵活、高效等优势，与公立医院进行差异化竞争，为群众提供多元优质的医疗服务，以日久见人心的口碑，来获得群众的信任和支持。

为提高服务质量，给患者创造良好的就医环境，戴建新将5S管理引入医院运营全过程，对各科室进行全面的绩效管理和强化考核。通过引入5S管理，科室的运行压力减小了，物资管理更加合理，临床护士的工作效率、科室的形象和满意度均得到了提高。同时，他十分重视强化医德建设，确立了“用心倾听，细心诊断，耐心解答，精心治疗，热心服务，衷心祝福”为主要内容的“六心”服务理念，推行了“全程导医服务”“一医一患一诊室”等系列措施，力求让服务品质成为中康医院的一大特色。

中康医院属于特色康复医院，除了需要大量的硬件投入外，戴建新懂得“病人跟着医生走”的道理。针对本院医护人员只有38人，且年轻人多，又远离大中城市，留人的难度要大于其他同类医院的特点，在推行制度化管理的同时，舍得为年轻人成长创造良好条件，除直接到全国高校招收专业高技术人才外，还与哈尔滨理工大学、佳木斯大学联姻合作，定期选送专业人员到北京、上海、青岛等专业性康复机构顶岗学习、在岗研讨，努力提升其技术水平。近年来，医院用于员工培训的投入近百万元。人性化的管理，极大地激发了医务人员服务患者的热情，让病人踏进中康医院如沐春风。“这些年来，我们去过青岛等地的专业康复医院，每月的花费都至少在万元以上。在我绝望无助时，是中康医院给了我帮助和安慰。他们主动为我们提供免费的康复服务，用过硬的技术及时帮我们坚定信心，这让家庭条件并不宽裕的我内心非常感激。是这里让我感受到了医者仁心，享受到了亲人般的温暖呵护。”患者这样评价中康医院。在成人康复室中有一位63岁的患者，曾经瘫痪在床，在戴建新走访中，他泪流满面，对未来感到绝望。入住中康医疗治疗一年后，他已经能够拄着双拐行动，重拾对未来生活的信心。现在，中康医院长期成人康复患者达到了40多人。

仁心惠滨城

出则兼济天下，归则反哺桑梓。

这是闽商致力社会公益的不变情怀！

在中康医院经营管理步入正轨后，戴建新注重学前贤垂范，效侨领陈嘉庚，坚持弘扬“医者仁心”的理念，以行善积德不能等的紧迫感，致力于关爱社会、关注健康，做到公益事业勠力相帮、道义同担，追求“好雨知时，润物无声；乡情如醪，和谐长安”的惠民效果。

中康医院先后各设立了20万元的益成慈善基金和中康慈善基金，多次组织举办了助残捐赠、下乡服务等多项公益性活动，获得了“中国全民健康扶贫工程协作医院”的称号。患者在中康医院除了享受免费康复政策外，戴建新还给予餐费补贴，让每一位康复者感受到温暖和关爱。

世界上有一种力量，看不见，听不着，却能深深地打动每一个人的心，让这个世界变得温暖，这就是爱！为放大“医者仁心”的正能量，戴建新还急人之所急、帮人之所需，让每一个遇到生活难题的人从容地渡过难关。对于自闭症、脑瘫和脑血管疾病后遗症，都有最佳治疗期，早发现，就能早受益。承担起专业康复业务之后，戴建新针对国家近年来重视自闭症、脑瘫以及成年人康复工作的实际，注意洞悉家长的心理，采取加强宣传、组织参观等直观方式，让患者和患者家属及时认清康复的最佳“窗口期”，做到早发现、早治疗、早日回归社会。为此，他在世界孤独症日开放医院，投入大量资金印制各类宣传品，引导患者家长放下精神包袱，以确保精准康复。为提高康复效果，他还利用政协委员身份提交提案，希望推动大数据共享，此举得到了省残联有关领导的支持，全国残联还在荣成举行了现场会。谈到精准康复，戴建新还决定引进福州一家大学研制的卡通康复机器人，通过人工信息互通，做到24小时跟踪了解脑瘫患者的信息反应，掌握日常发病规律，对症治疗，提高康复效果。

“其实，我只是做了自己应该做的事情。以后，中康医院还将开展更多的爱心公益活动，积极参与社会公益事业，服务患者、回报社会。”这是戴建新发自内心的表达，话虽朴实无华却让人倍感温馨。

闻涛声而血沸，望旗语倍兼程。站在医疗宏观的角度上看，戴建新将以资本为船、文化为帆，走品牌路线，通过一次次脱胎换骨的蜕变或变革，不断增强自身实力，打造不可复制的核心竞争优势，为现行的医疗改革增添一道独特的风景线。

（采访时间：2017年5月）

胸怀·脚步·阳光

——记荣成市虎山镇泰福酒家经理胡晓辉

□ 赛绪强

十几年前的一场车祸，让胡晓辉从幸福美好的生活中掉入“万丈深渊”。命运的不公，没有击垮他不屈的灵魂。身残志坚的他，怀着对生命的渴望，对美好生活的向往，挑战身体极限，在创业路上奋力前行。

常年“金鸡独立”式地站立在灶台前，每天劳累奔波十四五个小时……4年前，胡晓辉的那条好腿就开始酸疼肿胀，一按一个坑，不久便发展到髋部。胡晓辉说，以前，晚上睡一觉，肿胀疼痛基本消失，现在早晨醒来，那种肿胀疼痛只是稍稍减轻了一些而已。

这是身体给自己亮出的“红灯”，胡晓辉知道这意味着什么。他需要休息，他不适合再干厨师了，可他的女儿2017年就要参加高考，这意味着他至少还要再干4年。

胡晓辉已47岁，有一只脚被截去，残疾证上写着肢残4级。胡晓辉在虎山镇黄山村村北路东开餐馆已经9年了。在这9年里，他既是厨师，又是老板，还是采购员。没有星期天，没有节假日，甚至没有时间养病。

是什么信念在支撑着他？日前，笔者对胡晓辉进行了采访。

27岁时的胡晓辉刚结婚，在烟台一家运输公司干船员，干得不错，薪水可观，用不了多久，就能在烟台买楼安家了。转过年，他又喜获一个可爱的女儿，他感到太阳每天都是新的，他是这个世界最幸福的人。

可是，天有不测风云。在胡晓辉29岁、他女儿生日的前一天，他从烟台往回赶，快到家时，不幸发生了车祸。

一觉醒来，胡晓辉发现自己少了一只脚，瞬间从“天堂”跌入“地狱”。他怎么也不相信这是真的。躺在病床上，读着天花板这“无字的天书”，感到一片迷茫。船员不能当了，薪水没有了，今后的路怎么走？他一遍一遍地问自己。靠妻子来养活自己和孩子吗？不行，就算少了一只脚，自己也是一个男人，他要工作，要养家，要尽丈夫的义务，要尽父亲的责任，要尽儿子的孝道。可是，他今后的路又在哪里呢？

这次车祸，客运公司给予了合理的补偿，但支付了各项费用后，已所剩无几。他所在的虎山镇东庄村不足百户，藏在山沟里，在这里他几乎什么都做不了。他决定走出去，于是，他花了1万多元，在原黄山镇黄山村购买了一栋90平方米的商住房，开办商店。

胡晓辉的这次投资并不成功。黄山村主公路南北仅长300多米，道路两旁卖日用百货的却有10余家，他中途挤进来，没有特色，不占地利，本钱又少，生意惨淡可想而知。商店勉强坚持了3年，关门是早晚的事了，就在这时，他以前的船员朋友来看他，见他处境艰难，就把他的情况告诉了老板，老板让他重新干他的老本行，跑不了国际远洋就跑国内航线。

重新回到船上，不只有了一份安身立命的工作，更体会到人世间最珍贵的友情，胡晓辉准备用加倍的努力来回报这份情谊。可他慢慢发现，可能是怜悯，也可能是救助，他的活儿同事们都抢着干，他越来越被“边缘化”。胡晓辉心里不是滋味，他需要自尊而不是怜悯，他需要帮助而不是施舍。他的那条残腿不争气，常常碍事，他和妻子商量，自己早就不适合干船员了，还是早点离开为好。于是，在船上干满了三年，他谢绝了同事们的挽留，毅然绝然地返回家乡。

经过这三年时间的历练，胡晓辉成熟了很多，决定重新给自己定位，找一条适合自己的生存之道。他发现，黄山街的饭店不算多，口味好且适合普通老百姓消费的餐馆几乎没有，他想在这方面试试，而且这不需要太大的投资，只需把商住房稍加改造即成。与妻子商量，意见并不统一。妻子认为，开餐馆是个累人的活，正常人都吃不消，哪是残疾人能干的？胡晓辉连饭都不会做，开饭馆只能请厨师，怕是连厨师的工资都付不起。

这边深思熟虑，那边认定不行，谁也说服不了谁。可是不开餐馆干什么？

妻子也无计可施，觉得让他碰碰“南墙”也好。妻子不肯撂下在崖头的工作，怕餐馆半途关门。于是，经过一年的准备，夫妻俩“兵分两路”，一个在崖头工作，一个在黄山忙活，胡晓辉开始了第二次创业。

胡晓辉正忙着为顾客做菜

大盘子大碗，薄利多销，口味好，胡晓辉的“大众餐馆”开张没多久，居然好评如潮，天天满座。他接待的大多是回头客，现金支付，没有欠账，也没有催账的烦恼，资金回笼快，生意比预想的要好很多。

初战告捷，妻子还不相信，因为很多新开的饭店红火几个月就关门倒闭，丈夫会不会也是这样的结局？为了保险起见，她决定还是不辞掉工作，下班了就回来帮一把。只是难为了胡晓辉，起早贪黑，一个人干好几个人的活儿。年底结账，胡晓辉挣的居然是妻子的好几倍。这下妻子服了，她辞掉工作，决定和胡晓辉一起创业。

小本经营，要处处精打细算，而雇用厨师是一笔不小的开支。雇用厨师干了两年，胡晓辉认为自己的厨艺学得差不多了，就决定辞退厨师自己干。第一次站灶台，居然有些紧张，不是忘了放盐，就是忘了放味精、放辣椒，想起来，他马上给客人道歉，端回来重做，并额外送菜。有时，不合客人的口味，他马上按客人的要求重做。最后，这些人都成了他的回头客，他的餐馆比以前更红火了。

餐馆后面是一处废旧的仓库，胡晓辉花了 10 万元买了下来，又贷款

10 万元进行装修，增加了 350 平方米的使用面积，再也不用为客满犯愁了。

鸟枪换炮，餐馆能一次承接 10 多桌酒宴，装备设施也丝毫不输街上的其他饭店。胡晓辉把店名改成了“泰福酒家”，他要告诉人们，他的“大众餐馆”长大了。

开饭馆很辛苦，每天早晨 5 时，胡晓辉要租车赶到崖头菜市场，尽可能多地备足几天需用的蔬菜，回来早饭也顾不得吃，又要赶集，买一些海鲜、肉食品等食材。由于餐馆规模扩大，食材的需求量也随之增加，他决定联合周边几家饭店，改用专车配送，终于可以不像以前那么紧张了。食材备齐后，他胡乱填饱肚子，开始杀鱼、炖排骨……稍事休息，等到 11 时 30 分左右，陆续有顾客光顾，一天的生意高峰就开始了。晚上送走最后一个顾客，关门打烊，等把餐馆收拾好了，也过了晚上 9 点了，夫妻俩累得快上不去炕了。什么电视剧，什么歌曲小品，统统不看，抓紧时间休息，因为明天或许比今天更忙。

劳力、劳心，纵然是铁打的，也有生锈的时候。胡晓辉怕生病，生了病也都是硬撑着，有两次，他顶不住了，到人和卫生院打完吊瓶就往回赶，家中大大小小的事儿都得靠他呢，他住得起院，但耽误不起工夫。近几年，他的腿、髋部开始肿胀疼痛，他坚持不去看医生，他怕医生留他住院，他要坚持到女儿大学毕业。

女儿是胡晓辉的骄傲。9 年前，刚开餐馆时，女儿上小学，2017 年就要参加高考了。父亲的自尊、自强、自立，给女儿提供了充足的正能量，胡晓辉是女儿心中的“英雄”。女儿处处以父亲为榜样，在学校勤奋读书，回家抢着端盘子、刷碗，热情开朗，品学兼优。反过来，女儿也是父亲的动力源泉，胡晓辉一想起女儿、一看到女儿，所有的劳累、所有的付出，都变成甜蜜、变成幸福。

胡晓辉把参加残疾人公益活动看成是给自己的心灵放假。2016 年，威海市残联在市府广场举办“同样的生命，同样的精彩”晚会，五音不全的他也积极报名参加。胡晓辉和演出伙伴们找人编写了一段三句半，演出那天，他胸前挂着鼓，一瘸一拐地走在前面，身后是三个坐着轮椅的重度残疾人，还没开口，台下先是一片掌声。头一次站在这么大的舞台上，头一次面对这么多的观众，他紧张得差点忘词，但他体会到了做人的尊严，他看到了人性的美好，他获得了理解和尊重。当他走下舞台时，脸上湿漉漉的，分不清是汗水还是泪水。

残疾人可以活得顶天立地，没有什么可自卑的。胡晓辉从他们的励志故事里看到了榜样的力量，也看到了自己的人生价值。他加入了两个残疾人微信群，群里有志愿活动，他都积极参加，积极捐款。因为生意忙，脱不开身，那些残疾人伙伴们就主动来找他。每逢相聚的日子，他都热情招待。他们在这里尽情地唱啊，笑啊，哭啊，所有的快乐、所有的不幸、所有的压抑、所有的烦恼，此刻都一齐释放出来。

说起妻子，胡晓辉除了感激还是感激，嫁给自己，让她吃了那么多苦，没有她的不离不弃、默默奉献，就没有自己的今天。

谈及未来，胡晓辉充满了期待……希望宝贝女儿能够接受最好的教育，考上大学后继续读研、读博。为此，他宁愿再在灶台前站 10 年，哪怕他的腿他的髋部更肿胀、更疼痛。

困难只是暂时的，一切都会越来越好，他坚信这一点。

（采访时间：2017 年 5 月）

用心拿捏的事业

——记荣成市俚岛镇盲人按摩师张亮

□ 孙艳丽

张亮，荣成市俚岛镇盲人按摩师。他身残志坚、自立自强，从学艺到打工再到创业，用双手在黑暗中寻找生活的希望，逐步实现自己的人生梦想。

认识张亮是在2017年的“助残日”。“助残日”本是社会关爱关心残障群体的一个特殊日子，但是这天，身为残疾人的张亮却要随着志愿小分队来到敬老院，为老人们提前庆祝端午节。活动当天，笔者特地注意到了这位特殊的志愿者：一丝不苟的发型，干净的白大褂，娴熟的按摩手法……近日，笔者随着俚岛镇残联干事进行分片走访时来到张亮开办的正医堂，通过近距离的接触，对他有了进一步的认识。

学会坚强　掌握一技之长

1985年对大多数人来说可能只是人生长河中的一个普通坐标，没有特别之处，但是对张亮来说，这一年的一场意外事故将他的人生轨迹彻底改写。从此，他只能用心去感受这五彩斑斓的世界。

事故发生后，经过一年的寻医问药，张亮从父母的只言片语中能够感受到自己重见光明的机会很渺茫，年仅12岁的他对未来充满迷茫和恐惧。女子本弱，为母则刚。张亮的母亲虽为农村妇女，面对突如其来的不幸，面对寻医无望，她没有怨天尤人，而是不断鼓励小张亮，开导他学一门技术，自食其力，这样仍然可以立足于社会。就在这一年，张亮来到烟台盲人学校。

一进校门，张亮就遇到了第一个难题：学校拒收。学校老师认为，盲人按摩靠的就是一双手，而张亮由于事故左手手指不健全，根本不可能将按摩学好。“那时我知道学必须要上，否则以后更没出路。”父母带着张亮天天找学校领导商量，最后校方终于同意让张亮先留下来学习文化课。就这样，13 岁的张亮进入学校，成为那一届学生里年龄最小的一位。

经过入校小风波，张亮更加珍惜这来之不易的机会。但是这毕竟是和普通教学完全不同的，第一节课学习盲文，张亮摸着盲文书，一个个杂乱无章的小点让他手足无措。“那时一摸感觉这哪是一个个字，就是一堆乱码。”那时学校要求两周内必须基本掌握盲文。“学习盲文是最基本的，其实这也和学汉语拼音一样，就看你付出时间的多少，这样慢慢让心静下来，课上学习，每天和同学设定一个学习目标，不达目标坚决不睡觉，牢记拼音的声母和韵母、阿拉伯数字等固定的点位，不到 10 天我就基本会摸读了。”张亮告诉笔者，这是发生事故以来的第一次成功，真的很高兴，那时的成功感就像科学家攻克了难关一样。

四年的文化课结束后，张亮凭着优异的文化课成绩得以继续学习系统的按摩技术。张亮说，按摩知识就是要按部就班地按照老师的步骤来，只要肯吃苦，没什么难的。所有盲人学习按摩都会遇到一个障碍——解剖学。“学按摩还要学习学解剖？”笔者说出自己的疑问。“当然需要，按摩也要了解神经走向，比如小腿抽筋是腓肠肌痉挛的表现，在膝关节内侧的膝窝下边，有一个地方是腓肠肌头的附着点，这些都是需要我们学习的。”张亮解释道。普通人学习解剖靠感官靠接触，盲人学习只能靠想象，困难可想而知。现在，他的诊所里悬挂着“神推张亮”“博医广济”“妙手回春”等题字和锦旗，虽然张亮说名头太大了他受不起，但是这些都是患者们对张亮扎实功底的最大赞赏。

提升眼界　拉高标杆

1993 年，张亮以全校第 2 名的成绩毕业回到家乡，1995 年再次回到烟台进行专科进修，2001 年夏天到北京参加高级按摩师提高班。作为一个健全的人，毕业后也很难再去深造、提升自己。而作为残疾人，张亮说，来这世界走一遭，就是要接触不同的人、不同的事，开阔自己的眼界，提升自己的能力，在自己从事的事业上精益求精。

其实在校期间张亮就是一个“不安分”的人，他认为虽然自己身体不健全，但是在知识的掌握上不能有“盲点”，不能与社会脱节，要了解社会上正在发生的事，扩大知识面。经过申请，张亮创立了学校广播站。每天两个编辑从电台、报纸等媒体选取一些时政新闻，编辑一些身边的好人好事，两个主持人每天朗读20分钟。“我们只有5个人，分工很明确，人少但是机制很健全。播报时事新闻，颂扬身边人、身边事，效果还挺好，大家都喜欢听。”

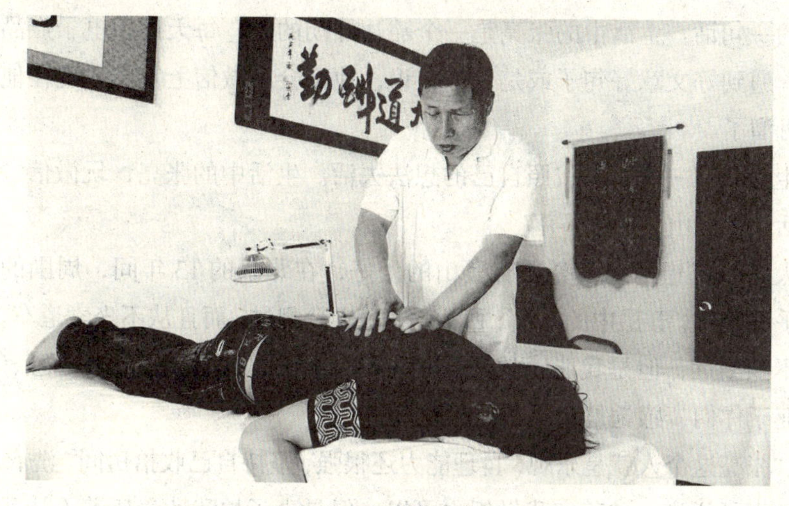

张亮为病人按摩一丝不苟

“‘北上广不相信眼泪’，说句不好听的，我们四肢健全的人都很难在北京生存下来，你为什么往北京走，家里人不担心吗？”谈起“北漂”经历，张亮回忆道：“当时是朋友推荐去的，说北京有一个高级研修班，我想去充实一下自己，家里也挺支持的。”张亮在北京收获颇丰，开阔了眼界，结交了很多工作上的朋友。更重要的是通过拜访老中医学会了用中医理论对病理进行分析。“中医结合按摩，按摩原来还有这么多门道！”张亮笑着说：“所以要走出去，要多学多看多听。我可是跟随老中医傅锦华学习的。学习后对我以后的工作有很大帮助。我那时就遇见一个患者，总是打嗝，很多医生都治疗不好。我首先给他辨症，他体瘦、腹胀、有爱叹气等方面的毛病，感觉是湿症要疏肝理气，我结合疗程给患者进行按摩，患者的症状很快就消失了。”

知识有了，见识有了，张亮还挑战了人生的又一个标杆——在北京开办自己的按摩店。2015年，张亮结束北京的一切，回到老家，开办了正医堂。“当初我就没想在北京呆一辈子，自己一个人孤身在外，还是回到老家，在父母身边，感觉更踏实。”张亮说，下一步还是不放弃技术上的钻研，继续深造小儿推拿，将理论应用到临床实践，将按摩的舒适与快乐带给更多的人。

心境豁达　活得精彩

“生活原本是没有色彩的画面，充满着琐碎与漫长，唯有心怀热情的人，才可以将它的每一寸灰暗燃亮，每一寸空白变得瑰丽。”这是张亮借微信上转载的一句话。生活中的张亮是一个豁达开朗的人，每天运用电子产品读书看报，遇到好文章好句子或是保健常识，他都会在微信上发布，现在他微信玩得可溜了。

生命只有一次，要按照自己的想法去活。生活中的张亮，玩微信、参加志愿活动、登山，一样不落。

大家一定想不到张亮还有登山的爱好，在北京的13年间，周围的大山他几乎都爬过，五岳中的东岳、西岳、中岳也全爬过，而且从不坐索道车。“我虽然不能望远，但是我能感觉到云雾在我脚下，那种骄傲感、满足感、幸福感不亚于你们，感觉是在不断地超越自我。”

“张亮这个人就是乐观，自理能力还很强，坚持自己收拾房间、洗衣服。”张亮的妻子说道。“其实我做饭也可以，但是妻子怕我磕着碰着不让我做，这也不像写诗，有什么难的，我在北京都是自己做饭。”张亮告诉笔者。

工作中，张亮坚持堂堂正正做人、堂堂正正行医，努力做一个品正行端的人。生活中，他坚持“奉献爱心，回报社会”，逢年过节都会去敬老院给老人按摩，讲解保健常识。张亮说：“我们残疾人就是要内心阳光，身残志不残，用自己的一双手把日子过得红红火火，把事业做好，帮助更多的人，这就是我追求的目标。”

（采访时间：2017年6月）

五十年的果树情

□ 张世松　于佳佳　蔡元绪

宋绪平五十年如一日专注于果树培育，心无旁骛，始终如一，一棵棵小树苗如他的掌中宝、心头肉，也承载着他的创业梦想。

谈及桑葚，突然想念儿时邻居家院内种的几株桑树。每到6月，桑树枝儿挂满白的、红的、紫的果子炫耀地伸到墙外，成为小伙伴们昔日里魂牵梦绕的念想。

又到6月，荣成市虎山镇岛宋家村的桑葚到了成熟的季节，茂密的桑树林里弥漫着独特的甜香味，忙着采摘桑葚的人们，不一会儿就被紫色的果汁染紫了手指、嘴唇、舌头和牙齿。此处，正是宋绪平的生态采摘园。

志学之年始结缘

宋绪平66岁，少年时期就沉迷于果树栽植，这一迷就是50年。当年，还在上初中的宋绪平，对种植果树有着深深的迷恋，这种感觉不刻意、不自觉，却越陷越深。放学路上，宋绪平总会路过一片果园，看着果园里的人忙着修剪枝桠，打理着棵棵小树苗，宋绪平总是痴痴地看着，忘记回家。临近毕业，宋绪平的心里起了波澜：家里生活并不富裕，想找一份赚钱比较多的工作，但又放不下心中萌发已久的果树种植梦想。也许注定与果树有缘，一次放学回家的路上，宋绪平照例路过这片果园，正看得如痴如醉时，园里一位技术人员叫住了他："小伙子，看你每天都在这里看果树，要不就到我们这儿干吧！"这一句话照亮了宋绪平的心。

16岁，初中毕业的宋绪平成了虎山镇岛宋家村集体果园的技术员。少年时的一腔热情成为他学习果树种植技术的最大动力，“刚开始，我什么都不懂，别说种植果树的知识、专业符号，就连果树模样都根本分不清。我就白天跟着老师一点点学习，晚上回家自己看果树知识小册子。”那个年代，书不多，几本小册子让宋绪平如获至宝，厚厚的一本书竟让他翻破了好多页。这一干就是 15 年。

而立之年初创业

31 岁那年，村集体果园改制，宋绪平与其余 4 位朋友合伙在村南头承包了 35 亩地，建起了自己的果园。但果树种植如果没有技术创新，势必会走下坡路，正逢县（荣成当时是县）里每月举办一次果业技术培训班，宋绪平说什么都要参加。但培训班在距离家 10 公里的桥头庄村举办，宋绪平就约上几位果农步行 10 公里前去参加，一次也没落下。“每次开会，我都会找最前排的位置坐，这样听得最清楚。”专家在一次讲课中介绍了红富士这一苹果新品种，宋绪平觉得可以一试，马上购入一批红富士树苗。“当时，我是当地最早一批种植红富士苹果的，没有可以请教的老师，只能利用培训班上学来的知识自己慢慢摸索。从那时起，我一直订阅《中国果树》《落叶果树》等杂志，到现在已经订了 30 多年。每天要自己挑肥料喂树，一有培训班我就去参加，当时经常参加烟台地区苗木会，现在每年还坚持去，搞技术就是要不断学习才能进步。”宋绪平笑着说。20 世纪 80 年代，人们对于红富士这种新品种苹果并不熟悉，很多人觉得好奇却又不敢尝试，可这颗颗又大又红的苹果还是赢得了众人的喜爱，宋绪平果园里的红富士苹果大量销往本地和南方市场。“当时红富士销量不错，也算小赚了一笔。可到了 1997 年、1998 年，红富士价格转低，降到每斤只有几毛钱。”宋绪平马上瞅准行情，改变策略。

46 岁那年，由于与朋友合伙承包的果园合同到期，宋绪平决定趁机种植果树新品种。听培训班老师介绍，日本“富有甜柿子”味甜、产量高，经济效益不错，宋绪平决定建立自己的生态果园。“自己就会这么个手艺，说什么也不能放弃，不行就自己干！”这一干又是 20 年。

花甲之年仍执着

沿着狭窄的乡间小路，到了村南处的高地，路西有一处茂密的果林，只容得一车驶入，这方圆 80 亩的地方就是宋绪平精心打理了 20 年的果林，这里远离尘嚣，只有层层叠叠的绿叶遮天蔽日，只有飘得万里的果香。

这里占地面积最大的要数那一片桑树林，见到宋绪平的时候，他正忙着在林中采摘桑葚，双手完全变了颜色，被果汁染得发紫。看着这一串串压弯枝头的桑葚，记者忍不住摘了一个尝尝，果然汁多味甜。“最近来采摘的人特别多，很多都是组团来采。”在宋绪平生态园的房前屋后，全都种满了各种各样的果树，如加州啤梨、猕猴桃、金秋红蜜桃、韩国晚秀梨、新疆玉露香梨、榛子等，共有 16 个品种，这些果树全由宋绪平自繁自育，除自己种植外，大部分用于批发出售。周围有的果农需要些新鲜品种，宋绪平全都免费提供。“想当初自己刚创办果园时，想向其他有经验的果农要一棵桃树杈，结果被拒绝了，那种感受我深有体会，能发挥自己的长处帮助别人，何乐而不为呢？”最初引进金秋红蜜桃时，宋绪平遇到了一位刚开始从事果树种植的小伙子，这位初学者让宋绪平想起了当年的自己，于是将自己培育的 9 棵桃树苗送给了小伙子，正是这 9 棵长成的桃树让小伙子收获了“第一桶金”。50 年的经验，让宋绪平成了周边地区的“名专家”，盛泉农业公司都找他来培育蓬莱仙桃树苗。此外，他还经常到周边果园为果农进行免费的技术指导，为人和镇、上庄镇、王连街道等地的果农提供果树种植、管理技术指导等一条龙服务。

宋绪平正在采摘桑葚

果香不怕巷子深。“在市场供货量大的情况下，要以品质取胜。”这是宋绪平成功的秘诀。这方圆 80 亩的果树，宋绪平全部施用花生饼发酵肥、有机生物肥等肥料，采用太阳能式物理杀虫，保证果子绿色纯天然。漫步在果园里，记者发现，桃树下落了一地小小的青色果子，看着令人可惜。宋绪平告诉记者，这是为果树梳果剪下来的，果子长得多了，会分散定量的养分，一定要疏果，果子才会长得又大又甜。每到金秋十月，宋绪平果园里成熟的金秋红蜜桃一个可以重达半公斤多，让人听着都忍不住流口水。“我决定把套袋的果子改为不套袋种植，虽然这样果实的光泽度会降低，但光照充足，果子口感也会更好。”如今，宋绪平也赶上了时代发展新潮流，将果子进行网上售卖，销量不错，赢得了北京、上海等地的不少回头客。

66 岁的宋绪平如今依然奔波于各个山头修剪果树。“现在岁数大了，80 亩果树管理起来有些力不从心，家里人也劝我不要再干了，可就是放不下这些陪伴我这么多年的小生命。斥山一家农业公司多次高薪聘请我去当技术顾问，我都不去，还是守着自己的这一亩三分地踏实。”宋绪平憨厚地笑着说。

（采访时间：2017 年 6 月）

难舍那股“白面儿香”

□ 王福东　于佳佳　王贞昌

年过花甲的周国友，风风雨雨40余载经营着一家小磨坊。他是老磨坊的坚守者，也是磨坊里的发明家。他与时俱进，不断创新，任白发尽染，岁月无情，但创业的脚步从未停歇。

“白面儿香，白面儿甜。”在父辈那个年代，一小块白面馒头足以让人垂涎三尺，过年难得包一顿白面饺子，那香气紧紧钩住人们的心，孩子们更是舍不得出去玩，呆在母亲旁边，等着开饭。饺子一落碗，有的顾不得烫嘴，就已经下肚，还有的先把黑面饺子吃完，再细嚼慢咽地慢慢品味白面饺子的香甜，那是一年当中最幸福的时刻。

在人和镇人和村有一家老磨坊，从20世纪70年代起，一直为十里八乡老百姓服务。40多年间，它完成了从古代石磨到近代小钢磨、辊磨粉机的发展演变过程。如今，这栋古老的石头房子依然是这个美丽村庄的标志性建筑，依然散发着浓浓的麦香。而这家面粉厂的厂长周国友，则是支撑、陪伴这家老磨坊跨越世纪而来的坚守者。

小磨坊的新学徒

1973年，人和村办起一家小磨坊，一台248型锥形磨面机、一台小型粉碎机、一台动力机支撑起整个磨坊。当时，正逢周国友高中毕业，被分配到小磨坊上班。“那时去只是当学徒，看着老师傅怎么操作，我就打打下手。干了两年，村里就把小磨坊改建成人和面粉厂了。”那一年，周国友才21岁。

新建的面粉厂招收白铁工，由于白铁管道设计原理复杂，需要一定的理论基础，招聘公告贴出几个月，厂里也没有招到合适的人选，厂里内部人员更是没人报名此类工种。眼看着面粉厂即将建成，却面临着没有技术工人的困境，周国友决定率先一试。由于之前从未接触过白铁管道制作，周国友需要到文登培训学习 5 个月。“当时看着那些弯弯曲曲的管道，眼花缭乱，什么也不会，上学学到的物理知识完全不够用，压力很大。白天跟着老师上课，晚上一有空就接着学，电工、拉丝的技术我都学，宿舍旁边有一个洗澡间，里面有虫子，也没太有人去，晚上我就在那里学习。有时候容易犯困，我就不断拿凉水洗脸，以保持头脑清醒。”说着，周国友拿出一个厚厚的笔记本，是上世纪七八十年代盛行的塑料皮本，褪了色的本皮透出岁月的痕迹，但纸张保存得很完整，里面字迹工整，用不同颜色标记的公式符号密密麻麻，扉页上写着“人和大队周国友，一九七五年七月三十一日制”，这是陪伴周国友一生的笔记本。“笔记本里的公式、例题，对我来说至今都受用，有时候有些地方想不通，翻翻笔记本就能找到原理。”周国友认真地说。

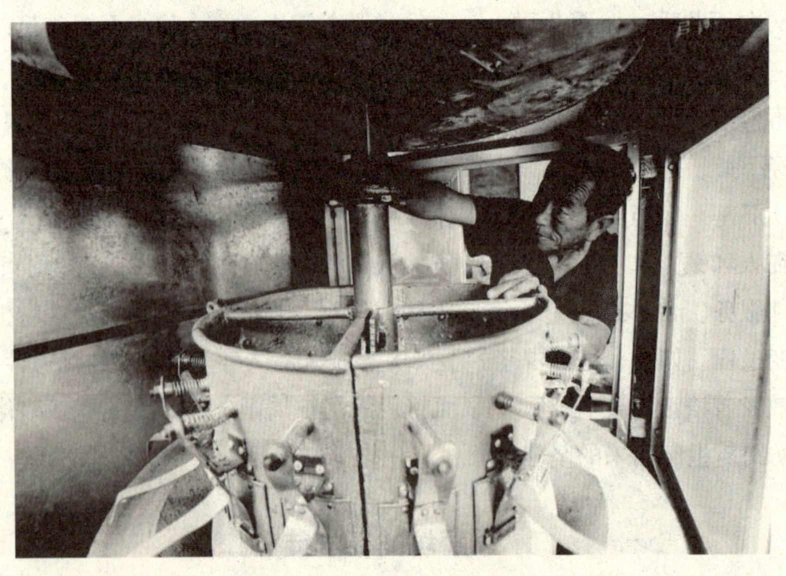

周国友正在检修面粉加工机器

1976 年 1 月，人和面粉厂正式投入运营，不仅解放了大量劳动力，而且前来磨面粉的人能排起 50 多米的长队，盛极一时。“那个时候年轻，也没多想能赚多少工分，就想着要为厂子出份力，为社会多做贡献。”

老磨坊的坚守者

到了20世纪90年代，全国大部分地区盛行面粉增白剂，其过氧化苯甲酰成分能漂白面粉，但对人体呼吸道、眼睛、皮肤有损伤。面对市场上大量漂白面粉的冲击，周国友坚持不添加任何化学物质。厂里资金有限，他就自主设计研究机械，通过物理分解，减少机械对小麦的污染，缩短研磨时间，从而增加面粉的光泽。随后，周国友做了一项对比试验，将从外地购入的漂白面粉与自己加工的面粉放置在同一环境下，半个月后，漂白面粉手感如生石灰，且完全不生虫，工厂面粉已经生虫。“老百姓吃咱的面，就吃个放心，直到现在我们也坚决不添加任何东西。”十里八乡的老百姓只认周国友的面粉厂，只到这里买面。

组装机器、磨面、扛面、维持面粉厂的运营，这样的工作周国友一直干到53岁，在家人的劝说下，周国友决定辞去厂长职务，给年轻人更多的发展空间。但在这3年间，由于工作累且枯燥，年轻人换了一茬又一茬，面粉厂境况每日愈下，而且从20世纪80年代起，面粉厂由粮票改用粮折，面粉厂生产效率低，还欠着乡亲们很多存粮。用周国友的话说，做生意讲的是诚信，不能欠着老百姓的东西不还，只要他还有一口气，就决不能让面粉厂倒闭。2010年，周国友不顾家人阻拦，重返面粉厂主持工作。

面粉厂出了发明家

“在休息的那3年间，我经常出去旅游。每到一个地方，我会首先寻找该地民俗中的推磨器，不管是西北、东北还是西南地区，都流行石磨面粉机，它的磨擦线速达到每秒4~5米，虽然速度较慢，但依然会破坏营养成分。”2011年，周国友在《粮食加工》期刊上看到一篇《关于石磨小麦粉工艺的探讨》的文章，文中提到石磨小麦粉的优点，给他极大的启发。周国友决定利用自己的知识和经验试一试。“为了能够一心一意研制机器，我决定退居二线，将面粉厂交给一位跟随我干了多年的小伙子，他主持工作我也放心。”不会使用电脑的周国友只能手画图纸，光图纸就画了整整一麻袋。经过几个月的潜心研究，周国友拿着厚厚的一摞图纸和理论说明资料申请国家发明专利。“发明专利验证十分严谨。为了防止出现抄袭因素，甚至拿出20世纪30的年代德国的发明图纸作对比。”2014 年，周国友的杠杆磨粉机获得了国家发明专利认证。

周国友（左）与员工交流磨面技术

有了发明专利，周国友就开始着手制作机器模型。由于这种杠杆磨粉机的石磨平滑无磨齿，所以石磨的切割弧度十分重要，弧度稍微有所偏差，要么碾压不到粮食，要么就压力过大。为找到合适的角度，周国友只能不断试验，自己动手切割，在浪费了好几块大石料后，终于将石料切割成功。历时一年半，周国友终于制作出杠杆磨粉机模型。

这种杠杆磨粉机采用杠杆原理，利用间隙的变化碾压粮食，以压力代替速度，限速小于每秒 1 米，极大地保留了粮食的营养成分，而且具有省电功能。周国友说：“古代石磨因为有磨齿，时间久了，磨齿就容易被磨掉，容易污染粮食，而这种杠杆磨粉机磨出的面一点也不发热，保持粮食的原有成分。但现在我们这个压力制造程度还没有达到完美，我还在寻找能够将这项技术实现工厂化的厂家，将这项技术推广下去。”

“现在年轻人做事情总是把利益放在第一位，其实踏实把事情做好，效益自然就来了。现在我岁数大了，能尽自己的力量为后人留下些有价值的东西，我这一生也就没什么遗憾了。”周国友笑着说道。

（采访时间：2017 年 7 月）

留洋“80后”的乡土情怀

□ 孙艳丽

于海洋留学回国后经营一家渔家乐，通过民宿经济诠释传统文化，向游客展示十里不同风、百里不同俗的特色风情。在为古老村居注入新活力的同时，于海洋也为我们带来更多精彩的创业故事！

走进荣成市俚岛镇烟墩角社区，沿着观鸿路前行，一间独具特色的渔家乐便映入眼帘，门前的鹅卵石小路、传统手推车和高高挂起的大红灯笼，瞬间就吸引了人们的目光。推开木质大门，几名来自上海的客人正在院子里忙着清洗今天赶集买来的牡蛎、海葵等“战利品”，谈论着中午做什么口味的菜品，满屋子的欢声笑语好不热闹。“他们城里人，平时都是逛超市、商场，没见过农村大集，今天我带他们去看看，大家逛得挺开心！”渔家乐掌柜于海洋笑着说。

于海洋，一位“80后”创业者，用他的创新、活力与热情，打造他心中的“渔家乐”。

2017年，29岁的于海洋大学毕业后留学新加坡。谈起新加坡的留学经历，于海洋感触最深的就是宿舍里的创业氛围：“大家讨论的不是回国找什么工作，而是一起讨论做什么项目、寻找启动资金、项目启动方式等。”从此，于海洋开始重新审视自己，时刻关注国内的政策和新闻热点，规划自己的人生发展之路。

通过网络，一条条有关荣成的信息让于海洋感到兴奋：2014年，山东省第一个省级休闲垂钓基地落户西霞口；荣成即将开通高铁；烟墩角旅游专业合作社成立，俚岛镇政府出资40万元为28家渔家乐经营户增上统一的旅游服务配套设施，打响了“看天鹅到俚岛”的旅游品牌……看到这些消息，于海洋深觉荣成生态休闲旅游产业大有可为。这一年，他回国了。

多年的国外留学经历，让于海洋有着超越同龄人的沉稳，虽然看到商机，但他没有马上投资创业，而是从开办网站做起。2015 年 1 月 1 日，威海渔村旅游网正式上线。网站对烟墩角、周边旅游及特产进行了详细介绍，对烟墩角旅游专业合作社的各家门店进行宣传，并接受顾客预订。当时，正逢天鹅观赏季，来自各地的游客不断打来电话进行预订。于海洋兴奋地对家里人说：“看，这就是网络时代。”

上大学时，爱好运动的于海洋结识了一群户外爱好者，大家听说他回国后，纷纷赶到烟墩角游玩。住在于海洋家里的这段时间，让他们对这里的渔家饭赞不绝口，纷纷撺掇着于海洋利用优势资源开一家渔家乐，他在经营一段时间的网站后对客源情况也有所了解，于是于海洋对家里人说：“订单这么多，干脆咱们自己干。”

说干就干，于海洋花了几个月时间，让家里的老屋来了个“大变样”。

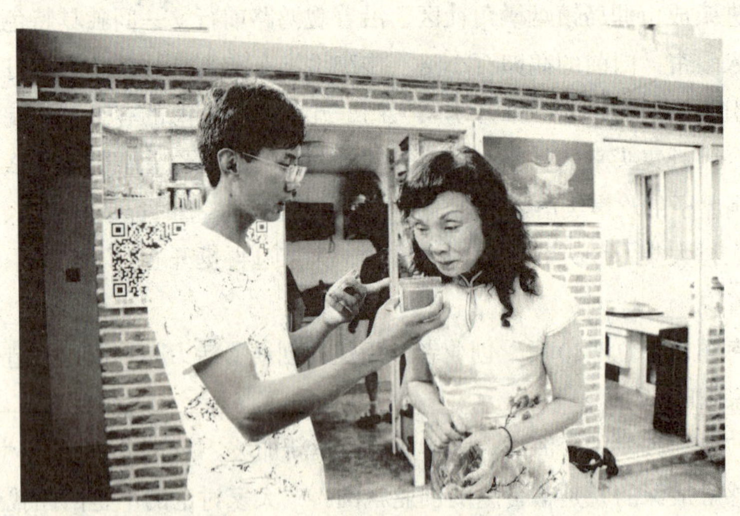

于海洋（左）向游客介绍自制的虾酱

随着经济的发展，各种渔家乐的装修风格都趋于现代化，力求带给顾客干净、便捷的感觉。“一成不变、毫无特色的渔家乐，在激烈的市场竞争中肯定会被淘汰。”于海洋凭借自己敏锐的洞察力，下定决心对老房子进行改造，但这一想法却遭到父亲的反对：“房子就要把墙刷白，中规中矩的才好，以前穷露房梁，现在哪还有房子是石墙、木头门窗。一旦改造后，游客不习惯、觉得无法接受，那投资的十几万元不就打了水漂？”

父亲的顾虑不无道理，然而，于海洋也有自己的倔强劲。他曾经和驴友到全国各地旅游，也遇到过不少上了年纪的游客。攀谈中，他发现大家每到一个地方都想感受其最有特色的东西。现在，高楼大厦到处可见，已经不稀奇了，而民宿经济不同于传统的饭店旅馆，虽然没有高级奢华的设施，但却能让人体验到当地的风情，感受到民宿主人的热情与服务，体验有别于日常的生活。因此，复古而又清新的风格才应是装修的主题。于是，在他的极力劝说下，家人的态度终于从质疑转为支持。

随后，于海洋开始大刀阔斧地进行“改革”，大到房间格局的改变，小到装饰品的布置，都由他一手操办。慢慢地，门前摆起木质桌椅，屋里摆放上自制的木雕，木头桌架上还摆满了不同品种的多肉植物，老房子变成了文艺小站，格调淳朴，气氛温馨，吸引了许多游客入住。

有顾客来，留得住、有好口碑才是关键。为此，于海洋苦练本领，练就十八般“武艺”。为了带领游客拍出理想的照片，于海洋不断摸索天鹅的习性。“你看我拍到这种两只天鹅相对成心型的照片，一年我能拍到几十幅，因为它们有自己的习性。”于海洋向笔者介绍道，“大天鹅在即将起飞时会扬起脖子、迎着风，会随着风向不断地调整队形，寻找最佳起飞位置，同时声音急促、短而洪亮。这样我就可以提前让游客准备好，拍出最好的照片。”

在于海洋的渔家乐里，你可以吃上地道的蠓子虾酱，尝到当天制作的菜粑粑。于海洋的渔家乐门口有一口大锅，每天他亲自演示制作过程，有兴趣的游客也可以参与进来。他就是想通过这种方式，把传统的东西展示出来，将饮食文化与旅游文化相结合，让顾客在做与吃的过程中体验渔家生活，体验不一样的文化韵味。

“现在对于一些食物的传统做法大家已经都不记得了，大多数是从老一辈人那里听到几句，其中的原理大家知之甚少。我刚开始制作蠓子虾酱的时候，我妈就告诉我要朝一个方向搅拌，阴天还不可以，其实这都是没有科学道理的。”于海洋边说边向笔者展示自家的虾酱。在他的货架上摆放着几十个虾酱瓶子，上面都标注着虾酱出缸的温度和日期，他想通过比较试验制作出最好吃的虾酱。

为了寻找最正宗的制作方法，于海洋遍访荣成沿海老一辈渔民，还到美食节尝鲜。听到父亲说他小时候的地瓜面蒸糕好吃，他就到处打听制作方法，最终大有收获。他说：“继承传统文化，是我们年轻人的责任，我会挖掘更多的胶东传统美食和传统工艺，并将其传承下去。”

于海洋正在进行木雕

近年，俚岛镇建立起电商中心，于海洋借助电商发展东风，也开起了自己的淘宝小店。他说，2017年的目标就是走遍威海，寻找最地道的渔家特色产品，带给顾客。同时，深入学习养生文化，让顾客能够吃得饱、吃得好、吃得健康。

现在，于海洋的第二家渔家乐已开始装修。“这间房子有120多年的历史，以前的门店还是有父母的想法在里面，这间渔家乐我想完全由自己打造，保留原貌，不能只停留在住宿一种功能上，将来要发展到即使脱离景区，也能自成一个休闲景点。”提起装修规划，于海洋充满信心，向笔者描述心中的民宿样板，梦想着通过自己的双手挖掘传统文化，让老宅焕发荣光，展现其经济、文化、观赏、体验等诸多价值。

（采访时间：2017年7月）

一直在路上

——记荣成鸿德海洋生物科技有限公司董事长周伟

□毕贞昌 王亮

周伟，出生、成长在内陆省份湖南，却对大海产生了难以割舍的情感。他辗转多地，最终心归荣成，从一个“门外汉”成长为海洋生物界的行家里手。他始终奋斗在创业路上，一直向前、向前……

在周伟的办公室，总是放着一个行李箱，里面装有出差所需的必备用品。之所以放在办公室，就是方便随时出发。周伟说，这个行李箱是他多年工作的写照——一直在路上。

周伟是荣成鸿德海洋生物科技有限公司董事长。2017 年 4 月，该公司与“杂交水稻之父”袁隆平院士签订协议，成立了海洋生物肥料研究和开发院士工作站，参与国家级“超级杂交水稻亩产攻关”项目和“一带一路”水稻项目研究。能博得袁隆平团队的青睐绝非易事。周伟说，这是公司多年来厚积薄发的体现和连续 6 年积极争取的结果。这份执着，也一直伴随着周伟的创业之路。

周伟是土生土长的湖南人，1989 年大学毕业后被分配到了湖南纺织研究所。工作 4 年后，天生“不安分”的周伟被借调到华祥金属集团成为一名业务员。由于能钻研、肯吃苦，不久，他就在公司业务考核中排名第一，并且被直接提拔为公司经理。

2001 年，集团所属企业重组，周伟所在公司解散，集团极力挽留他担任业务处处长，但周伟感觉自己的知识太欠缺了，对经济领域的知识并不是很了解，于是决定利用这个机会去大学进修，给自己“充电”。他报考了北京大学光华管理学院 MBA 班，由于准备时间仓促，他落榜了。怎么办？周伟身上的那股倔劲又上来了，他立马给时任院长张维迎教授写了一封信，说明了自己的情况，表示自己特别渴望能得到这样一次学习机会。或许是对知识的渴求和诚恳的态度打动了对方，不久之后，张维迎给周伟回复了一封信，信上说：“我们对你还是认可的，但你只能以旁听生的方式听课。”就这样，周伟开始了自己的“北漂”生活。

在北京，生活费用高昂，周伟之前几年的积蓄很快就被用光，面对生存压力，他想到了自己的老本行——外贸生意。周伟找到一家从事粮食贸易的公司，主动“推销”自己，为自己争取到了一个销售进口大豆的职位。面对这个来之不易的机会，周伟每天起早贪黑，从加工厂到销售门店，一家一家地去推销，很快就销售掉两船进口大豆。优异的成绩让他帮助公司成为农业部签批的 13 家进口大豆销售商之一，周伟也因此赚到了人生的“第一桶金”。

北京激烈的竞争让周伟感觉到，自己在家乡湖南的发展空间或许更大。2004 年，周伟回到长沙，在北京认识的巴基斯坦朋友主动找到周伟，告诉他想合伙做鱼蛋白粉生意，就这样，周伟成为巴基斯坦阿伯丁、肯帕、赛义德 3 家鱼蛋白粉生产企业的中国代理商，负责将巴基斯坦生产的鱼蛋白粉销售到湖南、广东的饲料厂。没用多长时间，周伟的财富就像滚雪球般越滚越大。

周伟（右一）在介绍产品和企业发展前景

生意场从来没有一帆风顺的。多年从事鱼蛋白粉销售，周伟渐渐意识到，低附加值的鱼蛋白粉生产已成夕阳之势，早晚要被淘汰，要生存必须转型。2007 年，在朋友的推荐下，周伟来到石岛，开始了高纯度、高附加值海洋鱼蛋白研发之路。

从粗加工鱼粉到精深加工鱼蛋白，品质的不同却是工艺与技术的巨大变革。没有现成的技术和设备，周伟和他的团队只能摸索前行。他买来实验器材，自己一点点地去测试记录数据，不达标就继续调试，失败了就从头再来，遇到障碍就请教专家……经过一番不懈努力，周伟的团队终于克服了种种困难，从鱼肉中提取出全营养蛋白。“研制成功的时候，别提有多高兴，感觉自己的辛苦付出终于有了回报。”听着他的诉述，记者仿佛也能感受到当时的情景。但成功的喜悦并没有持续多长时间，第一批鱼蛋白产品生产出来却没人要。原来，国内市场对全营养蛋白的认知度还不够，需求量暂时还较小，这无异于一盆冷水浇到了周伟身上。“那段时间真是太难了，公司为研发已经投入大量的人力、财力，到头来却是这样的结果，我一点都不甘心。”经过一番思考，周伟决定另辟蹊径，他说：“既然国内销售不出去，那我就卖到国外去。”

周伟将自己的产品送到美国去试用、认证，但这个过程也需要漫长的等待。面对这么大的投入，收入却几乎为零。2011 年春节前，为了给公司员工发放工资，周伟只能将自己在长沙的一套别墅低价转卖，女儿留学的预留费用也被花掉。“现在想想挺对不住女儿的，但员工也得回家过年，我必须那样做。”回想起当时的情况，周伟感触颇深。功夫不负有心人，周伟的产品在这一年通过了美国有机肥料认证，并打开了市场，公司也慢慢开始有了收入，熬过了最困难的阶段。

提及袁隆平院士，几乎每个人都知道，正是他解决了全世界几十亿人口的温饱问题。2012 年，周伟开始联系袁隆平，并向他推荐自己的产品。这次，和预料的一样，周伟碰壁了，因为当时自己的产品没有任何知名度。但周伟并没有因此打退堂鼓，他提出免费提供产品来进行试验。经过测试，荣成鸿德海洋生物科技有限公司研制的精准生物活性刺激和作物激动素得到了袁隆平团队的认可。2014 年，在湖南溆浦，亩产超过 1000 公斤的高产杂交水稻用的就是这种肥料。如今，荣成鸿德海洋生物科技有限公司已经与袁隆平院士联合成立院士工作站，并在全国各地的水稻试验田开发测试高效有机水溶肥料。

这些年来，周伟一直坚持着自己的梦想——向海洋要效益，生产高附加值海洋鱼蛋白。如今，他的创业经历也开始受到资本市场的关注，风险投资商已经主动找上门来商讨合作事宜。随着不久后将进行大规模投产，他和荣成鸿德海洋生物科技有限公司的春天正一步步到来。

（采访时间：2017 年 7 月）

“像当兵一样去创业”

——记荣成市俚岛镇退伍军人孙宝全

□ 孙艳丽 郭 馨

孙宝全，曾经是普通一兵，驻守在祖国的北大门，退伍后他成了远近闻名的养鸡能手、村党支部书记。虽然离开了部队，他却始终秉持军人作风，像当兵那样去干事业，他不仅做到了，而且赢得了全村人的一致喝彩，他当选为村党支部书记，带领村民在致富路上坚定前行。

日前，笔者来到俚岛镇燕泊村孙宝全的养鸡场，还未进门，就听见庆祝建军 90 周年阅兵那响亮的解说声。“我当过兵，对军队有着别样的感情，这是首次在‘八一’建军节举行沙场阅兵，我特别喜欢看。”孙宝全憨厚地解释道。

1993 年，年仅 20 岁的孙宝全来到黑龙江省东部口岸城市绥芬河，当上了一名边防兵。

入伍的时候正值 11 月份，东北平均气温在零下 20℃，对于从未去过东北的孙宝全来说，这样的低温环境让他很难适应。每天早晨 4 时就起床，跑步、练拳击、“国门”执勤。由于温度低，不一会儿，帽子、绒衣外就结成了一层厚厚的“冰铠甲”，远看就像是“兵马俑”。现在回想起来甘苦自在其中，但是对那时的孙宝全来说可是最难熬的。也正是那时挑战极寒，练就了孙宝全钢筋铁骨和过硬的意志品质，为他后来的事业打下了坚实的基础。

3 年的义务兵生涯很快就过去了，怀着对部队和“第二故乡”的依依不舍，孙宝全登上了返乡的列车。回来后，他做过门卫、下过车间，但最终辞职回到了家乡。“将来我老了总不能回忆站了多少天岗，抬了多少块钢板吧，这样默默无闻地生活下去，我也没法向孩子交代。”就这样，孙宝全选择了一条挑战自我之路——自主创业。刚开始他瞄准了小百货，但是随着超市的兴起，小规模的商店利润不断变薄，孙宝全意识到这条路走不通，必须及时转行。在经营小百货期间，孙宝全听朋友说养公鸡很挣钱，说者无心，听者有意，孙宝全思前想后，觉得养鸡是一条出路。

“要创业肯定得先学先看，虽然算不上考察市场，但是我也到威海、文登等地的养殖户那里取过经，看看人家是怎样养鸡的，了解一下销路如何。”孙宝全回忆说。通过到威海的几家养鸡场现场看、亲耳听，孙宝全发现养鸡行业有市场潜力，但是养公鸡销路不好，仅靠送往市场和饭店，价格也不稳定，只有过年过节销路和价格还不错，那时养肉鸡在市场上刚刚兴起，销量也可以。因此，孙宝全决定养肉鸡。

1999 年，孙宝全投资 10 万元建起了占地 1300 多平方米的养鸡场，第一棚鸡就是 4000 只。可以看出来，孙宝全的养鸡场起点很高。10 万元，就现在来说也不是个小数目，更别说 1999 年了。“当时我们一般工资是每月 600 元左右，真是拿出了全部家当，还贷了近 2 万元的款。当时并未感觉到害怕，就是想着要么不干，干就要大干一场。”谈起创业初期的大手笔投资，孙宝全从不后悔，甚至为自己当初的决定感到自豪。

工作起来的孙宝全认真细致

其实，之所以敢这么放手大干，是因为孙宝全心里有个“底”。这个“底”就是他选择的养殖模式。用现在时髦的话讲，就是厂家直接供货、提供技术指导、上门回收，减少中间商，以此规避价格风险。“我从没养过鸡，这样和厂家合作，技术员每周来一次进行指导，还不愁销路，那时周围确实没有人这么干。”孙宝全说，养殖初期这种模式确实帮了大忙，但是也不能完全当“甩手掌柜”。“专业养鸡其实和养孩子一样，得细心照顾，每天到点吃料喝水都不由你，还得保证吃喝干净，冷了不行，太热也不行，还要观察鸡粪的变化，稍微有些不注意就会出问题。”当时技术条件差，夫妻二人每天24小时轮流照看鸡棚。“白天还好，一到晚上眼皮直打架。特别是冬天，需要烧煤加温，更要时刻盯着温度计。养鸡最怕忽冷忽热，并且每个时段要求鸡棚的温度还不一样，刚开始33℃~35℃，以后每周都要降2℃左右，到最后出笼的时候基本就是22℃左右。当时，虽然有技术员上门指导，但是平时还是全靠自己。那时没有电脑，就到书店自己买书看，喂食的时候盯着鸡的粪便，一看到不对劲赶紧打电话。”就是这样严格细致的管理，也不能保证鸡百分之百健康。“每天都是提心吊胆地过日子，就等着鸡长大健康出笼的那一天。”现在的孙宝全，回想起初期的养鸡经历只说了三个字——“真遭罪”。努力付出总有回报，孙宝全第一棚鸡净利润就达到4000多元，第一年的5棚鸡就给他带来了2万多元的收入，那是2000年的事。这也坚定了孙宝全夫妻养鸡的信心，现在他的养鸡场一年能出6万只鸡左右。

2016年初，孙宝全对养鸡场进行了升级改造。“走，带你去看看，鸡棚现在都是现代化的，一个人就可以照看过来。”笔者跟随孙宝全走进鸡场，6排3层鸡槽整齐排列，中间是走廊，1万多只鸡“咯咯”地叫得正欢。“你看看现在的鸡，住着3层小楼，恒温控制，水根据鸡的大小上下调节，粪便通过下面的传送带定时清理，过得简直比人都好。”孙宝泉开玩笑地说道。

现在，孙宝全的养殖场基本上都是妻子在照看，因为从2001年开始，孙宝全就有了另一个身份——村党支部书记。“我们村属于内陆村，没有产业，大家伙就是守着一亩三分地。村看村，户看户，农村进步看干部，干部有了新思路，群众才会增收致富。大伙选我也肯定是希望我能带领大家致富。”孙宝全说。上任时，村里的账上只有7600元钱，他和村“两委”干部不拿一分钱工资，先拿这些钱发展产业，等以后有钱了再发工资。上任第一年，他就带领村民将村里、村后的主路修整一新，打了一口新的吃水井，同时还建了一个集体的养鸡大棚。7600元能干这么多事吗？笔者道出自己的疑问。“当然不能，我自己掏了几万元，再就是我们有包扶单位，我到包扶单位和他们聊起村里的规划，让人家了解我们的需求，也让他们明白赞助的物资都用在刀刃上。”孙宝全就这样一点点东拼西凑，带领着群众一步步发展经济。

从上任之初到现在，孙宝全将村民的200亩土地收回集中流转，将大库收回外租，带领村民进行了新农村建设，进行水库清淤，建养鸡大棚……他说，选他当村党支部书记是大伙对他的信任，对他来说也是一份责任，当一天村党支部书记就要尽职尽责一天，像当兵一样站好自己的岗。

“自家的鸡场不用再操心了，村里一些老人种不了地，我想把村里的闲置土地集中起来再统一流转，让老人们也有个保障，再将村集体的养鸡大棚扩大规模。”现在，孙宝全最大的心愿就是盼着儿子过年回家，因为儿子也扛起钢枪，跟随自己的脚步去了他当年当兵站岗的地方，两年未见儿子的孙宝全望向北方，内心期待着一家三口的团聚。

（采访时间：2017年8月）

撬开财富的大门

——记山东佳华实业集团董事长李忠会

□ 赵世喜 张世松

李忠会，山东佳华实业集团董事长。他用23年时间，完成了从“小本经营”到产权探索、第三产业融合的三次转变。他在一声声质疑中坚定自己的信念，在一次次困难面前咬紧牙关，在时代发展、产业转型的浪潮中，把握住前进的方向，突破自我，实现自我。

在与山东佳华实业集团董事长李忠会的短暂交谈中，吸引你并为之感叹的，绝不仅仅是他的思维活跃、视野开阔而又淡定从容，也不仅仅是他的笑容可掬、谈吐谦恭而又沉稳自信，而是他从业以来转换频繁、跨度极大的“跨界”经营所收获的累累硕果。探寻他成功的足迹，你会发现，在困难和挫折面前，李忠会从来没有丝毫的退缩，在创业的历程中，他大胆而又理性地变换着一个个杠杆支点，撬开了创富的大门……

寻找着力点
运营资本要素提升成长速度

李忠会属于那种“善于从战争中学习战争”，注重在实战中提升自己的理论素养和形势判断能力，凭着敏锐的目光捕捉机遇而被机遇垂青的人。

从1994年起，23年间，李忠会完成了由“小本经营”到产权探索、第三产业融合的三次产业发展历程。从白手起家到现在拥有数亿资产，他面对的不是一帆风顺，而是重重障碍和压力，但是这些，又都因他始终秉持绝不放弃的精神，始终保持稳健致远的步伐，始终牢记并坚守“品质与责任”，用资产运营的大手笔，凭精益管理的新举措，一步一个脚印地打赢了一个个翻身仗，将一个小小的装饰公司发展成下辖8大经济实体的集团企业。

1994~1998年，李忠会担任荣成市边境贸易公司总经理。1998年，他抓住荣成市边境贸易公司和商业物资总公司股份制改革的机会，自主创立了荣成市佳信设计装饰有限公司，由此拉开了创业的序幕。

2003年底，原荣成市第二塑料厂因管理不善宣告破产，由于企业包袱沉重，虽然地处城市黄金地带，却乏人问津。2004年初，李忠会凭借多年商海弄潮的经验，出于一种高度的社会责任感，敢为人先，果断出手，一次性买断该厂资产，重组成立了荣成市佳华实业有限公司，安置下岗职工360多名，一举解决了原企业职工长期待业的问题。在重组和整顿中，李忠会和他的经营团队通过深入市场考察和准确分析，对原有产品进行大规模技术革新，开发出了一系列适销对路的新产品，为企业赢得市场奠定了坚实的基础。与此同时，通过二产的退城进园，老厂区的“退二进三”，李忠会在城区的黄金地带从事房地产开发，为日后发展积累了丰厚的经验。

2006年，由于经营管理不善，埠柳凤山建筑公司濒于破产状态。关键时刻，又是李忠会挺身而出，重组成立了佳泰建筑工程有限公司，安置了下岗职工200人。

2007年，李忠会又准确把握国家“三农”政策的脉搏，多方筹集资金1500多万元，重新启动荣成市农机供应有限公司，为职工补交养老金、补发工资等共计500万元，并采取多种形式解决了410名职工的就业问题。在金融风暴的严峻形势下，没有让一名职工下岗。几年来，李忠会累计安置下岗、待业职工1200名。

2014年6月，佳华集团成立了汇银民间资本管理有限公司，主要立足本地开展股权投资、债权投资、资本投资咨询、短期财务性投资及受托资产管理项目，为广大中小企业搭建全新的融资平台。6月底，该集团收购了玻璃钢车船总厂；9月，全资收购荣成市东日贸易有限公司，扩大了集团的整体规模；12月，佳华奥特莱斯如期盛大开业，并于2015年10月更名为佳华购物中心，打造荣成市又一大型城市商业综合体，带动城市经济发展。

2016年11月22日，李忠会围绕全新模式的佳华生活超市，成立了佳华风火轮配送服务公司，集超市综合销售与服务于一体，打造一站式社区服务

O2O 平台，以社区密集覆盖为导向，结合互联网线上线下模式，建立规范网络平台，开展新型商业物流配送服务。

2017 年 5 月 3 日，该集团成立了财富公寓酒店管理有限公司，并于 6 月 20 日开业运营。酒店拥有房间 163 间，四星级装修标准，配有大型餐厅、会议室、地下停车场等，在提供高端住宿环境的同时，还可作为较好的投资理财项目，投资者每年可享受固定收益。

从 1998 年开始，经过 20 多年的艰苦创业，李忠会完成了由经营者到企业家的转变，将只能做“小本买卖”的小公司发展成为荣成市重点龙头企业，拥有注册资金 1.8 亿元，占地 15 万平方米，固定资产 12 亿元，员工 1000 人，连年纳税突破千万元，辖有佳泰建筑工程公司、汇银民间资本管理公司、佳信设计装饰公司、佳华商业运营公司、佳华物业服务公司、佳华风火轮配送服务公司、农机供应公司、汇鑫塑料公司、玻璃钢车船总厂、财富公寓管理有限公司等 10 大分公司。其中，佳华集团具有房地产开发二级资质；佳泰建筑公司具有建筑施工总承包二级资质、预拌商品混凝土专业承包三级资质、设备安装工程专业承包三级资质，能够独立承建各种工业与民用建筑安装工程；佳信设计装饰公司具有建筑装修装饰工程专业承包二级资质、建筑幕墙工程专业承包二级资质；佳华物业服务公司具有物业管理三级资质，为四星级物业服务企业。2016 年，在佳华发展史上矗立起一座新的里程碑，全年完成主营业务收入 2.8 亿元，上缴税金 1280 万元，先后被荣成市委、市政府及荣成经济开发区党工委、管委会授予“2016 年度诚信示范企业”“2016 年度诚实守信示范企业”“创新创业明星企业”等荣誉称号。

“桃李不言，下自成蹊。”李忠会本人也以开拓经营的出色业绩，先后被共青团威海市委、荣成市政府、市总工会、市供销合作社联合社等单位授予“十佳创业之星”“优秀党务工作者”“创建劳动关系和谐企业先进个人”“优秀共产党员”“创业明星”“创业模范”“最佳经营者”“建设行业优秀企业经理”等荣誉称号，还荣获了“2013 威海年度经济人物‘金冠奖’”。

延伸动力臂
创新改写城市商业格局

智者，永远是既仰望星空，又脚踏实地。由贸易起步，到二三次产业融合，再到新技术、新业态、新模式的尝试运用，跨界经营中凝聚了李忠会的智慧和心血，体现了他善于从全局战略着眼，灵活呼应国家政治、政策，与时俱进的经营艺术。正因如此，他审时度势、审慎分析，及时调整产业结构，转变经营思路和方式，不断寻找发展空间，以一个又一个独具慧眼的跨界投资，让佳华集团收获了一次又一次惊喜。

李忠会（左四）在项目工地现场办公

在这些战略演进中，可圈可点的。当属他进军城市商业综合体的战略转型。“从现代人生活方式的改变到互联网、物联网的迅猛发展，都表明单一业态的商业项目已经不符合市场需求，而未来合理的城市居住格局应该是以一个个城市综合体为中心。”前瞻当下经济社会发展大势，李忠会总是先人一步。

2011 年 10 月 18 日上午，荣成佳华·财富广场项目举行了隆重的奠基仪式。荣成市政府对佳华集团在荣成开发并建设这样的大型城市综合体项目给予了高度肯定和赞许。因为其时，荣成市在城市发展规划中，着力提升西部老城区的人居环境和商业氛围，佳华集团的发展诉求与项目动作，与荣成市政府区域规划不谋而合。在先后开发了佳华大厦、工业园区、福泉苑、佳怡苑、福馨苑、黎明雅居、佳华·丹桂苑等地产项目后，佳华集团已成长为全市房地产业的一股中坚力量，在风起云涌的房地产市场中，李忠会经过缜密的市场调研和多方探索，决定不再满足于一般的房地产开发，立志谋求提升高度，引领城市商业格局的改革。

这一年，凭借较强的经济实力、良好的企业信誉，佳华集团一举拿下了位于成山大道与沿河南街的黄金地段。项目东依崖头河公园，南邻成山大道，西邻沿河街，北靠文化西路。拿到这一黄金地块后，一种沉重的责任感压在李忠会的心头："这么好的地段，一定得打造一个好项目，不能糟蹋了。"

经过多方考察和科学规划，一处建筑面积45万平方米的大型城市综合体——佳华·财富广场的宏伟蓝图跃然纸上：由其运营的佳华·财富广场是荣成市首家集购物、休闲、餐饮、娱乐、星级酒店、高级写字楼、精品公寓、高档住宅及时尚特色商业街等于一体的大型城市综合体。

随着建设进程的加快，李忠会也开始专注于城市商业综合体、购物中心、商业步行街区、复合型商业地产等商业物业前期策划、招商销售、运营管理等全系列、专业化决策，选准时机，推出了许多令人耳目一新的运营计划。

2014年6月6日，在装修还未结束的佳华·奥特莱斯商场门前，一场别开生面的特卖会隆重举行，一时间，世界或国内驰名品牌荟萃一台。厂家直供、品质保证、超大折扣、特卖时间长达半个月……众多国内外一线品牌汇聚，这在荣成商业史上属于首次。而如此规模的名品特卖会，在威海商业史上也绝无仅有。

一个还正在装修、尚未开业的商场，率先举行一场如此声势浩大的名品特卖会，让人不得不敬佩主导者的大胆创新和高超谋略。其实，这场特卖会只是一个小小的试金石，李忠会想要把握的则是佳华集团当前的核心项目——佳华·财富广场的一举成功。李忠会的目的就是借助这场名品特卖会，对自身经营水平和运营能力进行一次路演和历练，也对荣成市民的购买能力和消费水准进行一次测试和评估，为奥特莱斯商场乃至整个财富广场的商品定位寻求重要参考。作为这场特卖会的"总导演"，李忠会运筹帷幄，志在必得。

其实每一天，李忠会也在积跬步以致千里。这年上半年，他一直奔波在路上。广州、深圳、香港、华东六市……他的足迹遍及国内一线城市甚至韩国的各大商业综合体，考察业态构成，了解商品定位，甚至细致到每个品牌的特点、质量、目标客户群及市场认可度。

城市综合体的建设运营不像单一的住宅项目，需要投入大量的资金以及专业的管理运营团队。曾有一段时间，佳华集团的资金压力非常大，有人建议李忠会将部分项目转手，或者寻求合作伙伴共同开发。但为了打造理想中的城市综合体，确保理念的一致性和项目的完整性，李忠会硬是带领团队排除万难挺了过来。

“我做这个项目不是为了短期的盈利，就是想实实在在干点事业，为这个城市创造一些更有价值的东西。”李忠会说得实在，恳切之情发自肺腑。

为了全力以赴做好佳华·财富广场，3 年多的时间，佳华集团没有再开展其他任何房地产项目，而是把主要的人力、财力、物力全部投入这一项目建设中。他成立了荣成市佳华商业运营公司，科学运作各个项目，力争打造商业地产开发运营的典范。

2014 年 6 月 6 日特卖会开启之后，6 月 8 日，佳华集团与山东鞋服协会联合举办大型品牌招商会，100 多家意向品牌齐聚招商发布会现场，预示着佳华·财富广场已经开始了紧锣密鼓的招商营销活动。

也是 2014 年 6 月 6 日，经威海市地方金融监督管理局、荣成市政府、荣成市金融管理办公室批准，佳华集团下属的荣成市汇银民间资本管理有限公司正式揭牌成立。这是荣成市首家民间融资管理机构，主要立足荣成本地开展股权投资、债权投资、资本投资咨询、短期财务性投资及受托资产管理项目，为广大中小企业搭建全新的融资平台，标志着佳华集团积极响应政府号召，大步迈入金融运营行列。

李忠会着眼未来，逐梦而行。荣成市委、市政府及社会各界给予他高度评价。“为人们打造理想的城市宜居生活，是李忠会孜孜以求的奋斗目标。在佳华集团旗下的八大经济实体中，房地产相关产业占据了半壁江山，并已形成了全产业链条。近年来，积极谋求战略转型和产业升级的李忠会，将全部精力投于建筑面积达 45 万平方米的大型商业地产——佳华·财富广场的开发建设中，着力打造集生活、居住、消费、商务等诸多功能完美相融的首席城市综合体，意欲开启荣成商业的新时代。”这是 2013 威海年度经济人物专家给予金冠奖得主李忠会的评价。从专家们的点评与点赞中，你能体会言为心声的深刻内涵。

缩短阻力臂

用诚信和创新缔造企业品质

李忠会和他的佳华团队致力于多元化发展战略，以勇于实干的创业精神和乐于奉献的人格魅力拓展产业渠道，绩效成长越来越快，团队实力越来越强，发展态势越来越好。但对于社会，李忠会始终怀揣造福一方的一团火。他认为，能够成为创业先锋，获得今天的成功，离不开社会各界的关爱和支持，更应该在发展进程中关注社会、造福社会。

财富广场所在地段，原是荣成市农机供应有限公司的所在，这是个濒临破产的企业，员工已经2年没有拿到工资。佳华集团接手后，第一件事就是把原企业拖欠的工资悉数发放，把给员工漏缴的保险一并补上，并解决了一部分无业人员的就业问题。随后，对市农机供应有限公司进行搬迁并整顿经营，使其重新焕发生机。如今，隶属佳华集团的农机供应公司每年为荣成市及周边地区提供价值5000万元的农、林、牧、副、渔等机械供应，是我市农机补贴各类机具主要供应单位。以此为依托，佳华集团正在规划打造一处威海市唯一的农机大市场。

“品质与责任”是李忠会的做事底线，也是佳华集团一直秉承的发展理念。李忠会从一家小小的装饰公司做起，在开展装修业务中，他发现许多开发商使用劣质门窗、地板等装饰材料，业主装修时第一件事就是换门窗、掀地板，费时费钱不说，还造成了大量的资源浪费。当他也开始涉足房地产开发建设时，就对装饰装修材料严格把关。他说：“要么不用，用就要用最好的。”佳华集团成为荣成市第一家在住宅项目中使用中空玻璃的企业，下辖的物业公司也颇受居民好评，赢得了良好的口碑。强烈的责任感和做事业的心态，伴随着李忠会一路走来，让他能够向着既定的长远目标坚定前行，而不为眼前的利益所惑。早在2004年，在李忠会收购了即将破产的荣成市第二塑料厂后不久，就有人想在收购价基础上加价100万元购买该厂土地的开发权。亲戚朋友听到这个消息，都替他高兴：“一倒手就能赚100万元，这个买卖太划算了，赶紧卖了吧。”然而，李忠会却一笑了之，不为所动。也正是他当时的坚持，才为佳华集团的迅速扩张奠定了基础。

如今在佳华集团，“诚信”二字体现在其经营发展的每一个领域、每一个环节和每一处细节。2016 年，该集团针对以前已有和缺少的有关规章制度进行了修订补充和完善，做到有规可依。先后修订了《安全生产标准化管理制度》《安全消防标准化管理制度》及管理检查制度等 20 多项，制定《安全生产操作规程》等 15 项，佳华购物中心、佳华风火轮果蔬配送中心及佳华生活超市新增的岗位职责服务亮点及工作流程 60 多项。多年来，佳华集团未发生过严重产品质量事故及损害用户权益事件，没有发生过任何违法违规行为，合同履约率达 100%，工程项目竣工验收合格率 100%、优良率 90%以上，连续多年被授予“明星企业”“诚信企业”“建设行业先进单位”“商业地产先进企业”等称号。

内部培训是企业人才基石和力量之源，李忠会把培养、提高员工能力作为最大福利，在资金并不宽裕的情况下，依然不惜成本、花重金来培养人才，帮助员工成长。截至 2016 年，佳华集团仅用在员工培训方面的资金就达 80 余万元。经过一年多的锻炼和培养，随着培训体系的不断完善以及培训工作的深入展开，员工素质有了显著提升，并在一定程度上提升了企业凝聚力和员工归属感。

“企业发展得益于社会，自然要回馈社会。”这是常挂在李忠会嘴边的一句话。作为市党代会代表、市人大代表，他始终把慈善公益事业当作自身发展的重要部分，时刻不忘回报社会，实现了企业发展和社会进步的有机统一。他积极参与公益事业，在捐资助学、抗灾救助等方面都尽其拳拳之心，多次为灾区及贫困职工（学生）捐款捐物共计 260 余万元，公司因此荣获了“慈善事业先进单位”荣誉称号。在全市包村帮扶工作中，佳华集团也倾注心力，2009~2014 年，先后投入资金 380 多万元，倾情支持夏庄镇大夏庄村、人和镇东河口村等帮扶村的村民活动中心建设、环境绿化、道路铺设、村容环境整治等，连年获得“包村工作先进单位”等荣誉称号。

着眼于“构筑企业百年梦想，创造城市无限价值”的佳华战略、愿景和使命，2017 年，佳华集团正视困难，视挑战为动力，坚持科学发展，转变发展方式；抓好产业调整，提高经济效益；强化企业管理，提升服务质量；培育企业文化，凝聚员工力量；提升整体实力，实现持续发展；努力开创集团转型跨越发展新局面的目标导向，加大经营开拓力度、培植行业龙头、推动文化建设，努力超越自我、创造卓越，走向新的辉煌！

（采访时间：2017 年 8 月）

甘为荒山披绿装

——记荣成市虎山镇有家农场经营者赵堂法

□周婷婷 林楠 于佳佳

中年转行已属不易，然而，更难能可贵的是赵堂法以愚公精神在荒山上坚守近20载。几载辛苦寸粒积，倒箧倾囊苦心惜，荒山尽是心头血，洒向万亩翠绿生。赵堂法用他的坚韧和执着，不断实现着他的青山梦、田园梦、生态梦……

在虎山镇得胜寨村村东有一座小山，曾几何时，这里一片荒芜，由于地块小、水源少，种不了庄稼，村民弃之如敝履。

如今，漫山遍野果树林立，鸡叫鹅鸣此起彼伏。近处，猕猴桃叶宽茂盛，郁葱佳气；桃树光泽靓丽，果实累累；葡萄娟娟嫩叶，尽沐清晖之中；成群结队的白鹅在树林间闲庭信步，偶尔啄几下树下的杂草。远处，隐约可见微风吹拂下的水塘，波纹起伏，散养的鸡、鸭渴了就自顾自地在水塘边喝水，一幅悠闲田园生活的画面跃然眼前。

日前，记者在农场里找到赵堂法时，他正忙着修剪树木。皮肤黝黑、精神矍铄，在随后的交谈中，他向记者娓娓道来近20年开垦荒山的执着和对绿色生态种养的坚持。

赵堂法年轻时就出门闯荡，到淄博做铝合金门窗生意。“在异乡漂泊这么多年，岁数大了，最想念的还是家乡，落叶总要归根。”45岁那年，赵堂法回到了家乡虎山镇得胜寨村。“当时回来就想守家守业干点事情，可干点什么呢？无意中听闻村东的一片荒山没人承包，就萌生了想要承包这片荒山的想法。”赵堂法深知，这片荒山不仅地块小而且水源缺乏，种庄稼着实困难，可荒废闲置也着实让人不舍。于是，他取经问道，反复琢磨，根据多年的经验和朋友的建议，决心承包荒山，在山上种植沾化冬枣。

百亩荒山，杂草丛生，赵堂法硬是靠着一股子倔劲种上了满山的冬枣树。但出乎意料的是，到了该结果的年头，这批冬枣树竟结不了果，这对于苦等丰收的赵堂法来说犹如当头一棒。赵堂法咨询省里的农业专家才得知，虎山镇的土壤、气候不适合种植冬枣。“没有知识和技术，瞎忙活可真不行，凡事皆有第一次，失败不可怕，只不过是从头再来。”第一次的辛苦付出和满怀期待却让赵堂法两手空空，大笔的投资就这样打了水漂，亲戚朋友都劝他不要在荒山上浪费精力，家人也都不支持他继续开发荒山。但是，赵堂法心里就是有股不服输的劲儿，非要把事情干到底。“那段日子是最苦的，多年的积蓄一下子全没了，我和老伴儿就带着山上结下的瓜果、养的鸡鸭徒步到附近的集市上卖，卖的钱就攒下来，继续开发荒山，重新规划自己的绿色生态种养路子。”

赵堂法展示他种植的生态葡萄

痛定思痛，经过慎重考虑，赵堂法决定搞绿色生态养殖。他将绿色养殖产业扩展为三部分：水果种植、家禽养殖和农家休闲游乐。三部分环环相扣，紧密连接。功夫不负有心人，经过多年努力，农场初具规模。水果种植和家禽养殖为农家休闲游乐提供最地道、最原始的材料，而农家休闲游乐又促进了提升水果和家禽的销量。在赵堂法的“有家农场”里，所有的规划都互为补充，有机结合。在水果种植上，农场里主要有葡萄、桃子、猕猴桃等水果，水果树下成簇的杂草是鸡、鹅的纯天然饲料。反过来，鸡、鹅的粪便又能滋养果树。“我们农场的果树从来不施用化肥，也不给家禽喂饲料，这种循环利用、天然环保的生产方式使得水果口感好、质地饱满，鸡蛋、鹅蛋的颜色也正，更有营养。”赵堂法农场的鸡蛋、鸭蛋、鹅蛋质量高，个个都是精品，在本地市场家喻户晓，供不应求。不仅如此，北京、淄博、烟台等地的商户也闻名前来订购，为赵堂法农场的蛋类销售打开了一线城市的市场大门。农场里 400 多只鹅、600 多只鸡，数不清的鸽子、兔子、羊等动物，不仅为农家休闲提供了健康绿色的原料，更成为孩子游玩嬉戏的好伙伴。

看着这满目的青翠和成群结队的动物，记者道出自己的疑问：“当年这片荒山就是因为缺水才导致承包的人寥寥无几，而你是如何解决这一难题的？”赵堂法指着远处说：“我一共投资了 20 多万元，打了两口深水井，挖了两处池塘，才彻底解决了种植、养殖的供水问题。”走过几片玉米地，一片泛着绿光的小池塘呈现在眼前，时有肥鱼从水里冒出头。赵堂法说，这片小池塘有好多用处，农场所有的养殖粪便、废水都被排到这片池塘里，防止污染物外流，解决了养殖产生的污染问题。同时，这些废料对鱼来说却是肥料，所有的鱼都吃这些废料，池塘从而实现自我净化。家禽可以到池塘边喝水，玉米、果树也可以被灌溉。

在赵堂法的规划中，所有的种植和养殖都是为休闲游乐服务的，他希望每一位来到“有家农场”的客人都能笑迎春风、妙看青山，胜友如云、宾至如归。除即将竣工的凉亭外，赵堂法还要修建四处凉亭，凉亭内设锅灶、板凳，可以供游人休息用餐。此外，在山上平整处，一块小面积的广场已见雏形，他打算在这里增设游乐设施供儿童游玩。赵堂法的“有家农场”每年可招待来自全国各地的游客 1000 余人，这些游客很多都是赵堂法“有家农场”的回头客。

在一间不大的草屋内，放着十几捆报纸、100 多本书、十几个笔记本，走近一看，这些全是与种植技术、养殖方法、经营诀窍等有关的资料书籍。赵堂法告诉记者，他的绿色生态养殖道路，不是靠自己的一腔热情和蛮劲就能坚持下去的，最根本的还是要依靠科学。从下决心发展绿色生态养殖产业开始，赵堂法已经坚持了几千个昼耕夜读、刻苦钻研的日子，这些日子就像被麻绳捆过一样，扎实地放在赵堂法丰富开阔的大脑里，不断提升他的专业技术水平和经营能力。

倔强而自信，坚定而执着，赵堂法按照自己的规划，走出了一条绿色生态之路，不囿于质，不困于形，甘做得胜寨的新愚公。作为荒山的守护者，20载牛衣岁月，他用坚持和执着为荒山披上绿装；作为绿色养殖的尝试者，他用“高吟肺腑走风雷”的勇气，为虎山镇开辟出崭新的发展之路；作为生态田园的拓荒人，万回躬耕与痴梦，他用赤子之心和铮铮硬骨，描绘着生态发展的未来。在这条绿色养殖的攻坚路上，他不辞辛劳，始终向前、向前……

（采访时间：2017年9月）

不负创业好时代

——记威海安信监控设备安装有限公司经理陈昱光

□赵世喜　于佳佳

陈昱光，威海安信监控设备安装有限公司经理。他怀揣梦想出国深造，又满怀憧憬回乡创业。在人生的岔路口，他也曾迷茫过、徘徊过，但他心中那颗不畏挑战、跃跃欲试的心时刻提醒着他，创业才是让自己找回初心、实现梦想的正确选择。人生路漫漫，他始终拼搏在创业的路上……

时隔4年，再次采访陈昱光，地点依旧在威海安信监控设备安装有限公司营业室。与4年前一样，他依旧热情大方。商场的历练，让已过而立之年的他，多了几分成熟。这次交谈，陈昱光一直庆幸自己赶上了创业的好时代。

从领取营业执照到现在，陈昱光已经在商海中打拼了7年多。有统计数据显示，创业大潮此起彼伏，走过5年的企业不足7%。梳理他的创业历程，人们会发现，支撑他成功的不只是高超的智慧与精细的规划，还有一往无前的决心和追求理想的执着。

心装蓝图　负重前行

“创业之路虽然艰辛，可是我很享受这个过程，因为我喜欢挑战。”在陈昱光的创业轨迹上，执着、敬业以及坚定不移地追求个人人生价值的实现，使得他无怨无悔地走上创业发展的人生道路。

2009年，陈昱光结束了在澳大利亚的留学生活回到国内。作为“海归”，按照他的家庭背景，完全可以根据家人和亲属们为他制定的职业规划，选择一条平坦的个人成长之路：到亲属开办的企业去上班，经过一番磨练后，平稳地走下去。但他认为这样不符合他心中的“蓝图”，因此，他选择放弃这条路。一时间，由“海龟（归）”变“海带（待）”，但他一直在市场调研中，寻找着、选择着适合自己创业发展的路径。

陈昱光对购进的监控设备进行严格调试

2010年5月，陈昱光发现监控设备安装市场广阔，前景可观。于是，他加入了别人的公司。经过3个月的摸索后，内心涌动创业激情的陈昱光决定冒险一试。不久，他取得了营业执照，开始租房试营业，成为一位涉足监控设备安装的新秀。

开弓没有回头箭。和刚毕业的大学生一样，陈昱光一起步就遭遇了没有资金、没有经验、没有人脉的“一穷二白”的困境，新业务的开展处处碰壁，让他感到“压力山大”。于坎坎坷坷的遭遇中，陈昱光懂得进退意味着什么。他知道，创业之路是不会有人铺好等着你来走的，凡事都要靠自己，绝不可有依赖思想。机会总是留给有准备的人，努力奋斗必不可少。道路是自己选的，前途要靠自己去创造。这股“少年狂”的冲劲，为他换取了人生和事业的宝贵积累。他从赔钱承接零修安装等小业务开始，在“干中学，学中干”，不断积聚着创业发展能量。2010年10月，他终于接下了一单价值59万元的监控设备安装业务，对方的要求是年底前交付使用。在一个多月的时间里，陈昱光带着3位创业伙伴，天天夜战到凌晨，直到保质保量、按时交付。这单业务做下来，他赢得了客户极佳的口碑，客户将长期维护设备的业务交给了他。慢慢地，安信监控设备安装有限公司在业界声名鹊起。

2012年，通过招标，安信监控设备安装有限公司与威高集团建立了战略合作伙伴关系，一二期的业务量价值超百万元，并可以视行业技术的发展而补充延续。几年下来，历经市场竞争的风风雨雨，陈昱光的公司规模扩大到10人，迈上了发展的新台阶。

经历是一笔无形的财富。多年的创业历练，让陈昱光收获了信心和人脉，也收获了经验和成长。他知道，经过近几十年的发展，国内安防行业已远远超越从前简单的视频监控加红外报警的初级阶段，逐步发展为涵盖视频、报警、智能、网络等集高科技、大数据于一体的安防集成系统。这样一个高科技的系统，如果没有专业的技术服务团队进行管理，很难发挥安防系统应有的作用，更难以保障整个系统的正常运行。随着社会的进步，人们的安全意识不断增强，要求也越来越高，安防产业规模以每年30%的速度持续增长，视频监控的建设更是达到新的高潮。但是，仅凭“小不点”的势力，很难在激烈的市场竞争中分得一杯羹。于是，陈昱光创新思维，独辟蹊径，对大宗业务，借力服务外包以争取进入市场的机会，对自己通过投标获得的市场份额，则极力在运营维护上练硬功、下真功。针对监控运维服务追求长期性、可靠性、稳定性与有效性的特点，他注重打好质效牌、性价比牌，宁肯少赚钱，也要加大投入，引入先进科学的运维流程和机制，明确故障发现、故障受理、定期维护等流程，并从技术层面实现对监控系统及其基础支撑运行环境的可视、可控、可管理，提高故障发现、处置率，保证监控系统的可靠运行，为用户提供优质、完善的运维服务，赢得用户的好评。许多客户看到陈昱光和他的团队在“运维”方面的精心、细心、贴心，纷纷与他建立了紧密的业务关系，成为“掰不开”的合作伙伴。

七年磨一剑，创业成绩的背后，谁又清楚它是由多少理念、汗水和难以与人言的辛劳组成的？访谈间，陈昱光显得很冷静，他说：“我时常告诫自己，小卒过河赛大车。我就是棋盘上那些过河的卒子，只有不断向前进，大胆地去‘将军’，方能有夺取胜利的希望，否则只有停滞不前，甚至被吃掉出局。”

脚踏实地　诚信前行

经历过创业艰辛的人，都有这样的体会，创业就是在憧憬目标的同时，不断坚持，解决困难，找到出路。创业艰难，无一日不挑战、无一日不创造、无一日不死亡、无一日不新生，挑战、创造、死亡和新生，这就是创业的基本状态。时隔四年，陈昱光已饱尝艰辛，但创业激情没有丝毫减退。

"我自己不甘心这样一直在一个固定的平台上奋斗。"陈昱光说。在他看来，创业，久经磨练成真人。一开始就要设立好目标，学会卧薪尝胆，并带着诚信前行。

创业初期，陈昱光只有50万元的注册资本和租来的几十平方米的办公室兼经营场地。他白手起家，也曾因为业务如何扩大、员工工资如何解决打过怵、发过愁，但他没有退却。事在人为，拼搏才是破解困难的钥匙。没有资金，他示诚于社会，一方面求亲拜友、东挪西借，另一方面，与上游客户以诚信做担保，赊欠部分材料款，并保证一旦完成业务货款到手后，就第一时间还清赊欠的资金，从而保证了企业在资金紧张的情况下能够正常运转。

市场竞争是一个优胜劣汰的过程。陈昱光知道，在大浪淘沙、群雄逐鹿的时代，只有团队拼争才能抢得先机，脱颖而出。针对劳动力价格居高不下、员工流动性大的人才资源特点，他信诚于员工，采取弹性用工等灵活方式，为员工按时缴纳各种保险，赋予相应的责权利，努力保持骨干队伍的稳定，通过员工和公司共同成长模式，为公司的稳定发展奠定基础；人手紧缺时，他每做一个项目就培养一批"准企业员工"，有效解决用工难题。走过7年的创业路程，在他的团队中，稳定了绝大多数的技术骨干。即使离开的员工，依旧为他的人性化管理艺术点赞。

针对企业缺乏知名度、业务拓展缓慢的现状，陈昱光挚诚于市场，利用网络、报刊等媒体进行持续宣传，通过精湛的安装质量获得用户的信任，不断拓展业务。如今，他的公司已经发展了四五家固定的大客户，并为中国移动威海公司代为安装WLAN宽带业务。

携诚而行，陈昱光的创业之路越走越宽。如今，他在巩固主业的同时，还尝试多元发展：在曙光社区开办了便民超市，经营各种日用生活商品，不仅方便了社区居民，而且赢得资金的快速周转，为发展注入了源头活水；为响应市委、市政府扬尘腥水等专项环境整治的号召，他与伙伴们合股购进封闭式的运输车辆，从事货运业务，助力生态文明建设，体现了企业的社会担当。

学无止境 创新前行

七年的创业实践，给陈昱光以全新的感受，他特别感激在创业路上导师的支持，让他前行的每一步都有智者的点化，避免了失误和走弯路。他为此也虔诚于理论更新及其与实践的紧密结合，在学以致用、用有所成中提升和完善自我。作为创业青年，陈昱光曾参加过在大连举办的夏季达沃斯论坛。在这个顶尖的国际经济交流平台上，陈昱光拓宽了视野，让他知道业无止境、学无止境的道理。直到现在，他每年还与一起参加青年创业论坛的同道交流创业心得，相互鼓励，增强创业信心。作为市海外归国创业组织的一员，陈昱光也经常参与其中，在交流中分享成功，共担风雨，携手共进。他由此获益匪浅，创业中遇到的许多难题，都在同道启发和实践感悟中找到良方一一破解。与七年前相比，虽然仍存在资金困难等问题，但他已胸有成竹，可以坦然面对。在市场开拓和内部凝聚力打造上，他也积累了许多经验。

陈昱光（右）尝试多元化发展，向百货超市、车辆运输行业拓展业务

岁月长长路长长。陈昱光深知“未来的每一步都充满着挑战，不管做什么行业，不去创新，都很难实现超越。在模仿的基础上有所创新，扬长避短，

日后会做得更好”。言谈举止间，让人感觉他的身上，流淌着一股奋勇向前、永不服输的青春力量。有着这样一个执着的梦想，陈昱光的未来一定会更加辉煌。

（采访时间：2017 年 11 月）

姚炳飞：圆梦田园

□ 于佳佳 李万玉 王士海

姚炳飞，华腾苹果种植专业合作社社长。从音乐专业大学生到饭店老板，又转身成为苹果种植园园主，出身农家的他在城市拼搏多年，最后又选择回归农村，尽管角色在不断变化，但他对田园梦想的追求从未停止。

眼下正是苹果收获的季节，位于荣成市荫子镇西夏埠村的华腾苹果种植专业合作社里，红彤彤的苹果挂满枝头，棵棵果树仿佛镶满红宝石般耀眼。工人们正忙着采摘分拣新品种红富士“天虹 2 号”，果香满园，令人沉醉。

在果园的一处空地，苹果箱垒起了一面高墙，一些工人围坐在一起将新采摘的苹果分拣装箱。其中，挑拣最认真、神情最专注的正是合作社社长姚炳飞。

缘起儿时梦想

初见姚炳飞，令记者惊讶的是他的年龄。如今留在农村种果种粮的都是些五六十岁的中老年人，而眼前的姚炳飞有着一张年轻而俊朗的脸庞，怎么也和种果树的农民扯不到一块。一问才知道，他才 37 岁。

别看他年龄不大，可从事果树种植已有四个年头了。这一切还得从他儿时的田园梦说起。

还在上小学时，他就成了家里的“园丁”——家门口的月季花、院子里的杏树苗，都是他亲手栽种管护的。“上小学时，男孩子都喜欢聚在一起玩纸牌、看动画，相比起来，我的爱好有些与众不同，我就喜欢摆弄花草。有时邻居会送我几株小树苗，也是因为爱好使然吧，自己无师自通就会嫁接月季，家门前我小时候种的两棵杏树现在还长得好着呢。”年少往事的点滴，姚炳飞记忆犹新。那时，一到放学，姚炳飞总是跑得最快的那个，因为他要趁天黑前早些去山上折些树枝，然后回家栽种。同龄孩子的课外书都是些科幻故事、漫画书、小人书，而姚炳飞的课外书却有些特别——花草种植专业书。作业写完后，他就拿出花草树木专业读本津津有味地读起来。不仅如此，姚炳飞还喜欢到河里捉鱼摸虾。他说，吃自己捉的鱼虾，赏自己种的花草，这种惬意的田园生活令他愉悦。儿时的田园生活深深影响了姚炳飞，融入大自然，感受大自然的奥妙，研究植物的种养技术，这些对于他来说，别有一番乐趣。与家人栖身田园、打造世外桃源的梦想在他心中悄然扎根发芽。

不称职的饭店老板

如此痴迷花花草草的姚炳飞，想必大学所学专业一定与农业相关，可姚炳飞的回答却再一次令记者大跌眼镜。1999 年，姚炳飞考入齐鲁音乐学院，成为一名音乐生。姚炳飞告诉记者，即使身为一名音乐专业学生，他也从未放弃心中的田园梦。果树种植和音乐都是他的“心头爱”，田园生活的安逸和恬静正与音乐的怡情、浪漫不谋而合。

姚炳飞展示他的“黄金果”

梦想如此美好，现实却非常冷酷。音乐专业就业难，出身农家的姚炳飞只能暗自将梦想深藏起来。为了生计，他选择到威海一家贸易公司工作，成为一名“上班族”。五年时光，说短不短，说长不长，而有时短短几年就能磨掉一个人的初心，淡忘自己的梦想。然而，对姚炳飞来说，这五年间，梦想从未远去，反而正好为他积累了工作经验和人脉。

工作后的姚炳飞暂时没有了生计之忧，却开始不安分起来，他觉得这是一个创业的好时代，自己应该闯一闯。于是，他从公司辞职自主创业。这一次，他选择的是餐饮业。

25 岁那年，姚炳飞在威海开了一家饭店。虽然一开始他对饭店经营一窍不通，但凭借灵活的头脑和吃苦耐劳的韧劲，他的饭店很快经营得有声有色，这也为他积累下人生的第一笔财富。

正当饭店经营得风生水起时，姚炳飞又开始不安分了，儿时的“田园梦”随着年龄的增长变得愈发强烈。于是，他将饭店交给妻子打理，自己得空便全国各地跑，观摩学习田园经营经验，考察产品和市场行情。

2013 年，姚炳飞认为时机已经成熟，决定回乡再创业。通过土地流转，姚炳飞在荫子镇西夏埠村建起了占地 400 亩的果园，成立了华腾苹果种植专业合作社。

荣成苹果界的“后起之秀”

在前期考察中，姚炳飞发现，种植业品种繁多，当时西洋参、生姜种植最赚钱、最火爆，而荣成最适宜发展的苹果产业正值全国性卖果难，到处“一片哀鸣”。姚炳飞没有盲目跟风，他调查发现，苹果“卖果难”集中体现在老品种上，而一些刚刚兴起的苹果新品种俏销市场。姚炳飞不顾朋友和家人的反对，毅然选择了苹果种植。

可种什么品种的苹果又让姚炳飞犯了难。在市内外果业专家的建议下，他选择了新品种红富士“天虹 2 号”。

创业是艰辛的，在田野上创业尤其如此。但无论怎么难，姚炳飞笃定一个信念，那就是果园起点一定要高，不仅品种是最新的，所有的设施和管理技术都要是当前最先进的。尽管有种花种草的热情，但真正要管好一个现代果园，那需要实打实的技术。不懂，他就到处取经问道，甘当小学生。听说哪里有培训班、果业讲座，他一次不落。甚至不惜花大价钱聘请专业技术人员，全程为果园建设管理提供技术指导服务。

果业是一个投资大、见效慢的行业。一棵苹果树从小树苗长成结果至少需要三年时间，三年内不仅没有任何收入，还要持续投入。由于资金有限，400 亩土地姚炳飞只开发了一半就用光了资金，饭店的收入也难以维持果园的后续发展。

“学技术咱不愁，可资金的难题一度让我绝望。果园已投资近 500 万元，最难的时候，所有的朋友都借遍了还是不够，不得不将家里的住房抵押贷款，就差砸锅卖铁了。”说起这些的时候，姚炳飞脸上带着笑，话里却分明充满着苦涩。

放弃就意味着前功尽弃。咬咬牙，姚炳飞坚持了下来。他的果园全部采用现代果园栽培模式，成为荣成现代苹果的新生力量。2017 年，果园迎来了首个丰收年，亩产达 2000 多公斤，这让姚炳飞信心倍增。

创新求特闯新路

佳果三年得，一尝泪双流。华腾苹果种植专业合作社内个个又大又红的苹果，姚炳飞给它们起了个好听的名字——“羞哒”。

姚炳飞（右）和工人一起挑选苹果

“这颜色鲜红、色泽光亮的大苹果仿佛像小姑娘害‘羞哒’得红了脸，十分形象，听起来也比较容易让顾客记住。”第一年结果，姚炳飞就想走自产自销的新路子，好好地“赌”一把，拓展多渠道销售模式。通过叫响自主品牌、设计独特包装，如今，“羞哒”苹果已通过京东中国特产·威海馆销往全国各地，每公斤苹果价格高达16元。

“我从事果树种植的目的不完全是为了赚钱，而是为了我一直追寻的‘田园梦’，我的果园还有一大优势就是在山脚下，我准备在果园发展稳定后，向山上开发，盖木屋，修山路，通水电，发展民宿经济，打造天然的休闲度假庄园，这才是我的终极目标。”姚炳飞满怀憧憬。

在入园的道路两旁，姚炳飞还栽种了紫藤花。他说：“待明年紫藤花开时，就能有像国外一样美丽的紫藤隧道。那时，入园，紫藤隧道诗意浪漫；再入，绿树红果相映成趣。”“开荒南野际，守拙归田园。”这大概就是姚炳飞梦想中的生活吧！

（采访时间：2017 年 11 月）

果园里的"游乐天堂"

——记荣成市三禾家园农业有限公司总经理褚超

□ 张世松 于佳佳 李万玉

褚超，荣成市三禾家园农业有限公司总经理。他从一名普通船厂工人到现代果园管理者的角色转变，其跨度之大、难度之高，足见其对人生道路选择的坚定与自信。于他而言，挑战不可畏，困难不足惧，最怕的就是墨守成规、庸碌一生。坚持"有梦想就不怕晚"的他，一直奋斗在创业路上……

三百多年前，一个苹果"砸"出了万有引力定律；今天，在大疃镇孤石杜家村的一片苹果园里"诞生"了一位"奇思妙想家"，他将平淡无奇的苹果园打造成一处户外"游乐天堂"。日前，循着苹果的香气，记者来到三禾家园农场探寻苹果园里的秘密。

不同于要经过漫长、狭窄的乡路才能找到藏于远郊的苹果园，三禾家园交通便捷，位于交通主干道旁。一进园，还未来得及细瞧，就已经被繁忙的苹果采收景象所吸引：选果、装箱、装车、运输，一气呵成，忙碌的节奏似乎容不得人们喘一口气。在果园工人的指引下，记者见到了三禾家园农业有限公司总经理褚超。此时，他正与工人们一起将苹果整箱整箱地搬上车，浑身上下都蒙了一层土，与普通果园工人毫无二致。

见到记者，褚超急忙把手在衣服上使劲擦拭了几下，然后才与记者握手，握手的一瞬间，记者感受到的是超越这个年纪的粗糙与皲裂，一双手足以道出几载的艰辛与勤奋。

船厂工人变身勤劳的农庄主

提起褚超，果园工人们异口同声地说："俺们这位老板丝毫没有架子，整天和我们工人同吃同干，十分难得，大伙跟着他干有劲头！"

"干活干惯了，一时闲下来还有点手痒呢，咱也不是娇贵人，和大伙儿在一起干活乐趣更多。"褚超的真诚与憨厚令记者印象深刻。说他爱干活，一刻也闲不住，这话一点也不假。褚超原本是船厂的一名普通工人，整天闷在车间里，什么脏活儿累活儿都干过。在同事眼中，他就是一位不善言辞、只知埋头苦干的老实人。而 2013 年底，褚超的一个举动，让船厂的工友们大为吃惊。

辞职！干了十几年的工作哪能说辞就辞，而褚超的决定义无反顾、斩钉截铁。他说，按部就班的工作和生活难免有些枯燥，充满挑战和未知的工作才能激发人的潜能。家人的反对，周围人的不理解，都没能阻挡褚超的选择。

其实，褚超的辞职是有备而来的，他早就相中了生态农业这条路，有两位朋友与他的想法不谋而合，这让本来愁资金的褚超信心倍增，动力十足。

2014 年春，褚超看中大疃镇孤石杜家村南的一片荒地，这里处于荣成与文登的交界处，紧邻 309 国道。褚超与合伙人在此处流转土地 180 亩，打造现代果园。在市果茶站专家的指导下，褚超从莱西引进优质苹果苗木，采用宽行密植、行间生草、秸秆还田、水肥一体化等现代化苹果栽植模式。

"门外汉"成为"技术达人"

在介绍果园发展时，褚超越说越自豪，赶忙拿出几个刚下枝头的王林苹果让记者尝尝鲜。王林苹果不同于平常的红苹果，它的果皮呈黄绿色，且有稀疏的斑点。真的好吃？记者心中打了一个大大的问号。"别看它样子不俊，但汁多皮薄果味香。"在褚超的介绍下，记者忍不住咬了一口，独特且浓郁的果香充斥着整个口腔，仅仅一口，便足以让人爱上它。

能种出如此香甜可口的苹果，除了现在广泛推广的现代化苹果栽植模式，三禾家园还有什么秘诀呢？

"我们的苹果可是'吃'花生饼、'喝'海带汁儿长大的。"原来，为了提高苹果的甜度，褚超将发酵的花生饼当作肥料，并且定期施用海藻肥，完全采用有机、纯天然的栽培模式，并通过绿色食品认证。整个果园机械化作业率达 90%，平均每亩投入达 2 万多元。经过两年的探索和经验积累，果园发展趋于稳定。2016 年，褚超又在崖西镇西藏村流转土地 300 亩，扩大农场规模。2017 年，三禾家园的“秉兰”苹果到了结果期，总产量达 15 万多公斤，其中一级果占到 66.7%，平均每百克果肉含维生素 C 达 24 毫克，糖度达到 18，已被河北石家庄的客商包销。

褚超（左）和员工们一起开心地挑拣苹果

“农场的特点在于品种丰富，体现大自然的乐趣。”褚超不满足于只单纯种植苹果，又引进猕猴桃、桃子等水果。说起猕猴桃，这也是三禾家园农场的另一主打产品，200 株猕猴桃树结出的果子在国庆期间被来园采摘的人们抢购一空。

备受欢迎的猕猴桃，得来却不容易。一向追求更优质果品的褚超，选择种植的猕猴桃品种起点也高，一开始就引进红心猕猴桃品种，可因为对猕猴桃了解甚少，2015 年褚超就吃了大亏。由于红心猕猴桃不耐寒，冬季的大雪将 2000 多株猕猴桃树全部冻死。可褚超觉得吃这“亏”是福，此次教训不仅让他收敛了苹果种植成功产生的傲气，更让他俯下身来虚心求教。痛定思痛，褚超引进耐寒品种——博山碧玉，同时引进稀有猕猴桃品种——东北软枣猕猴桃，所有猕猴桃从开花到结果全部实现无农药、绿色纯天然种植。

果园里打造游戏乐园

“酒香也怕巷子深。”为了提高产品知名度，吸引更多游客以带动产业发展，褚超这位果园里的“奇思妙想家”又想出一招——打造野外趣味农场。这藏于果园最深处的秘密就是褚超一手打造的荣倡生态休闲体验区。

也许很多人想不到，这片郁郁葱葱的果园里还设有草地卡丁车、轨道滑草、射箭、竹筏体验、吊床、攀爬等游乐项目，整个农场俨然一座游乐园。看着一辆辆排列有序的卡丁车，记者也忍不住过了一把“赛车”瘾。打造“果园里的游乐园”这一做法，为褚超引来了大批顾客。2017 年 9 月中旬，荣倡休闲体验区正式运营，吸引了来自威海、文登和荣成本地的大量游客，“十一”黄金周期间，游客每天平均达到 200 多人。以果生趣，以趣带果，水果种植与野外游玩相辅相成，成为“三禾家园”的特色招牌。荣倡生态休闲农场先后被山东省农业厅和威海市农业局评为“山东省家庭农场示范场”“威海市农业专业合作社示范社”。

果园里独特的卡丁车赛道

果实初丰收，创业仍不休。打造“好吃、好玩、好景”的“三好”家园仍将是褚超奋勇向前的不懈动力与目标。

（采访时间：2017 年 11 月）

曲华莲：岁月不负劳作人

□ 赛绪强

曲华莲可谓命途多舛，原本应安享晚年的她却因为丈夫接二连三的车祸变故而要承担起沉重的债务和家庭重担。但是命运没有压垮她，如今60岁的她依然辛勤劳作在大棚里，靠自己的双手支撑起风雨飘摇的家庭，她的人生也因创业而变得灿烂无比。

“妈，大棚咱就别扣了，债务我来还。”“傻闺女，你也有家有口的，妈怎么忍心老是拖累你呢？妈是干活的命，都60岁的人了，身子骨还这么结实，再干10年不成问题。13万元债务不是小数目，我寻思着3年应该能还上，剩下的7年，就是赚我们的养老钱了。妈掂量来掂量去，要想摆脱眼前的困境，只有扣大棚了。你不用为我担心，不会我就学，活儿压不死人，只要肯干，这世上没有过不去的火焰山。”这是曲华莲与女儿的一段对话。

女儿没能说服母亲。2016年，在一片同情、感叹、敬佩并夹杂着质疑的声音中，曲华莲投资9万元，在虎山镇大曲家村建了占地1亩的冬暖大棚。

曲华莲第一次扣大棚，各种困难让她应接不暇。市场不了解，种植技术不熟悉，这也找人，那也找人，没有钱却处处用钱。不知道是计算偏差，还是天气影响，她种的瓜菜总是差那么几天，卖不上最好的价钱，达不到最好的收益。好在她勤奋、用心，从不闲着。西瓜收了种西红柿，西红柿收了种芸豆、菜豆、黄瓜，一亩地的大棚，让她管理得井井有条，谁见谁夸。

扣大棚是功夫囤子，很多人视为畏途，宁可出去打工，也不愿在大棚里忙进忙出。为此，村里很多人不解，曲华莲都这么大岁数了为什么在别人“下马”的时候“上马”？

曲华莲自有她的苦衷，她要照顾残疾的丈夫。

除了种这1亩冬暖大棚，她还要种7亩露天蔬菜、粮油作物，饲养两头母猪。一年下来，追求极致的曲华莲，经验没有积累多少，教训却总结了一大堆。遗憾之余，却又信心满满。她告诉笔者，她相信这条路走得对，只要继续努力，还能做得更好，肯定比出去打工强多了。她修改了她的还款计划，3年改成了两年。

曲华莲评价自己说："我接受新事物快，肯干、能干、不惜体力，遗憾的是上学少，没什么文化。"在17年前，曲华莲夫妇曾靠双手辛苦劳作带领全家过上了好日子。都说种地不挣钱，将土地撂荒、出去打工的比比皆是，而曲华莲选择了种地。最多的时候，夫妻俩种着二三十亩地，粮菜间作，粮食卖商品粮，菜卖给食品企业。"人勤地不懒"，他们的小日子过得红红火火，是村里人人羡慕的富裕户。

可天有不测风云，夫妻俩的安乐日子没有享受多久。2000年，曲华莲的丈夫陈正权突遇车祸，肇事方是东北的一个单身青年，倾其所有才凑了5000元钱，这与10多万元的医药费相比，简直是杯水车薪。住了两个多月院，因为没钱了，陈正权不得不提前出院。撞断了的腿长好了，撞坏的大脑却不见好转。陈正权天天躺在炕上昏睡，不知道吃喝拉撒，不知道春夏秋冬，不认识妻子儿女，陈正权变成了植物人！

在山东医科大学读大三的女儿闻讯赶了回来。爸爸这个样子，怎么能将家中重担都扔给妈妈？思前想后，女儿毅然休学，告别了老师同学，告别了为之奋斗的理想，踏上了一条充满了未知和艰辛的别样旅途，和妈妈一起照料父亲，撑起这个风雨飘摇的家。

那是一段不堪回首的经历，那是一段刻骨铭心的岁月。丈夫要吃药打针、要吃喝拉撒，钱从哪儿来，只能天天借，而还钱却遥遥无期。终于，200多户的村子，连50元钱都不好借，连50元钱都没脸去借。

可是，这个社会终究是好人多。有好人，生活才美好；因为美好，活着才有奔头。正当曲华莲陷入绝望无助的时候，有好心人来帮她，让她遭点罪，种点大头菜之类的蔬菜，他保证销路，还借给她2000块钱给她做启动资金。

"老天爷饿不死瞎眼家雀。"女儿照顾着爸爸，曲华莲腾出时间种地种菜。第一年种6亩，第二年种16亩。8月，正是骄阳似火的季节，连鸟儿都不飞，田野里空旷无人，只有远处的蝉一声高一声低地吟唱着。曲华莲娘俩一个栽着大头菜苗，一个浇水，栽了北山栽南山，栽了这块栽那块，栽不完地栽，浇不完地浇，历时半个多月，连雨天都不肯歇，每天都栽，每天都浇。“力尽不知热，但惜夏日长。”其中的甘苦不足与外人道也。

每天，从外面回来，曲华莲不管自己有多累、有多饿、有多脏，第一件事就是给丈夫擦屎擦尿。她打开电视给丈夫看，找来歌儿放给丈夫听，告诉丈夫一天的劳作和每一天的喜怒哀乐、家长里短，她要唤醒丈夫，她不相信丈夫会这么一直躺着。

可是，第一年过去了，丈夫这么一直躺着；第二年过去了，丈夫还是这么一直躺着。一年尚且有四季，曲华莲的春天在哪里？

陈正权遇车祸撞成植物人进入第三个年头，又过了半年，时间是2003年的正月里，正在炕上照顾父亲的女儿，突然看到爸爸的眼睛有了神采，眼角还流出几滴清泪。女儿兴奋地大叫：“妈，妈，快来看，我爸醒过来了！”正在灶间忙活的曲华莲，撂下手里的活计，跳上炕来，见陈正权正朝着自己笑呢。

奇迹终于发生了。全家人抱着陈正权嚎啕大哭，3年的不幸，3年的委屈，3年的压抑，3年的一切一切，仿佛就在此刻得到全部的释放。不知哭了多长时间，他们又开始笑，开始跳，笑了又哭，哭了又笑。不知什么时候，他们家涌进来一屋子“看热闹”的邻居，他们都闻讯赶来祝贺，祝贺陈正权的新生，祝贺他们一家人苦日子有了盼头。

女儿大了，有婆家了，谈婚论嫁是迟早的事。曲华莲还有个儿子，在外打工，她要正儿八经地想法儿挣钱了，她还要给儿子在镇驻地买户楼，花钱的地方多的是。

陈正权的身体迅速恢复，生活能自理了，还能干些简单的家务活。在儿女的帮助下，曲华莲辛勤种着16亩地，粮菜间作，就这样过了一年又一年。

女儿嫁人后，曲华莲少了个重要的帮手，这16亩地是种不下去了，加之企业用菜大幅度减少，种地面临着转型。曲华莲思来想去，决定退回租来的10多亩地，选择出去打工。

本镇的好当家集团、针织厂，外镇的人和、靖海，她都去过，只要工钱给得多点，累点脏点加班她都不怕，但每个劳动日只赚二三十元钱。她听说到苏州打工挣得多，每月基本工资就1600元，加班挣得还多。她把照顾丈夫的任务交给了同村的妹妹，一个人南下苏州，在一家棉纺企业打工。老板见她年龄虽大，活儿干得却麻利，得知她的遭遇，深深地同情她，便把一帮年轻的女工交给她管理，能再挣一份工资，这样每月的收入超过了3000元。但她只干了半年，最终不得不选择回家。原来，她丈夫的大脑并没有完全康复，两次离家出走，曲华莲的妹妹害怕了，赶紧打电话给姐姐，曲华莲闻讯只得辞了工作往回赶。回到家，她稍作安顿，还是每天出去打工，还是哪里挣钱多哪里去。

望着大棚里自己亲手种植的蔬菜长势喜人，曲华莲脸上露出了久违的笑容

10多年过去了，曲华莲像高速旋转的陀螺，一分一秒都不曾停歇，除了打工，还是打工。这个漏雨透风的家，在她不停的“修缮”下，逐渐转危为安。儿子的楼买了，媳妇娶了，尽管又欠了10万元的债务，但曲华莲还是感到少有的轻松。

可是，这样轻松的日子没有维持多久，新的灾难又接踵而至。2014年1月和2015年10月，陈正权又遇到两次车祸，肇事方还是无力支付医药费。旧债未还，又添新债。陈正权命是保住了，人却残疾了。

面对接二连三的打击，曲华莲能挺住吗？丈夫像根绳索把她拴在家里，工打不了了，钱上哪儿去挣？若将这么多的债务分给两个孩子，就算孩子愿意，她也不能这么做。又是一番长思，她想起了种菜，想扣体力相对轻点、技术含量更高的冬暖大棚。两个孩子担心母亲的身体，说什么也不同意，见说服不了母亲，只得转而支持帮助。一有空，姐弟两家子就回来和母亲一起管理大棚，推销成熟了的瓜菜，尽可能多地分担母亲的压力。

受地块和资金的限制，曲华莲扣的大棚不大，她不得不兼顾着种植露天蔬菜。她种的瓜菜不施用化肥，农家肥的需求量很大，出去买，花钱多还耽误工夫，于是曲华莲又在大棚旁边建了一排猪舍，养了两头母猪，自繁自养，既消化了自家产的粮食，猪屎猪尿收集起来又可以肥地。最终，猪多、肥多、粮多、菜多、钱多的产业链形成了。

曲华莲告诉笔者，下一步，她准备再流转一块地，扣一个更大的冬暖大棚，再多养几头母猪，把摊子再铺大一点。

曲华莲的励志故事感动了周边很多人，人们纷纷向她伸出援助之手。虎山镇镇残联给她送去食用菌种，2017 年冬天她又增上了栽培蘑菇，虎山镇政府其他部门也在蔬菜销售、土地流转、资金周转等方面予以全力支持，帮助曲华莲渡过一个又一个难关。

曲华莲的故事告诉我们，劳动创造财富，劳动体现价值，劳动赢得尊严。

（采访时间：2017 年 12 月）

李芳：我的职场在乡野

□赵世喜　于佳佳

七年前，由于单位改制，李芳陷入失业的窘境。在多个无眠的夜晚里，在整日的焦虑中，李芳这样质问自己："难道就这样接受命运的安排，被动地生活？""不！"她的内心坚定地回答。巾帼不让须眉，经过7载时光的洗礼，她已站在创业浪潮的前沿。的

在荣成市俚岛镇沟陈家村西有一家近年崛起的裕苑农场，在创办人李芳的努力下，这片曾经的荒山变得充满生机与活力，成为城里人休闲的快乐家园。与李芳投身乡村振兴行动的尝试相呼应，在荣成农业创业领域也崛起了一股活力迸发的"她力量"。

初心：迈开从谋生计到做事业的步子

人生之旅，总是从梦想开启。实现梦想，并非一帆风顺、一蹴而就，更为重要的是当圆梦之旅受阻，你以什么样的状态去应对。

和许多同龄人一样，出生于改革开放前的人们，都有一个"鲤鱼跳'农'门"成为城里人的梦。随着市场经济体制的建立，"铁饭碗"也变成"瓷饭碗""泥饭碗"，人生面临着许多抉择。李芳从未料到，自己的人生道路也会遇到择岗的考验。接到单位改制通知后，择什么业、走什么路成为她日思夜想的焦虑点。

"下岗后也做了点小买卖，但从来没想过要上山种树，要不是丈夫的鼓励和支持，我根本不敢想自己创业。"李芳说道。

七年前，俚岛镇沟陈家村西数里处有一片山薄地，由于过去广种薄收导致跑水、跑收。随着农村劳动力老龄化和种粮效益的下降，这片土地被弃种弃管，几年下来，就成为一片荒山。开发荒山的想法一时触动了李芳，想到丈夫王忠于上中专时学过农学专业，对农业种植有一定的了解，再加上这片荒山离王忠于父母所在的沟陈家村很近，在大家的支持下，2011 年李芳迈出了创业至关重要的第一步：投资承包荒山！

万事开头难，等待李芳的是严峻的考验。由于多年弃种、弃管，荒山沟深坡陡，荆棘丛生，要想化荒芜为财富，需要从除草开荒、平整土地、梳理水系等基础工作做起，加上农业开发投入周期长、见效慢、回报低，资金、人力都是掣肘的大问题。

开弓没有回头箭。李芳和丈夫加上雇用的几名农民就投入到整地改土工作中。那时，山上全都是密密麻麻的荒草，足足有一人多高，没有路、没有电，那些草用铲车整整锄了 15 天。盖铁板房时，王忠于一个人独自待在黑漆漆、伸手不见五指的山上，蜷缩在车里，盖着棉被还觉得冷。

“创业之初，还真是遭了不少罪，吃了不少苦。开荒盖房子时，为了看管建材，我丈夫一个人在小轿车上睡了 20 多个夜晚。那时候还是农历二月，冷得直打哆嗦。”李芳回忆道。

经过一年多的辛勤付出，李芳的创业终于有了雏形：路平了，电通了，简易的铁皮屋盖起来了。有了遮风挡雨之所，她又开始垒堰整地，种果植树，荒山开始变了模样，梯田层层，果树、绿化苗木成行成片。

这一变化，乡亲们看在眼里、记在心里，为李芳竖起了大拇指，这更加激发了李芳的创业激情。

恒心：蹚出发展高效农业新路子

近年来，工商资本以强势的姿态“上山下乡”，生态、休闲农场成为农业开发的主要形式。靠自力更生从事农业开发的李芳，深悉自己与强大的工商资本下乡的差距，作为“草根”创业者，不可能一起步就是高起点、大手笔，不仅要一分钱掰成两半花，最重要的是还要注重在种植结构调整上潜心探索，力求以特色和品质取胜。

对于种什么，李芳也曾经只跟着感觉走，认为绿化苗木销路好、见效快，便跟风种植了一部分，但她很快发现，资金回笼是个大难题。于是，她根据农场地质地貌、土壤特点等，因地制宜地调整种植结构。平时，她注重在学中干、干中学，细心搜集相关市场信息，从庞杂海量的信息中条分缕析，寻找突破口。得益于所掌握的知识和对市场的把握，李芳发现，当下的绿化市场竞争也有红海与蓝海的分别：一方面，大路产品蜂拥而上，恶性竞争加剧；另一方面，以乡土树种为代表的绿化苗木，因易栽植、成本低而被人们逐渐认知，市场潜力很大。为此，裕苑农场大量繁育了速生楸、野茉莉等本土稀有苗木，让仅存于荣成伟德山的稀有树种资源得到了发掘，成为裕苑农场的一大特色。仅速生楸就一年卖出 1 万棵，且供不应求。

李芳查看苹果长势

在种植常规的苹果、樱桃、桃子、桑葚等果树基础上，李芳充分利用裕苑农场地处丘陵的优越地形，种植具有省水省肥、天然、绿色、原生态等诸多优势的早熟板栗、核桃等干杂果。当别处的板栗还处在生长阶段时，裕苑农场的板栗、核桃采摘体验游已经启动，足足比别人提前一个月。抢了“早市”的板栗个大味甜，虽然价格不菲，但前来采摘的体验者却络绎不绝。“2013年板栗上市后，销量可观，卖了个好价钱。从 2014 年起，板栗还长在树上，就有不少批发商提前来订货了。”李芳说。

基于求同存异、独辟蹊径的经营思路，李芳在种植品种上精心布局，即使是同一种果树，李芳也坚持人有我优，打好时间差、品质牌，以特有的视角寻找市场突破口，努力发展高效农业。

对于怎么种，在实践中摸爬滚打的李芳经过历练，显得更加胸有成竹。正在迈向小康社会的人们，都有着提升生活品质的美好向往，食以安为先，追求营养、绿色、安全的消费正在成为主流，要打响农产品品质牌，就要在种植方式上来一次“革命”。基于这一考虑，她加大土地整治力度，将原来的山薄地改造成保水、保肥、保土的“海绵田”，通过广泛学习借鉴，引入绿色种植技术，加上拥有梯田优势，做到科学安排树木的株距、行距，确保果树能够透光通风，实现更好的光合作用，保证产品品质，努力构建从田间到餐桌的生态保障体系，让消费者吃得放心。为保证产品品质，李芳投入巨资采用生态种植模式，所使用的有机肥料大多来自于新疆、内蒙古等地，而且全部都腐熟到绿色施用的标准。

植物离不开水，由于地处山地，且周围没有大型水库或池塘，浇灌是一大难题。最初，李芳雇人在农场东侧的一条河里用桶打水，再用手扶拖拉机拉到山上浇地。之后，李芳找人在山下打了一口井，从井中取水。再后来，李芳买来几台抽水机，以电泵抽水、水管送水的方式灌溉。由于天气干旱，这些方式远不能满足灌溉需要，李芳因势而为，采取闸沟筑坝修建水塘的办法，并采用滴灌技术，解决了用水难题。

对于怎么卖，注重洞悉和把握市场脉搏的李芳，更懂得“走出深巷卖好酒，好货也需勤吆喝”的道理，虽然她至今没有一分钱的广告投入，但她善用口碑效应扩大产品影响，通过一传十、十传百的“点赞”来扩大市场影响。为给顾客提供最好的消费享受，她在服务质量上精益求精，千方百计满足消费者的个性需求。2014年以来，李芳种植的板栗已经供不应求，每到采摘旺季，人们纷至沓来，板栗脱皮成为一项最紧要的工作。为让消费者高兴而来、满载而归，李芳曾一度采用人工方式进行板栗脱皮，直到订购了电动脱皮机……

天道酬勤。7载创业，李芳在付出汗水、品味艰辛的同时，也品尝到收获与回报的甘甜。

信心：打造消费者心中的“梦田”

历经漫漫创业路，经过小步勤走、滚动发展，李芳用于农场建设的投资已经达到了二三百万元，她不仅想增加农场的种植品种，也希望修整道路，为前来体验的人们创造一个良好的休闲环境，将农场做好做优。但是，她的眼界已经不再局限于物质层面的追求，她对“望得见山，看得见水，系得住乡愁”内涵的理解，比他人感悟更透彻、更深刻。为此，李芳内外兼修，逐步实施着自己的经营策略。

2017 年，李芳栽种的桃子喜获丰收

在种植结构上，李芳着眼于产品的更新换代，注重改良产品品种。在利用网络寻找新技术、新品种、新成果信息的同时，她还注重“走出去”，通过与同行交流、进行市场考察，注意倾听消费者的意见建议，稳步推动品种更新，努力让消费者在采摘体验中产生新鲜的获得感。

在市场开拓上，李芳已感受到“互联网＋农业”的魅力，在巩固线上推广、线下体验结合推动成果的基础上，注重利用 QQ 群、微信群等即时通信展示平台，借力放大“朋友圈”，努力扩大市场影响。

在价值提升上，李芳注重以农场为基础，附加农耕文化的含量，除了持续推动采摘游外，还注重在特色上下功夫，特别是在本土野茉莉的繁育上做系列文章，在拉伸产业链条、增加收入的同时，大做春花秋果的文章。通过敞开“场门”，为摄影发烧友提供拍摄场地，借助于声像、图画的视觉冲击力，为消费者打造自己的“梦田”，让裕苑农场魅力常新……

都说成功的女性是一部书，内涵丰富，意蕴深远。在农业领域创业，李芳一路走来一路歌，创业艰难百战多，她自强自立，不让须眉，令人钦佩。相信，在未来的创业路上，李芳将会始终保持创业激情，奏响铿锵玫瑰的强音。

（采访时间：2017 年 12 月）

“猪倌”今年刚三十

——记荣成市俚岛镇“荣抚”养猪场场主吕帅霖

□ 孙艳丽

岳父突然离世后，吕帅霖敢于担当，诚实守信，主动接下了岳父留下的养猪场和数十万元的债务。经营养猪场，他是“门外汉”，但他从零学起，在摸索中不断进步，在坚守中寻求突破，用坚定和执着探索出养猪新模式。

在人们的印象中，似乎很难将“85后”青年与“猪倌”这个职业联系起来，毕竟青年人有着更广阔的就业空间，少有人能忍受养猪的脏与累。而30岁的小伙吕帅霖，在岳父离世后毅然放弃待遇优厚的工作，经营起岳父生前留下的养猪场，还承担了数十万元的外债，重新撑起这个失去顶梁柱的不幸家庭。

为家人未来生活
继承岳父生前事业

日前，笔者来到位于荣成市俚岛镇东崮村的“荣抚”养猪场，30岁的吕帅霖正忙着在猪场内来回巡查，细心地观察着猪的生长状况。他告诉笔者：“猪舍内如果温度过高，就容易滋生病菌，影响猪的健康。因此，要随时查看是否需要防疫及消毒。”看得出来，这对他来说已经是一项常态化的工作。而实际上，吕帅霖开始学养猪，也就几个月时间，这期间发生的事，对他的人生轨迹产生了重大影响。

这个存栏量近700头猪的养猪场，以前由吕帅霖的岳父经营。在这之前，吕帅霖在外从事药品销售工作，有着不错的收入。然而，天有不测风云，2017年5月，岳父由于意外不幸去世，家里的顶梁柱轰然倒塌，全家人陷入悲痛与无助之中，加上养猪场外欠数十万元银行贷款及饲料货款，一家人一时陷入绝境。

吕帅霖妻弟刚20岁出头，父亲去世时，他正巧已办理好相关手续，准备出国打工。眼看无法继续经营，妻弟和其母亲准备将猪场卖掉用于还债，但吕帅霖却认为："如果着急变卖猪场，卖价怕连还债都不够，一家人还从此失去了生活的经济来源，何况将来妻弟成家更需要钱。这座猪场是岳父辛苦打拼维持的一份家业，凝聚了他20多年的心血，我不想让它就此败落。"

经过深思熟虑，吕帅霖决定将经营猪场的重担挑起来。他的想法也得到了家人的支持。考虑到猪场的几百头猪时刻需要喂养、照看，在岳父去世的第二天，吕帅霖就一头扎进了猪场，开始了职业角色的转变，而随着家里事情的暂时安顿，妻弟也得以安心出国。

吕帅霖说，他之所以作出这个选择，其实还要感谢他的父母。原来，最初得知儿子的想法时，两位老人并不同意，他们不忍心儿子被外债拖累吃苦遭罪。但是，他们都是明事理的人，从中看到了儿子这份勇于担当的可贵品质，最终还是支持儿子的选择。

诚信做人不怕累
"门外汉"顺利"入行"

吕帅霖所学的专业是化学，销售药品得心应手，而养猪对于他来说却是一门陌生的行当，从猪场的经营管理到猪的日常饲养照看等方面，都需要学习。于是，他硬是凭着诚信做人的品性、勤奋好学的态度和吃苦耐劳的精神，成功实现了自我超越，为自己在这个行业中开辟了一片广阔的天地。

接手猪场后，吕帅霖第一时间与有贷款业务的银行联系，要求将贷款人改成他的名字，又当着几名饲料供应商的面，将岳父生前写下的欠条废除，重新立下借款人为吕帅霖的欠条。他这样做的目的只有一个，就是告知对方自己会主动履行还款义务，彰显一份诚信与担当。"岳父生前在行业中很有威望，也得到社会各界的支持与帮助，他为人老实厚道、讲究信用，我应该把他的这种品质继承下去。”吕帅霖说。也正是被吕帅霖的这份诚信品质打动，银行与业务伙伴才继续给予他政策及资金上的支持，帮助他更好地经营猪场。

养猪不仅需要热情，更需要丰富的经验与专业的知识。对此，吕帅霖从一开始就向场里的工人、周围养殖户等请教养猪注意事项。通过向饲料厂的技术员了解各种饲料的用途和喂养方法，到镇兽医站学习各种常见疾病检查、疫苗接种、给小猪断尾及剪牙等方法，他甚至特意打电话给岳父以前认识的农学院专家，专门进行请教。吕帅霖的谦虚有礼、勤奋好学，让他在学习过程中受益良多，积累了越来越多的专业知识与技能。

在猪场里，吕帅霖总是亲力亲为

吕帅霖说，养猪并不像人们想象中喂料、喂水那么简单，而是一门系统复杂的工程。猪从出生到正式出栏，这几个月的时间里，必须尽心尽力照料好，保证猪的健康生长，一不留神就会发生群体性疾病等。此外，由于野性未消，猪有时还会彼此打架，导致不必要的死伤。为了避免这样情况的发生，他经常早上 4 时就起床，对猪场所有的猪舍不间断地进行巡视。对于猪舍的温度变化及卫生状况、母猪配种时间、小猪出生后的免疫及生长、肥猪饲料的摄入等情况都要做到全面掌控，并随时从细节中发现异常，及时采取有效措施。虽然猪舍内经过了清洗与消毒，但依然异味刺鼻，而吕帅霖全然顾不上这些。他说，现在自己一天不进去转转，心里就觉得不踏实。哪怕再苦再累，当看到小猪健康成长、肥猪顺利出栏，他就觉得所有付出都是值得的。

在吕帅霖办公室的台历上，笔者看到，每个月份上都密密麻麻记载着每天的工作安排，这也是他勤奋好学的生动写照。“接手猪场虽然近 7 个月了，但自己在这方面仍是个新人，要学习的东西还有很多。”吕帅霖说道。

“科学”管理显成效
经营状况势头好

作为一位新时代的大学生，吕帅霖深刻意识到：“养猪也是一门科学，同样需要创新。”因此，在日常经营与维护猪场的过程中，他注重通过科学化、精细化的管理，来提高猪场管理效率与经济效益，并取得明显成果。

吕帅霖整理听课时拍摄的内容

在做好猪舍巡查记录的前提下，吕帅霖将所有的猪进行编号，并输入电脑中汇总，详细记录每头猪的出生重量、断奶重量、饲料食用量、产前及产后状况等内容。相比以往的纸质记录，这种精细化的查询方式更便捷，保存时间也更长，为猪场日常管理提供了更客观、更详实的数据。同时，为了更好地掌握养猪技能，他专门上网下载了相关资料并制成课件，便于随时学习吸收。比如，猪场要保持和提高出栏量，要从母猪配种及小猪出生后的生长等环节抓起。为此，他通过上网学习，掌握了一套科学系统的养护方法。前不久，猪场内一头母猪生产，他将这套方法应用于实践，有效促进了母猪的顺利生产及产后康复，小猪也健康成长。此外，吕帅霖还经常浏览、关注市场行情，为日常经营提供及时、有益的参考。2017 年端午节前，生猪价格维持高位，但他结合网上行业信息，预测价格有可能回落，决定先出手一批肥猪。于是，他顶着家人的压力，果断出栏了 40 头肥猪。果然，生猪价格很快每公斤回落了 1 元，这让猪场避免了不少损失。慢慢地，家人对他的经营能力刮目相看，也对他更加信任与支持。

都说转行不易，虽然接手猪场不过几个月，但养猪场经营状况正稳步向好发展。在他的努力下，养猪场已出栏肥猪 100 余头，加上出生的小猪，存栏数量维持在近 700 头。除去必要的人工、电费等成本，猪场处于正常盈利状态。虽然距离完全偿清债务还有很长的路要走，并且 2017 年市场行情也不是很好，但有了良好的开端，吕帅霖对未来充满信心。他表示，要撸起袖子继续加油干，把养猪当成一项事业做大做强，争取在现有基础上将规模扩大一倍，并不断提升猪场经济效益，让家人过上更好的生活。

（采访时间：2017 年 12 月）

向海而歌　扬帆远航

——记荣成市 37° 帆船帆板俱乐部负责人李志

□ 赵世喜　张世松

李志，荣成市 37° 帆船帆板俱乐部创建者。他在商海沉浮 30 年，有着过人的胆识和坚韧的毅力，在每个涉足的行业领域都取得了令人钦佩的成就，但他从来不沉醉于自己过去取得的成绩，而是矢志不渝，一路向前，向海而歌，扬帆远航。

依海而居，傍海而兴，因海而富。浩瀚的大海，让荣成领改革风气之先，跃居全国百强县市前列，也造就了一批海上风云人物。

进入 21 世纪，因为海上资源制约，许多人望海兴叹，束手无策。但有一个人大胆探索，以"第一个吃螃蟹者"的姿态转型创新，期冀通过新旧动能转换来实现人生转变。

他，就是荣成市 37° 帆船帆板俱乐部创建者李志。

商海励志

经营 37° 帆船帆板俱乐部的李志，实现了由陆上实践到海上创业的转折，这种转折的动力来自于他的大海情缘。生在海边、长在海边的他，人生的历练从来没有离开过大海。

1988 年，李志中学毕业后进入荣成市土产公司从事营销工作。20 世纪 80 年代，土产公司发挥着流通主渠道作用，经营着数百种土特产品，也负责工业品的地产地销。他参加工作时，正赶上改革开放后的第一次消费浪潮，于货畅其流中，李志虚心向领导、同事学习经营方法，悉心培养自己观察市场、把握时机的能力，提升自己独立的经营水平。他，要在商海中练就一身过硬的本领。

在李志的记忆中，可圈可点的当属其让“东方”啤酒畅销大连市场的那一段经历。

20世纪80年代，由于改革开放战略的强势引领，特别是投资体制改革的推动，轻工业呈现出“井喷式”的跨越发展。当时，荣成市拥有3家啤酒生产企业，有限的市场空间迫使企业必须近守远攻、开疆拓土以扩大市场空间。在经理的带领下，李志随同渡海赴大连开发市场，其主要任务是让荣成市东方啤酒厂生产的“东方”啤酒在大连市场站稳脚跟，并以此为跳板，向东三省及俄罗斯等地市场进军。

与荣成隔海相望的大连市，地处沿海开放前沿，由于经济基础雄厚，消费水平远远高于荣成，认品牌、讲品质是当时大连人主要的消费价值取向：大连人只认当地生产的“棒槌岛”啤酒。刚刚投产不久的“东方”啤酒，在大连一无名气，二无经销场所，数十吨货物只得堆放在码头，任由风吹日晒。以当时的啤酒生产工艺，既需快销，又需遮光保存，否则就会影响其品质，弄不好甚至会蚀掉“老本”。初涉商场的李志，对此确实有些打怵。

沧海横流，方显英雄本色。那些日子里，李志跟着领导在跑市场、跑客户的同时，还要寻找一处仓储之地以方便啤酒的周转，于人生地不熟的境况中寝食难安，战战兢兢。经过一段时间的努力，先后在大连市自行车厂和市邮电局找到了理想的仓储场所。最终，他们靠诚信经营和吃苦耐劳的韧劲，硬是从大连啤酒市场浓厚的地方保护主义的重围中撕开了一道口子，借助于灵活的经营艺术和过硬的产品质量，争得大连市糖酒公司的大力支持，“东方”啤酒端上了大连人的餐桌，渐渐成为当地人的消费首选……

开拓大连市场的历练，让李志在干中学、学中干的同时，开阔了视野，懂得了海纳百川、自强不息的人生哲理，提高了观察市场、把握机会的能力，提升了业务拓展本领。1998年，李志离开大连自主创业。他在寻山街道赁屋生产建筑机械配件，为徐州重工、山东华夏等企业配套。他深谙并认同“产品质量就是企业生命”的哲理，坚持不懈地提升产品质量，成为可信赖的合作伙伴。通过搭船出海，李志生产的配件随主机远销亚洲、欧洲、美洲、非洲的 34 个国家和地区。

傍海而兴，李志向海而歌的梦想越来越强烈。后来，他又涉足玻璃钢游艇制造，并在这一行业崭露头角。2008 年，有两件事让李志刻骨铭心：百年一遇的金融危机对实体经济的重创和 2008 年青岛奥帆赛的成功举办。应朋友之邀，李志与奥帆赛有了“零距离”接触，他对帆船帆板比赛的兴趣与日俱增，跃跃欲试。

心随帆动

机会只会留给有准备的人，它的“神奇”就在于给“疑无路”的人带来“柳暗花明”，让商人“散尽千金还复来”。智者善于抓住机会，成功者创造机会，愚者错失机会。2014 年，在机械配件与游艇制造搞得红火的时候，李志怀着对帆船帆板业浓厚的兴趣，注册成立了蛃江海洋休闲旅游有限公司，并于 2016 年 8 月正式对外接待游客。李志，主动出击，做机会的创造者。

李志介绍他的参加国际风帆精英联盟赛帆船

帆船帆板运动在国外流行多年，但在我国还属“高冷”项目。但李志认为，随着经济的发展，这一运动项目必将兴起，市场巨大。说干就干，李志走遍了威海 986 公里的海岸线，了解到这里岸线曲折，岬湾交错，是发展帆船帆板运动的“天堂”。更重要的是，这里拥有充足的自然风力，非常适合帆船帆板运动训练和比赛需要。为此，李志利用自己的工厂，高标准建造训练器械，制作的小帆船达到了100多条的规模。

2016年“十一”黄金周，对于试水休闲渔业旅游项目的李志来说，算是旗开得胜。他开发的休闲渔业旅游项目位于荣成北部的桑沟湾，自寻山街道青鱼滩海域一直延伸至蜊江港海域，包括海上垂钓、海上采摘、水上娱乐等，水上娱乐项目以帆船、快艇、水上飞鱼等为主。“十一”黄金周，来自四面八方的游客在这里尽情畅享了海上休闲的乐趣。海上娱乐项目——海上快艇迎来了一波又一波游客。快艇载着游客在海面疾驶，激起层层浪花，激情与速度，波涛与呐喊，给游客带来了更多的刺激和愉悦。这正是李志所追求的，因为爱好是从兴趣开始的。

已经蓄足进军帆船帆板运动实力的李志知道，由于现在帆船帆板运动比赛出镜率不高，因此多数人对项目的认知度比较低，看不懂比赛。要进入这个领域，首先就要破除人们对项目“高冷”的固有认知，让“高冷”的运动项目成为民间的一种爱好、一种追求，走向大众也会容易许多。为此，李志把希望寄托于青少年身上。看到青岛、厦门实行的俱乐部会员制，青少年夏令营都在不断发展壮大，李志清楚，这个项目对青少年爱护身心健康、提高动手能力都有很大帮助，要让“高冷”的项目在荣成热起来，必须从青少年抓起。为此，他高薪聘请专业教练，通过举办帆船帆板夏令营，努力将这个水上运动项目引入荣成，在荣成构建“千帆竞发”的群众性海上健身场景。

针对有人认为这个项目小孩玩有危险、收费比较昂贵的实际，李志争取荣成市体育局、教育局的支持，借助于威海市开展“帆船帆板运动进校园”的行政性推动，以荣成市蜊江中学、府新小学等为试点，从娃娃抓起，普及有关帆船帆板运动的知识。李志自费承担了所有教练、救生人员和参训学生的人身意外伤害保险费用，并在普及专业知识的同时，灌输并强化“安全无小事”的理念，努力让孩子安全训练、让家长放心。由于教育、体育主管部门的积极争取和李志的全力协助，2015年，威海市体育竞赛管理中心将荣成人工湖基地纳入到威海市“帆船运动进校园”活动范畴。2015年以来，李志先后合作开办了“棒踪帆影”等夏令营活动，举办了2017年第一届亲子趣味龙舟赛。如今，这一项目逐渐“飞入寻常百姓家”，为荣成市民所认知和支持。

打铁必须自身硬。自爱好上帆船帆板运动项目之后，稍有闲暇，李志就钻研专业知识，积极参加各类培训，系统地掌握了帆板制作、海情分析、训练管理和安全管理等一系列的专业知识，并经过严格考核达到了一定的教练级别。由于这是一项挑战心理极限、身体极限的运动项目，如果想成为一名航海爱好者或航海家，需要具备更好的身体素质、心理素质和天文地理等各方面综合知识，还要拥有过人的胆魄和足够的智慧。因为在远途航海中，会遇到很多意想不到的突发情况，需要用超人的智慧和丰富的经验去迎接挑战，解决一个个未知的新问题。2014 年 10 月 10 日，李志领衔成立了荣成市帆船帆板运动协会，通过有识之士的抱团协作推动当地帆船帆板运动不断发展。2015 年，李志以体育人的热忱，自组团队，自筹资金，自购培训、救生器材，免费培训全市中小学生 80 余人，组队参加了威海市青少年 OP 帆船比赛，并取得了优异成绩。2015 年，李志举办了青少年 OP 帆船夏令营，入营的 300 多名孩子来自全国各地，也使更多的人对荣成有了更深入的了解。

2016 年 10 月 2~3 日，“2016 中国·荣成全民健身城市帆板邀请赛暨国际风帆精英联盟赛”在荣成滨海公园举行，国内外选手意气风发，勇敢地驶向大海，给现场观众留下了深刻的印象。赛事经媒体广泛推介后，收到了良好反响。李志为荣成发展五大幸福产业播洒的汗水，终于尝到了回报的甘甜。

以帆为歌

时下，体育产业成为建设健康中国、推进供给侧结构性改革的重要载体。而帆船帆板运动是集娱乐性、观赏性、探险性、竞技性于一体的项目，已经成为世界沿海国家和地区普及程度较高、人们喜闻乐见的大众体育运动之一。从开始创办休闲旅游经营实体、成立荣成市帆船帆板运动协会起，李志就有从零起步、将运动项目培植成产业项目的梦想。他为此以帆为媒，在推动产业化发展、宣传和推介荣成等方面不懈努力。

贡献荣成智慧。到 2016 年底，李志以 37° 帆船帆板俱乐部为依托，设立了南海和北海两个基地，聘请美国专业教练，致力推动帆板运动进校园，结业的小学员全部达到了独立驾驶 OP 级帆船的标准，并在威海 OP 帆船比赛中取得优异成绩。从实战出发，李志在帆船帆板方面的专业经验不断累积，一些新颖的观点、理念逐渐为同行所称道。2016 年 12 月，他受邀参加了在北京召开的《业余帆板技术等级标准》和《业余帆板培训教材》编写工作研讨会，并积极建言献策。在京期间，他还与深圳、青岛、大庆、秦皇岛等帆板界专家、学者、教练共同研讨技术等级划分、俱乐部经营资质、水上运动安全管理等课题，讨论了2017年全国业余帆板俱乐部总章程等，围绕《业余帆板技术等级标准》和《业余帆板培训教材》的编写，提交了个人心得体会，有部分意见已被采纳和吸收。于是，在国家帆船帆板知识体系建设中，也融入了荣成的智慧元素，这也是继成功举办“2016中国·荣成全民健康帆板邀请赛暨国际风帆精英联盟赛”后又一专业成果。

李志正在教授帆船驾驶技术

盘活近海资源。拥有千里海岸、辽阔海域的荣成，风光无限，但人们开发、利用海洋的视野长期局限于水产品养殖加工、滨海旅游上，利用效率不高。作为中国帆船帆板运动协会的团体会员，李志特别注重结合荣成的海洋特性和气候特点，积极向国家体育总局水上运动管理中心等推介荣成、宣传荣成，希望引入体育、健身等新元素。一些受邀来荣成考察的专家这样评价：“荣成是全国拥有得天独厚的、无法复制的开展帆板运动自然条件的地方。”得益于此，在举办了“2016中国·荣成全民健康帆板邀请赛暨国际风帆精英联盟赛”及系列全国性或区域性赛事外，2017年6月12日，历经一周的紧张训练，国家户外教育师（航海教育方向）岗位培训班在荣成举行了结业仪式，25名航海教育方面的户外教育师获得了从事航海教育的相关资质。这是经人社部教培中心批准的首期培训班，经人力资源和社会保障部教育培训中心、华夏新锐（北京）教育科技中心等验证而选址荣成的。培训班由国家体育总局中国定向运动协会拓展与露营委员会、中国职业安全健康协会户外教育安全分会负责指导，华夏新锐（北京）教育科技中心具体承办，荣成市 37° 帆船帆板俱乐部承担了场地、设施服务等协办事宜。

2017 年 7 月 4 日，“那香海杯 2017 全国青少年帆板锦标赛”在好运角旅游度假区那香海海水浴场开赛。比赛为期 6 天，来自全国 15 个省市代表队的 200 多名运动员、教练员、裁判员及帆板爱好者激情参赛，一展身手。荣成，已经成为全国举行帆船帆板运动的首选之地。

“2017 年 6 月 18 日，我省帆船帆板运动协会揭牌仪式在哈尔滨金河湾湿地隆重举行，来自上海、深圳、海口、三亚、哈尔滨、大庆、沈阳、大连、青岛、汕头、荣成等城市的帆船帆板俱乐部共 120 名负责人齐聚哈尔滨松花江畔，共同见证黑龙江省帆船帆板运动协会的诞生。”这是刊登于 2017 年 6 月 19 日《黑龙江晨报》上的一则消息。荣成与一些大中城市并列于报道之中。以“自由呼吸 · 自在荣成”为自豪，李志已经成为“品牌荣成”的传播者。近年来，为推动帆船帆板运动项目的开展，他的足迹遍布全国，北到大庆、南至海南岛等地。每到一处，他都注重展示荣成的“存在感”，荣成也因帆船帆板运动而见诸当地媒体的报道中。每当有客人来荣成，李志在热情接待之余，谈论最多的就是荣成幸福宜居的资源优势，许多客人因而选择在荣成置业安居。荣成市 37° 帆船帆板俱乐部，俨然成为一道靓丽的风景线。

“长风破浪会有时，直挂云帆济沧海。”现在，李志和他的荣成市 37° 帆船帆板俱乐部已经得到社会各界的认可，他对未来发展也信心百倍。我们期待帆船帆板运动项目成为更多人喜欢的运动项目，期待李志和他的俱乐部成员能够挑战一个又一个极限，在大海上乘风破浪，勇立潮头，成为真正的“弄潮儿”。

（采访时间：2018 年 1 月）

阳光总在风雨后

——记荣成市福泰隆汽车销售有限公司总经理戚鹏

□ 赵世喜 张世松 于佳佳

从一无所有到如今拥有属于自己的汽车销售公司，戚鹏以超乎常人的胆识和勇气，书写了属于“80后”的创业篇章。商海沉浮，大浪淘沙。戚鹏以创新的营销理念和诚信经营的态度，在汽车销售行业越战越勇，将兴趣发展为事业，以极佳的销售业绩和不断扩大的产业规模，在荣成汽车销售行业勇立潮头。

走进位于荣成经济开发区的荣成市福泰隆汽车销售有限公司，你会惊叹于企业的“阔气”：宽敞时尚的汽车展示大厅，琳琅满目的品牌轿车，让人目不暇接。听着“80后”总经理戚鹏的介绍，你的眼前更是为之一亮——

19年前，戚鹏背着简单的行囊，加入了企业销售的行列。

14年前，戚鹏只身来到荣成，面对莫测的未来，一无所有的他胼手胝足，砥砺奋斗。

现在，戚鹏拥有了属于自己的公司，在荣成干出了名堂，成为一汽、广本、福特、奔驰、马自达等驰名品牌汽车的区域代理，还在有关部门的支持下，联络同行成立了荣成市工商联汽车商会，遵循着汽车市场规律，实现抱团发展。

14年来，戚鹏以永不言败的决心和勇气，在荣成这片热土上体验着经商的酸甜苦辣，高扬着创新突破的风帆，勇敢迎接着各种风浪的挑战，实现着自己的创业梦想。当梦想成真时，他反复品味的是“阳光总在风雨后”所蕴含的哲理。

满怀激情　托起梦想

每一个创业者都有一个激励人心的故事，每个故事都包含着一段不为人知的奋斗历程，那段过程往往非常艰辛，但他们依然坚定自己的目标方向，坦然直视任何挫折和困难，迈步向前，最终拥抱成功。

戚鹏从不认为自己有经商的天赋，尽管他从上初中时就在课余时间闯荡“商海”，用 200 元钱买下一台被他人淘汰的老式爆米花机，利用一个周末赚得了“第一桶金”。后来，他又学会了修理钟表等技术，不断丰富自己的人生阅历。戚鹏在心底告诉自己，一定要不断地学习、不断地实践，这样将来才有可能创办自己的企业。就这样，戚鹏一步步走过来了！

同大部分男孩一样，戚鹏从小就对汽车充满着憧憬和梦想，喜欢了解一些有关汽车方面的知识，从中收获着成长的乐趣。但是，戚鹏职业中专毕业后从事的第一份工作，只是在威海华客隆市场干销售，那年他才 18 岁，对未来的职业目标虽有规划，但还很稚嫩。

2003 年，戚鹏孤身一人来荣成创业，最初他曾经在天颐热电厂做过装卸工，虽然这一业务和汽车没有一丝一缕的关系，但却使他有机会将自学的市场营销知识付诸实践，这让他感受到“天生我材必有用”的成就感，也让他知道，学习每一项知识和技能都是在为自己的未来“存款”。

戚鹏（中）与员工探讨销售经验

2005 年，戚鹏转行了，成为一名汽车销售顾问，在荣成代理一汽佳宝等汽车的销售，实现了儿时对汽车的梦想。他喜欢汽车，更热爱荣成给予的这个平台，心中积存已久的激情一下子迸发出来，这种激情推动着他全身心地投入每一天的工作，并把对汽车的这种激情传导给客户，用热情来感染客户。随着国家汽车产业政策的不断实施和国民消费水平的上档升级，特别是取消了公路养路费、微型汽车车辆购置附加费下调 10% 等政策的强势推动，汽车生产与消费实现了几何级扩张，家庭汽车时代的来临，让戚鹏的生意像滚雪球一样不断扩大，生意做得风生水起。谈到这些，他冷静而谦逊："主要是赶上了我国汽车'黄金时代'末班车，赶上了国家鼓励创业的好时候！"对于其中的艰辛，他极少谈及。

了解他的朋友说，其实在那些日子里，戚鹏过得很清苦，没有资金，赁屋开展业务，所有的一切都"压力山大"，但是他没有放弃，依然不辞辛苦，起早贪黑地工作：跑业务、采购、送货、回访……几年下来，不仅练就了他吃苦耐劳、踏实肯干、兢兢业业的工作态度，也为他日后的成功积累下宝贵的财富。

做实细节　商道酬诚

荣成市福泰隆汽车销售有限公司、本喜二手车租赁有限公司、荣成福泰隆商务中心、荣成好运角汽车交易市场等在内的 6 家主体企业，构成了荣成市福泰隆集团系统。该企业现有员工 100 余人，是一家集新车销售、二手车交易、汽车用品销售和汽车维修、装饰、美容为一体，检测场试乘试驾和汽车文化活动以及餐饮服务等一应俱全的现代化汽车消费服务平台，管理采取资金、营销方略、人力等企业资源统一调拨、统一运作的方式，逐步向集团化方向发展。

对汽车的热爱是戚鹏工作的内在动力，主要体现在销售业务上，用戚鹏自己的话说，就是要把自己的激情转化为对客户的真诚。"激情 + 真诚"，不仅产生工作思路，还能解决出现的问题。

最初成立的荣成市福泰隆汽车销售有限公司，是集整车销售、售后服务、配件供应、信息反馈于一体的众泰汽车 4S 店。"公司位于山东省荣成市成山大道中段 39 号（恒远汽车超市众泰 4S 店），设有产品展示区、贵宾接待区、业务洽谈区、客户休息区、贵宾休息室、售后服务接待区和维修车间等功能区域，引进了众泰汽车最新检测、维修全套专用设备，为客户提供专业的售前、售中、售后服务，欢迎车主之家网友来店试乘试驾和在线咨询，威海福泰隆全体员工将竭诚为您服务。”这是从网络上能够看到的荣成市福泰隆汽车销售有限公司较早的宣传语，在当时社会诚信水平不高的情况下，戚鹏能够运用虚拟的社会组织来推销自己的产品，是先人一步，出奇制胜。

精准服务营销就是要提升售后价值。近年来，中国汽车产业快速发展，已连续多年蝉联全球汽车产销第一大国。不过随着汽车保有量的激增，竞争白热化的整车市场逐渐跨入微利时代。戚鹏在荣成销售汽车，开发的是四线城市，经济发达，购买力旺盛，曾经一度出现过携款待车的火爆场面，但他始终不忘诚信经营、贴心服务。在他看来，汽车销售是一个服务行业，任何时候都应以服务为先。真诚对待每一位客户，建立良好的服务规范流程，实现质量满意、服务满意、价格满意，就是制胜市场的不二法宝。

在销售的各个环节中，除了要有很好的观察力、判断力，同时还要具有较强的分析力，结合自己所掌握的专业知识与技巧加以应用，必能成为优秀的汽车销售人员。福泰隆公司虽是二级销售商，但它打造的却是一流的服务体系。荣成市福泰隆汽车销售有限公司自成立以来，始终奉行“承担社会责任，实现社会满意，是企业存在的意义和价值之所在”的经营理念，秉承“顾客至上，服务第一”的宗旨，不断扩大经营范围，矢志不渝地去实现“客户第一”的承诺。针对荣成市汽车销售市场特点，戚鹏在原有单个品牌的基础上发展了多种品牌销售，实现了由低、中品牌向高端、进口品牌的跨越，满足了消费者的个性化需求。整车销售、配件供应、维修服务、信息反馈，从销售到售后的这四大环节紧紧相扣、四位一体，并在常年的不断完善中日益规范化、科学化和制度化。在产品质量、服务提升等方面的辛勤付出，也让福泰隆公司有了喜人收获。如今，戚鹏代理的某汽车品牌的销量已经连续4年是文登、乳山两地销量的总和。

戚鹏认为，“服务无止境”说起来容易，但要做到位，难于上青天。面对较为封闭的市场环境及服务观念相对滞后的销售人员，他不但要积极引导、耐心指教，很多事还要亲力亲为。在与客户打交道的过程中，他并没有巧舌如簧，也没有天花乱坠的销售说辞，甚至有点少语，但他坚持以诚相待，实实在在地交朋友、做买卖。更重要的一点是源于他对良工品牌产品质量的信任和笃定，“产品质量是最好的销售法宝”。

“客户是上帝和衣食父母，只要我们用激情和真诚去感动他，客户资源就是一座永远开发不完的金山。”戚鹏兴奋地说。有了这样的理念，在客户选车、购车、修车等各个环节中，戚鹏都非常重视。为了联络客户感情，戚鹏经常在适当的时机和场合送上合适的小礼物，说上一句合适的话，往往可以让客户产生满意和愉悦的心情。看到有的用户喜欢车模，戚鹏就自己掏钱买下来送给用户；在新车交付前，赠送两袋活性炭，除去皮革的味道……据戚鹏介绍，每月给用户买礼品就要花去数千元。“服务无小事，售后服务不但能赚钱养活一个店，而且也能有效提升我们的品牌形象。买车是一眨眼的事，可售后服务是一辈子的事，关键看你怎么做。”戚鹏言传身教，点滴入手践行着“以用户为先”的理念，为让消费者全面深入体验产品与服务的独特魅力付出各种努力。许多客户不但成了福泰隆公司的铁杆粉丝，而且也成了转介率较高的忠诚客户。

战略调整　不舍诚信

随着汽车消费市场的扩大，竞争也日趋白热化。戚鹏开始调整策略转战汽车后市场，寻求未来新的利润增长点。“建汽车城，聚合品牌规模效应，降低运营成本，并尝试经营多元化”，成为戚鹏及一些同行的共识。荣成经济开发区的“南拓西跨”大开发，助力戚鹏梦想与现实牵手。

2012 年，戚鹏决心抓住荣成经济开发区加快建设这个大好契机，以一线汽车品牌为基准、整车销售和维修为主营业务，以辅助产品及相关配套产业为利润增长点，借助汽车品牌市场商圈这一平台，利用配套特色营销模式及多元化功能设置，联手更多同行打造一流汽车销售商圈，福泰隆汽车城由此应运而生。据介绍，汽车城的建立，不仅为客户提供了体验、购买、维修、加装、车贷办理、检测、培训、提升等一条龙优质服务，还规划建设了休闲等配套服务设施。2013 年，汽车城投入运行，戚鹏完成了人生的一次华丽转变，打开了一片新天地。

2014 年，荣成市福泰隆汽车销售有限公司紧盯威海市域一体化发展战略，抓住好运角旅游度假区全面发展的机遇，立足于其优异的投资环境和投资优惠政策，瞄准沿海居民消费升级的巨大潜力，投入资金建设好运角汽车交易市场，努力延伸品牌服务，让高品质服务覆盖全市。

荣成好运角汽车交易市场投资1700万元，占地面积60亩，集新车销售、二手车交易、汽车用品销售和汽车维修、装饰、美容为一体，市场内开展“一站式”服务，检测场试乘试驾和汽车文化活动以及餐饮服务等一应俱全，形成现代化的汽车消费服务平台。汽车交易市场运行后，将多样化、多元化服务融于一体，让客户通过享受“一站式”“一条龙”服务，提高生活质量。通过拓展服务领域，好运角汽车交易市场让客户体验到了在家门口选车、购车及其他系列便捷服务，同步培植新商圈，促进好运角区域的汽车消费升级，新增就业岗位30多个。

在加大硬件投入的同时，戚鹏不断强化诚信经营理念的灌输与养成。他认为，“烫金的名片来自至臻品质，一张名片是一个人身份的代表和象征，不管做人还是做事业，一定要有空杯的情怀”。多年的基层销售经验让他深刻领悟到，只有脚踏实地做事才能赢得客户的认可，而这也成为他恪守至今的生意经。诚信让他受益良多，至今他感恩朋友，当年筹款20万元（其中借款12万元）创业的时候，流动资金捉襟见肘，他求助于一位朋友，对方二话没说，直接将50万元的款项打到了账户上。“当时那人连我的名字都叫不全，他看中的是我的人品。”至今谈及此事，戚鹏仍无法忘怀。他至今仍感激荣成市农村商业银行当年雪中送炭的义举。2009年，荣成市农村商业银行为其贷款60万元，解了他资金上的燃眉之急。按照戚鹏的自我分析，商海生涯塑造了其“沉稳深思，谦逊上进”的性格。而在客户眼中，戚鹏是个谦逊、待人真诚、做事认真的老板。“人无信不立，事无信不成。你做人好，别人看在眼里，那么很多事情便是水到渠成了。”戚鹏笑着说。

在新车销售事业体系外，戚鹏还注重以融入衍生新业态，如信贷、保险、票务代理、旅游、快速维修等业务的发展。各事业体的商品相互结合、搭配提供，如联合促销、售后服务优惠等，经各自的渠道以及经销网络一起销售，能够在新车销售同时带动其他事业体商品的销售，或者通过其他事业体的服务，促进品牌认同以及再次购买，逐渐形成良性循环，达到“共担成本，共创价值”的目的。

牢固树立“客户总是对的”理念，是建立良好客户关系的关键所在。在处理客户抱怨时，戚鹏将其作为员工必须遵循的黄金准则，要求员工站在客户角度和立场上考虑问题，设法消除客户的抱怨和不满，不与客户发生任何争吵，让客户得到了绝对的尊重。近年来，戚鹏坚持定期组织汽车下乡巡展，不定期组织VIP用户联欢会、消费者满意度座谈会、答谢会等活动，努力密切与客户的关系，以真诚服务赢得用户信赖，其服务质量堪称业界标杆。

自信于怀　逐梦弄潮

近年来，随着我国汽车产能的膨胀，汽车市场经营也进入了新常态。面对汽车消费出现的新情况、新问题，历经10多年的商海拼搏，戚鹏驾驭市场、把握机遇的能力不断提升，他追求顺势而为、积极作为，将企业的业务开拓与经济社会发展、全面深化改革紧密衔接，努力将企业优势扩大到极致。

为此，戚鹏引导企业在培育本地二手车市场的同时，积极尝试开展汽车租赁服务，为用户提供自驾车旅游服务，让汽车营销与旅游产业发展融为一体，做足资源优势利用的大文章。考虑到汽车租赁业务的风险因素，戚鹏未雨绸缪，提前设计风险防范体系，力求小步勤走、循序渐进，切实防范经营风险，确保经营质量。

针对“80后”“90后”成为汽车消费主力的特征，戚鹏抓住其热衷于消费升级、更新换代节奏快的特点，顺应其消费心态，紧盯其中所蕴藏的汽车租赁消费的市场机遇，积极创造条件，开展汽车置换服务业务，在加大新款车型引进、推广力度的同时，通过不同形式的置换，让消费者尝到领先消费潮流的甜头，创造市场销售热点。同时，培养用户对福泰隆公司的忠诚度，努力抢占新旧动能转换所带来的市场先机。

针对消费者加快汽车更新换代步伐的趋势，戚鹏用国际化的视野解析发展中的汽车消费潮流与趋势，充分用足用活国家促进消费的激励政策，做大市场经营空间，尝试开展汽车进出口业务。市场的历练，让戚鹏的胸襟更加宽阔，携手共进、包容发展成为他创业展业的重要信条。从2013年5月起，他就跟其他筹备组成员全身心投入荣成市汽车商会的筹备工作中，现已发展会员企业20多家。戚鹏表示，商会是一个互相沟通的平台，是一个资源整合的平台，把一群同行凝聚起来，打造荣成汽车销售服务优质品牌，肯定会有更好的发展，而且大家都很踊跃、很重视。立足于整合汽车市场空间结构，戚鹏正运作商会力量，扩大汽车国际贸易合作，更多的人相信，荣成市汽车商会在戚鹏等人的带领下，一定会有更好的发展。

客户的满意必须要有满意的员工来服务，只有满意的员工才能创造客户的满意，只有做到员工至上，员工才能做到把客户放到第一位。企业善待员工，员工才能理解“客户是唯一的”的理念，才会善待企业和企业的客户。戚鹏注重从点滴入手，关心爱护员工，努力让员工的劳动价值在工作中得到认同与体现。他经常召开员工业务培训会、研讨会、经验交流会，开展年度、季度、月度销售明星竞赛活动，并予以大张旗鼓的表彰，满足员工的自尊心，激发员工的奉献精神，使员工真正成为促进企业发展的生力军。

常怀感恩之心，存好心、做好事，也是戚鹏孜孜以求的目标。回首自己的创业经历，戚鹏除了懂得感恩之外，还一直默默做着一些力所能及的善事。他视员工为家人，员工中有许多人是再就业的，他为员工做到了社会保险等的全覆盖。2013 年，戚鹏通过市工商联资助了 5 名困难学生完成学业。担任威海市、荣成市政协委员后，戚鹏也承担起包村扶贫的责任。2017 年，他向包扶村捐款 2 万元。

弄潮儿向涛头立。在汽车经营市场竞争激烈的今天，戚鹏注意新情况，研究新问题，掌握新知识和新技能，以打造荣成市汽车销售行业第一品牌为目标，追求觉悟愈高、技能愈精、贡献愈大的创业境界，扛起红旗一路高歌，继续为荣成市汽车行业的发展贡献力量。

（采访时间：2018 年 1 月）

"80后""海归"的公益路

——记威海市世代海洋生物科技有限公司总经理李明潭

□ 邢伊爽 袁琳琳

李明潭是威海市世代海洋生物科技有限公司总经理，也是一名"80后""海归"精英。他甘当"新时代农民"，用学到的知识挖掘海带"潜能"，生产出高品质海藻生物肥；以最科学的方式进行海带加工，生产高品质食材，创新产业发展方式；用深情参与社会公益活动，践行企业家的社会责任。

2017年岁末，当众人沉浸在迎接新年的狂欢中时，"80后""海归"李明潭用170袋"海藻"苹果，在京东总部的无人超市里发起了一项特别的公益行动。

在不到四天的时间里，170袋"海藻"苹果被抢购一空，全部收益被折换成粮油，用于捐助深山里的贫困儿童。这场从大海走向深山的爱心活动，是李明潭所倡导的现代农业与公益事业相结合的首次尝试，使传统产业以一种全新的面貌和形式进入公众视野。

来自"大海"的苹果

曾经在美国留学的经历，让李明潭有了开阔的视野，使他在看待事物上有着独道的见解。回国参与企业经营，他总是憋着一股想要"搞点事儿"的劲儿。

2017年底，李明潭终于有了“大动作”，他把用海藻液体肥培育出来的有机苹果卖到了京东总部的无人超市，并与京东公益平台携手，发起了名为“从大海到深山，爱无边界”的公益活动。

李明潭告诉记者，使用海藻提取物是提升果实品质方案中十分重要的环节，海藻中不仅含有全部的矿物元素，还有天然植物荷尔蒙、海藻活性物质和多种氨基酸，高纯度海藻提取物是所有天然类功能性肥料中的王者。威海市世代海洋生物科技有限公司拥有1.5万亩海带养殖基地，是我国专业的高纯度酶解海藻肥生产企业，也是目前国内唯一一家自我培育原料的海藻肥生产企业，致力于最大限度地释放海带中蕴藏的“力量”，并以最科学的方式应用于现代农业生产。

据了解，这些“喝着”海藻肥长大的苹果，被装进环保牛皮纸做成的包装袋里，以每袋39.9元的标价，在京东总部的无人超市面向京东内部人员出售。2017年12月22日上架当天，就卖出了总数的1/3。上架第4天，170袋“海藻苹果”就被抢购一空，李明潭得到了6273元的收益。

李明潭（中）和贫困山区的孩子们一起吃免费午餐基金提供的午餐

“2017年，203棵苹果树结下的有机苹果，全部拿来做公益了，虽然钱数并不多，但对企业来说是一个新的尝试。”李明潭告诉记者。这6273元的收益由“免费午餐”（中国社会福利基金会免费午餐基金）折换成粮油，全部捐赠给大山里的孩子。在众多的贫困山区里，李明潭和京东公益选择了湖南省岳阳市平江县大洲乡龙洞希望小学和四川省阿坝州红原县龙日乡小学。

万物皆有涯，爱心无边界。从大海到深山，李明潭用小小的苹果完成了一次爱的旅程。而和粮油一起送到深山里的，还有一个帮助当地人脱贫的公益计划。

“一拍即合”的公益行动

在美国留学期间，李明潭了解到，海藻肥是用生物酶解技术把海带做成海带酶解液，是一种可以提高农作物品质的有机肥料，在我国南方地区普遍应用。威海市世代海洋生物科技有限公司是有着 21 年海带养殖历史的传统企业，因此，李明潭对这种肥料并不陌生。经过深思熟虑，李明潭决定将海藻肥的研发生产作为传统养殖企业的转型方向。

“我们拥有海带养殖企业，也具有研发、生产海藻肥的实力，因此，我们创立了自己的海藻肥品牌‘海神丰’。”威海市世代海洋生物科技有限公司不仅用自己养殖的海带生产海藻肥，还顺带培育了一批“投身公益”的“海藻”苹果。对于这些苹果如何走进京东总部，并成为与京东公益合作的“敲门砖”，李明潭坦言：“一切都是水到渠成、自然而然的事。”

李明潭在湖南山区举办“从大海到深山，爱无边界”捐赠活动

因为致力于现代农业的发展，所以李明潭与京东农业走得很近，就连世代海洋厂区里的 203 棵苹果树，京东农业的工作人员也早就进行过实地考察。当李明潭提出用苹果做公益的想法时，京东公益、京东农业以及京东无人超市与他一拍即合，很快就敲定了合作事宜。随后，“免费午餐”也加入到了这场公益行动中来。

李明潭说：“这批海藻苹果在京东无人超市售卖，销售苹果所得款项将通过京东公益平台捐赠给‘免费午餐’。同时，我们也捐出一批同样品质的“海藻”苹果给孩子们加餐，把这美好的滋味带给大山里的孩子们。”

“授人以渔”助力山区脱贫

“公益不是慈善，公益即公共利益。不但对你好、我好、他好，最重要的是要对社会进步有益。”李明潭对记者说。

事实上，李明潭深知，用卖苹果的收益做公益对于贫困孩子的生活而言只是杯水车薪，只有帮助他们的父母脱贫致富，才能从根本上解决问题。因此，李明潭计划在为山区孩子们捐赠粮油的同时，还将捐赠一批海藻肥。“我们会帮助这些孩子的父母或当地村民，把海藻肥应用到水果和蔬菜的种植上，然后通过我们的平台和渠道进行销售获得收益，以此解决孩子们家庭贫困的问题。”“授人以鱼不如授人以渔”是李明潭的公益理念。这项计划，也将被李明潭纳入与京东农业合作的《无公害有机苹果种植方案》中。

“究竟怎样运用企业自身优势来帮助山区贫困人口脱贫，是我们接下来要思考的问题。不过，眼下最要紧的是把苹果换来的粮油送到大山里去。”李明潭说。2018 年 1 月 12 日，李明潭和京东公益的工作人员一同前往湖南省岳阳市平江县大洲乡龙洞希望小学，亲手把粮油送到孩子们手中。

李明潭发起的“从大海到深山，爱无边界”公益活动，在为山区里的贫困儿童送去关爱的同时，还呼吁社会各界关注现代农业和高品质食材。“帮助山区贫困儿童和推广使用生物海藻肥这两件事都是对社会有益的事情，我希望借此机会让人们把这两件原本相距甚远的事情结合在一起。”李明潭说。

李明潭介绍：“早在 2015 年，我们就率先提出了‘海藻食材’的叫法，因为海藻提取物能有效提升果实品质，所以把用了海带酶解液的食材称为‘海藻食材’，目的在于体现食材的高品质。要想打造真正的高品质食材还需要依赖一套科学的植物营养方案和管理方案，而不是单纯依靠某一种产品。因此，我们借此公益活动呼吁同行业生产高品质肥料，搭配高品质套餐，种植高品质食材，在自己的行业中做好‘供给侧结构性改革’。”

在美国学习工商管理专业，如今却干着“农民”的活，李明潭反而觉得心里很踏实。他说：“时代变化太快，做个农民真的挺好，本本分分，踏踏实实。我始终坚信，只有奉献大我，才能成就小我，我要尽自己的最大努力为社会多做一些贡献！

（采访时间：2018 年 1 月）

“奋斗的人生是幸福的”

——记山东佐耀智能装备股份有限公司董事长王洪伟

□ 邢伊爽 李万玉

王洪伟，山东佐耀智能装备股份有限公司董事长。早在上高中时，王洪伟就立下通过学习实现“30岁之后必定要自己创业”的人生梦想。如今，他的创业之旅已走过9个年头，可谓一步一个脚印，成绩斐然。心中那个要将事业做大做强的梦想，促使他于2017年来到荣成，继续自己的创业追梦之旅。

王洪伟，祖籍山东德州。20世纪三四十年代，为躲避战乱饥荒，他的祖父带领一家老小从山东老家千里跋涉“闯关东”来到“北大仓”黑龙江。

1979年秋，王洪伟出生在黑龙江省五大连池市的一个小村庄。他父亲是一名木匠，后来白手起家，自己开办了一家木器加工厂，成了闻名乡里的“明星”个体户。耳濡目染，王洪伟从小就对父亲工厂里的各式工具和机器充满好奇，对父亲的工作更是充满敬意。山东人特有的豪放和敢于同命运抗争的闯劲一脉相传，上高中时，王洪伟就立下志向：未来自己也要创业！

高考后，王洪伟被哈尔滨工程大学自动化专业录取。本科毕业后，他又顺利考取了本校计算机控制专业的研究生。2005年，研究生毕业，当时很多同学选择进入央企，王洪伟却毅然决然地选择到北京的一家民营企业工作。很多人不太理解。对此，他有自己的想法：“进央企的确比较稳定，待遇也不错，但是民营企业更具活力，会有更多机遇和挑战，可以学到更多的东西，能为今后创业打下基础。”王洪伟没有随波逐流选择安稳，而是谨记自己上高中时立下的志向。

伏牛昂首志当远，不需扬鞭自奋蹄！在民营企业工作的5年里，王洪伟不断完善自己，恪尽职守，刻苦钻研，将机器研发设计、企业招投标、产品销售等公司运营的所有流程都烂熟于心，并从一个初级职员做到了企业副总。当别人羡慕他取得的成绩和不菲的收入时，他却递交辞呈。老板赏识他的人品和能力，自然升职加薪，极力挽留。可十几年前便有的那份创业梦，让王洪伟的想法更加坚定。于是，在30岁那年，王洪伟开启了自己的创业追梦之旅。

2010年，王洪伟怀揣梦想，带着工作以来积累的经验和人脉，注册成立了北京信洁康环保设备有限公司。公司在北京市大兴区租了最初的厂房——一座农家院。因为有梦想的支撑，这个不起眼的小院顿时敞亮了起来，艰苦环境中的奋斗也有了醉心的甘甜。“如今，空气质量堪忧，我们公司是做空气处理设备的，我们所做的空气处理设备没有普遍性，都是定制化的、不可替代的。我们的目标不是为了卖机器，而是为了优化环境和空气，帮助客户解决实际难题。我们就是要做别人不愿做的事、做别人做不了的事！”王洪伟说道。功夫不负有心人，经过几年的努力，信洁康公司的空气处理设备技术水平已成功超越国内一些发展较早、实力较强的大品牌，这让王洪伟欣喜万分，也更加坚定了他创业的信心。

从创业那天起，王洪伟就坚定信念，用梦想和努力带领员工一步一个脚印不断前进，企业规模也因此不断扩大。原先的厂房已不能满足企业快速发展的需要，加之国家颁布“煤改电”政策后，北京周边的制造业企业都将逐步外迁。看到这个发展态势，王洪伟决定尽快实现“战略转移”。他奔波于天津、河北、山东等地进行实地考察，但一直没找到心中的理想之地。

2017年2月，王洪伟随北京企业家一行人到荣成考察。有首歌唱道：“我遇见你是最美的意外。”王洪伟第一次到荣成，就深深地爱上了这里。“当我第一次来到荣成，乘车行驶在沿海路上，公路旁随处可见印有‘太阳 大海 荣成人’‘自由呼吸·自在荣成’等城市形象标识的广告牌。我缓缓摇下车窗，深深地吸了一口清新的空气，目力所及的是一尘不染的整洁道路。这让久居京城、常年被雾霾侵扰的我一下子神清气爽。此刻，我情不自禁地爱上这座滨海城市。”当然，作为一名企业家、一个典型的理工男，考虑问题是理性而严谨的。他认定荣成是助力他把事业做大做强的福地，不仅仅是因为荣成的优美环境，最重要的是他在考察的过程中发现，荣成人待人特别真诚，让他倍感亲切。他相信将来荣成市政府的相关优惠扶持政策也会落实到位，在荣成选址进行二次创业，将是他绝对正确的选择。

王洪伟介绍公司研发生产的空气源热泵烘干房

经历5个多月的考察、研究、筹划、布局，最终在“中联智创”的帮助下，顺利与荣成对接。2017年4月，北京信洁康环保设备有限公司成功在荣成实现战略扩张——“山东佐耀智能装备股份有限公司”正式成立。王洪伟迈上了他人生规划的又一个台阶，实现了产业的二次升级。

王洪伟告诉记者，他的创业发展历程几乎没有太大的起伏，也没有惊心动魄的传奇故事，这是因为他清楚地知道他想要什么，设定目标并坚定执行。要成功化解创业过程中的困难，就要不断地闯过自我这一关，不断地超越自我。从初次创业到现在再起航，一路走来，王洪伟的注意力主要集中在产品研发上，他认为产品研发是为客户提供解决方案的命脉。为此，他常常一件事情能24小时不间断地在脑子里运转、思索、研究，即便是在梦中也不停歇，就像着了魔一般，直到事情完美解决。最终，任何的困难和波折都成了研究过程中不断累积的财富、企业不断发展的基石。

对于荣成，王洪伟充满感激。“我深知对于企业，在产业转移过程中选好发展的地区是多么重要。在荣成落地将近一年的时间里，我深深感受到荣成市商务局等相关部门‘靠谱’的做事风格，他们为我们企业各方面考虑得很周全、服务很到位，让我们的心里暖暖的，特别踏实。很庆幸我当初的选择！”王洪伟说，“当时来这里建厂，真的没有想象到荣成的市场这么大，很多企业都慕名前来咨询购买，现在我真的越来越有信心了！下一步，我准备利用 5 年的时间，将企业发展上市，实现产业的第三次升级！”对未来，王洪伟信心满满。

良好的生态一直以来都是荣成最宝贵的资源和财富。2017 年，荣成市打响环境保护突出问题综合整治攻坚战。攻坚行动明确了五大领域 48 项攻坚任务，严厉整治污染产业，淘汰、转产落后产能和“散乱污”企业，强化环境基础设施建设，全力推进生态文明建设。王洪伟的山东佐耀智能装备股份有限公司生产的空气源热泵，是利用少量的电吸收空气中的热量来制热，可以完美取代燃煤锅炉，防止污染气体的产生，与荣成环保整治和产业转型要求相契合。在企业发展过程中，荣成市相关部门主动帮助山东佐耀智能装备股份有限公司宣传其环保节能产品，以促进其发展壮大。

“历史只会眷顾坚定者、奋进者、搏击者。”祝愿山东佐耀智能装备股份有限公司在荣成这片热土上再创辉煌！

（采访时间：2018 年 3 月）

创新创业在田园

——记石岛丽景生态园经营者邹积永

□ 王丽韦 王志欣 赵红阳

邹积永，石岛丽景生态采摘园的经营者。年过四旬之际，他打破舒适的职业环境，转行生态农业领域，自创“招数”，在陌生的行当里开始了新的人生旅程，书写了别样的人生篇章。

人过中年，是在原先宽敞顺遂的事业大道上继续奔驰，还是历经艰辛重新开疆拓土？相信大多数人在面对这道选择题的时候，都会选择前者。但丽景生态采摘园经营者邹积永却选择了后者。在年过四旬之际，邹积永不要安逸舒适，在新的领域重新开始奋斗。邹积永的故事，或许能带给我们一些启示。

52 岁的邹积永，出生于荣成市著名的“花村”——港湾街道南车村。虽是农家出身，但邹积永却从未干过一天农活，在啤酒经销行业苦心经营 20 多年，挣下丰厚身家。2011 年初，他突然转行生态农业，虽家人反对、前路坎坷，但 7 年来，他不但坚持前行，而且在深耕绿色生态农业发展的这条道路上，找到了位置和归宿感。今天的邹积永，已然是一位经验丰富的现代农民，在生态农业上摸索出一套自己的“招数”。

招数一：用手机管理大棚

每天一早，邹积永起床后来不及洗漱，第一件事便是打开自己的智能手机，低头摆弄了好一会儿。这是在干什么？

“刚才我看了看大棚里的温度，放风机启动了，给棚里降降温。”邹积永笑着亮了亮手机，意思是大棚的温度可以用手机控制。这个大棚的全名叫“自动双控调温大棚”，能够根据作物生长需求设定温度，自动开闭通风口调控大棚内部温度。也就是说，大棚本身就能自动控温，无须邹积永用手机再次调整。只是凡事精益求精、追求稳妥的他，习惯了事必躬亲，心里才踏实。

“这种大拱棚长 65 米、宽 11 米，采用加固型钢结构，内外有双层，内部北面一侧加盖了棉被和反光膜，不但抗风抗雪能力强，管理效率也很高。”在跟随邹积永去大棚的路上，他一边向记者介绍大棚的情况，一边不时拿出手机看看。

“种大棚就是要控制好温度，温度不合适了，种什么东西都长不好。以前大棚调温都是依靠人工放风，现在都靠这个自动放风机。”邹积永说的自动放风设备，安装在大棚内的柱子上，设备的液晶屏上显示当前的温度、湿度等参数。当设定好温度以后，哪一时间段需要放风，这个区域的设备就自动开启放风，温度合适后，设备自动关闭。

邹积永在精心侍弄台湾长果葚

“如果人工来放风的话，上午放两次风的时间就需两个小时，下午关闭再占用 1 个多小时。现在，只要手机能上网，大棚里的温度、湿度，放风机的工作状态都在手机上实时显示，出现什么故障、问题，也能在手机上报警。”邹积永坦言，使用这些智能设备管理大棚最大的感受就是，“自己再也不需担惊受怕、劳心劳力了。科技解放大脑，科技解放双手”。

“往年冬天一遇风雪天气，我就担惊受怕，怕大风大雪把大棚刮飞压塌了，也怕温度调控不好，影响棚内作物的生长质量。2017年冬天两场暴雪，我的大棚毫发无损，棚里的草莓按时上市，自动化加固大棚功不可没。”邹积永笑着说。

招数二：南果北种四时乐

“春有草莓甜，夏有樱桃鲜，秋有百香果，冬品火龙果，四时乐意浓”，这是丽景生态采摘园的真实写照。不仅仅是诗歌里描述的那些，生态园里还有台湾长果葚、蓝莓、猕猴桃、东北软枣、葡萄、樱桃，以及根据时令搭配种植的常见蔬菜、野菜山苜楂、药材蒲公英等。走进丽景生态采摘园，仿佛走入“蔬果王国”。邹积永说，他的理想就是经营一个“采摘乐园”，一年四季都有特色果品、蔬菜上市。

在邹积永搭建的7座现代化大棚里，有4座种植草莓、1座种植火龙果、2座种植百香果，还在其中1座草莓大棚里套种了台湾长果葚。记者看到，火龙果整齐地绑在架子上，植株带刺，有些像大型多肉和仙人掌的结合体。在大棚里行走的时候，见有些火龙果疯长脱离了架子，邹积永顾不得戴上手套，徒手就把它重新固定到竹竿架上。“你不怕扎手啊？”记者忙问。“习惯了，见不得有不齐整的地方。”回话时，邹积永没有抬头，等忙活完了手里的活儿，才向记者露出了笑容。

在邹积永的另外2座大棚里，记者看到了百香果和桑葚。百香果苗属于藤本类植物，如同火龙果一样被绑在竹竿做成的架子上。为了发挥顶端优势，促进植株快速成长，整个植物被修理得只剩下顶端几丛叶子。“别看它现在不起眼，再过半月就能窜出几米高，几个月以后就能开花结果了。”邹积永介绍说。现在，他最得意的就属引进的台湾长果葚了。“你看，这果子现在就有五六厘米长，等完全成熟了，长的得有10厘米，甜得很。再过一个月，就能吃到成熟的果子了。”

像火龙果、百香果这些典型的热带、亚热带水果，在邹积永的园子里种植都不成问题。现在南方水果在北方种植已不新鲜，重要的是如何在北方种出高产又高质的南方水果。

据邹积永介绍，火龙果、百香果连续开花结果能力很强。比如火龙果5月初开始现花蕾，6月开花授粉，7月果实成熟，以后每月大约有两批果成熟，最后一批花在10月底授粉，由于气温因素，成熟期拉长至元旦前后上市。年产8~10批果，产品可以供应市场半年之久，生产经营效益非常可观。

招数三：船大不怕浪头高

在海边长大的邹积永，从小常听老渔民讲“船大不怕浪头高”这句话。小时候的他并不理解，直到自己创业，才对话里蕴含的道理有了深刻的感悟。“老话讲得真不错，做农业也得像出海打渔打造大船那样，做大、做强、做优一种作物，形成规模优势就能大大降低经营风险。”邹积永说。

2016年春节，邹积永就盯上了一种“宝贝”。那是朋友无意间给他送来的一种名贵水果——两箱软枣猕猴桃。听朋友说品质最好的能卖上百元一公斤，不用剥皮就能食用，经济营养价值极高。亲自品尝后，邹积永敏锐地捕捉到软枣猕猴桃在荣成乃至山东属于稀有果品，市场前景肯定看好。朋友走后没几天，他就踏上了前往丹东的旅程，考察当地的软枣猕猴桃的种植情况。到达丹东市，邹积永目标很明确，先与当地农业部门取得联系，得以进入其下属最大的农业研究所学习考察。育苗、栽培、管理……接下来半个月的时间里，邹积永了解了软枣猕猴桃种植、管理等方面的知识，当场预购了5万株苗木。同时，他还与丹东市农业局签署合作协议，取得山东区域软枣猕猴桃苗木的独家代理权。

带回来的5万株苗木，邹积永全部栽进了丽景生态采摘园。起初，对这些“外来客”是否适应荣成水土条件，他还在心里打鼓。经过一段时间的培育，再加上精心管护，软枣猕猴桃不仅没有出现“水土不服”的症状，而且长势直逼在原产地种植的苗木。很快，邹积永在荣成引种软枣猕猴桃成功的消息，在全国各省市、地区农业专家群、从业者群中传播开来。河南、河北、贵州、济南、东营等省市的订单纷至沓来。前几天，他还接待了一位从天津来此考察的客户。

软枣猕猴桃销路好邹积永固然高兴，但他最看中的还是其在荣成本地的发展势头。“软枣猕猴桃前景很好，希望咱荣成有更多的人加入到种植的队伍中来，让软枣猕猴桃成为荣成农产品的又一张名片。”邹积永说。酒香不怕巷子深。因软枣猕猴桃的种种优势吸引，加上邹积永在本地的大力宣传推荐，不少荣成本地种植户、农业采摘园和农业企业纷纷上门求购软枣猕猴桃苗木。相信不久的将来，软枣猕猴桃将成为荣成的又一骄傲。

（采访时间：2018 年 3 月）

鱼跃浩海的蓝色情怀

——记荣成市裕源祥水产有限公司总经理于华平

□ 赵世喜 张世松 李万玉

于华平，荣成市裕源祥水产有限公司总经理。他受父亲耳濡目染，开启了“鱼缘人生”，立下“多宝梦”，商海弄潮，在多宝鱼行业遭受重创之际，靠管理与创新使荣成市多宝鱼行业凤凰涅槃，最终领军行业。

历经商海的风浪搏击，作为“80后”创业者，荣成市裕源祥水产有限公司总经理于华平不仅拥有超前的理念和广博的知识，而且还有着丰富的实战经验和厚重的开拓底气。与他交谈，是一种心与心的沟通与分享，常常在不知不觉间为他的经历和他的精神等所折服。

因为他的努力，历经沧桑的荣成多宝鱼被打造成“鱼坚强”，培育的多宝鱼苗覆盖了北到辽宁、南至江北等广阔地域，占据全国70%的市场份额，成为多宝鱼育苗行业的“隐形冠军”。

因为他的探索和努力，荣成市的多宝鱼产业在遭受毁灭性打击后最终凤凰涅槃、浴火重生，在全国同行业中一路领跑，有望成为荣成市继海带、海参、鲍鱼等之后的新的产业增长点。

创业第一课
遭遇行业“滑铁卢”

“看似寻常最奇崛，成如容易却艰辛。”

在改革开放的大潮中，于华平属于“商二代”，子承父业，一步一步地走到了今天。在寻常人看来，他的成功顺理成章，但你若有心梳理他的创业足迹就会发现，他的创业之路同样充满坎坷，一波多折。如果缺乏睿智与坚韧，他又如何成就多宝鱼的“凤凰涅槃”。

于华平的父亲于庆良参加工作就一直奋战在水产行业。20世纪90年代末，于庆良所在企业改制，他创办了自己的公司，养殖海带等海产品，且创业有成。

耳濡目染间，于华平自小就对大海有着不一样的情感。大学毕业后经过在房地产、移动通信等行业的一番历练后，他与父亲一起踏入了多宝鱼育苗行业。

多宝鱼，硬骨鱼纲鲽形目鲆科菱鲆属鱼类，为海洋底栖鱼类。其成鱼体长最长可达75厘米，体侧很扁，属卵圆形的身材，它的两眼在头部的左侧，它不但长相奇特，而且皮下和鳍边含有丰富的胶质，头部及尾鳍均较小，鳍条为软骨；体内无小骨乱刺，骨头呈白色玉石状，内脏团小，出肉率高，肌肉丰厚白嫩。俗称“欧洲比目鱼”，在中国则称“多宝鱼”。

在当时，多宝鱼养殖是一个回报极高的项目。2000年，一尾鱼苗单价100多元，不是黄金，价超黄金！

正是看中了多宝鱼养殖的良好前景，于华平父子俩投资1800多万元在成山镇建立裕源祥水产有限公司，专门从事多宝鱼育苗。良好的营商环境，加上技术、环境等各类优势的叠加、释放，裕源祥水产有限公司的多宝鱼育苗养殖风生水起，育苗规模成几何级增长。2003年达到200万尾，2005年增加到500万尾。是时，国内多宝鱼产销形势火爆，尽管由于进入者不断增加，一尾鱼苗的售价降到了六七元钱，但仍然一货难求。许多客户带着现金也要等上二三十天才能提到货。

天有不测风云。2006年，一则事关多宝鱼的消息出现在上海某媒体上——一些养殖户为降低养殖成本使用违禁药物，导致多宝鱼体内药物残留超标。事件持续发酵，引发多米诺骨牌效应，多宝鱼养殖行业遭受“灭顶之灾”。

“多宝鱼事件”对行业的冲击是巨大的——2006年之前，多宝鱼的收购价高达每公斤340~360元；“禁药风波”让多宝鱼由“贵族”沦为“贱民”，价格跌至几块钱，养殖户损失惨重，很多被迫停产转产。覆巢之下岂有完卵。裕源祥水产有限公司尽管不存在禁药残留的问题，但大量鱼苗积压，于华平和工人们只能将数以百万计的多宝鱼鱼苗放进水沟，任其流入大海。望着白花花的水面，于华平心如刀绞。仅此一举，千万元投资就打了水漂……

打击猝然来临，于华平痛定思痛，决定用事实和科学知识来洗清所蒙受的“不白之冤”。在严格按照多宝鱼育苗技术规范重整生产、经营环境的同时，他与业界同仁一道为多宝鱼养殖据理力争。关键时刻，中国“多宝鱼之父”雷霁霖挺身而出，于华平目睹了这位没有架子的“草帽院士”的风采。“一个人一天吃掉400公斤所谓的‘毒鱼’，才相当于吃了4片痢特灵！谁能一天吃掉400公斤多宝鱼？”2006年12月5日，在山东烟台多宝鱼健康养殖技术专家说明会上，雷霁霖发出了这样的质疑。为了证明山东沿海养殖多宝鱼的安全性，雷院士用餐时特意点了一道清蒸多宝鱼带头吃了起来。雷院士的举动，让于华平感受到了知识的力量和人格魅力的可贵。那一次，他与雷霁霖院士结成了“忘年交”。

于华平（左二）向参观者介绍多宝鱼养殖情况

在雷院士的支持下，于华平重整旗鼓，在完善养殖技术和设施等硬件保障的同时，优化内部质量控制体系，建立健全一系列规章制度，并深入一线带头进行养殖方式的改革创新，通过控制喂食、降低密度等方法做到100%不用药。“民以食为天，食以安为先。任何与食品安全相关的问题，都会引起民众的高度关注。”多少次，他紧盯问题导向，对员工苦口婆心、耳提面命，努力让“食品安全无小事”的理念烙印于员工的脑中与心中。

历经一番卧薪尝胆，于华平逐渐走出行业“禁药风波”的阴影。2008~2009年，多宝鱼市场复苏，企业也走出了亏损的窘境，育苗规模不断扩大。2017年，他调整经营策略，将育苗总规模控制到2000万尾左右。

练好基本功
管理要向实处做

人生的道路，都是在迈开第一步后慢慢延伸，无论踏上哪条路，无论是崎岖还是平坦，都需要练就过硬的基本功，即使跌倒了，还能爬起来！

父亲将于华平领到自主创业的路上，扶上马又送一程，特别是共同经历“禁药风波”后，看到于华平在商海拼搏中羽翼丰满，日渐成熟，便将他推到了经营决策的前台，让他自己开创一片新天地。2011年，接过父亲交过的重担，于华平深知它的分量。从此，他将裕源祥水产有限公司作为历练人生、提高素质、广博见识、增长智慧的训练场，放下身段，虚心学习，丰富内心，调整自我，努力夯实企业的发展基础。

时刻保持“空杯心态”。上大学时，于华平在学好计算机专业的同时，选修了工商管理专业，取得双学士学位踏上社会。置身于日新月异的创变时代，于华平始终牢记老师那句“脑袋决定钱袋，脑袋空了，钱袋也就瘪了”的警示，努力追求学习工作化、工作学习化。进入多宝鱼育苗领域之初，于华平身兼多职，虚心好问，边学边干。接过创业的担子后，他孜孜以求，一有闲暇，就读书看报“充电”加能。即使业务再忙，他也要挤时间参加行业性的科研、商务活动，洞悉行业趋势与市场风云，取长补短，拓展眼界。他长期与雷霁霖院士及黄海水产研究所保持产学研联系与合作。如饥似渴地学习，让于华平拥有了开拓创新的底气。

织密保障安全的网扣。多宝鱼“禁药风波”让“食品安全责任重于泰山”的理念扎根于于华平的心间。养鱼车间、养殖池、充氧、调温、调光、进排水及水处理设施和分析化验室等养殖设施，他都严格管理。在企业原址面临开发时，他特地将经营场地由成山天鹅湖迁移到港西镇朝阳港附近。这里自然环境好，养殖户又相对集中，有利于行业间的取长补短和抱团发展。这次扩建，企业占地由原来的30亩扩大到70亩。为实现环境友好型发展，于华平在能源应用及水质处理等方面都精准用力；着眼于水质、光照、水温、盐度和 pH 值等理化因子的达标，于华平坚持制度明细上墙，自上而下健全制度与责任体系；为做好苗种运输，于华平想客户之所想，提前做好停食和降温工作，细致做好砂滤海水、鱼苗计数和装袋、充氧、封口以及装箱等环节的工作。客户们都说，购买于华平的多宝鱼鱼苗，就是买放心。因为不论运输距离远近，从“裕源祥”购买鱼苗的成活率都是最高的。

于华平（右）与员工一起研究业务

提升客户的忠诚指数。于华平深知，在商可言利，但需取之有道。荣成自 20 世纪 90 年代末引入多宝鱼养殖技术以来，在全国多宝鱼育苗领域已是十分天下有其七，而于华平能独占两成，奥秘就在于客户关系的修炼。移动互联网时代，于华平更注重借势建立自己的客户数据库，在他的手机通讯录、微信朋友圈中，对客户信息的表述延展到地理方位、经营面积、品种特色，还有何时购苗放养、使用何种饲料、水温等理化指标信息。用户来电显示的瞬间，他就能猜出客户的基本诉求，精准及时地支招。更令人称道的是，在他的养殖车间内，每一池都标示着不同的客户信息，通过个性化服务满足客户的特殊要求，把经营服务做到了客户的心坎上，财源滚滚，自然而然。

迈步创新路
引领行业抱团发展

人们常说，熟悉的地方没有风景。在多宝鱼养殖领域摸爬滚打，积数年之功“精耕细作”，于华平对创新的认知比任何人都深刻。他结合行业走势及自身实际，在探索中推进企业的经营策略、领域、产品、模式等系列创新，为传统的水产养殖注入动力，催生新旧动能转换，打造行业“隐形冠军”。

构建大苗模式。多宝鱼的鱼苗一般长到5厘米时即可出售，但随着更多资本进入多宝鱼育苗领域，行业压价竞销现象严重，售价曾一度逼近成本价。于华平在稳定经营规模的前提下，审时度势，运用供给侧结构性改革原理，以少养、精养为导向，创造性地构建起自己的大苗模式，避开恶性竞争。2014年，当别人以5厘米鱼苗论条出售时，于华平利用既有的养殖设施，发挥自身饲料、水质及技术优势，以鱼单体重量分段养殖，将大苗养殖按不同重量分为四段，以提升鱼苗成活率和附加值为目标，以差异化抢占市场。

以消费升级引领产业升级，成为行业转型升级和改革的开端。于华平将大苗模式的优势概括为省心、省风险、省时间、省费用和省空间“五省”。因为在大苗模式之下，大苗按最终养成规格计费。于华平精选顶级头苗，不必担心抓到尾苗：中间养殖风险（鱼苗损耗 + 筛出鱼佬），由“裕源祥”承担；大苗适应能力强，成活率高，且生长速度快，大大缩短养殖周期，节省养殖费用。最方便客户的是，于华平将自己的养鱼车间变成了鱼苗“托养站”，为下游养殖户免去选苗、腾池、进苗等多个环节，委托代养期间可以继续养大鱼苗，增产增收。近4年来，大苗模式作为多宝鱼养殖领域的业态创新，广为业界所接受，实现了养殖链条各环节的多赢。于华平通过标准主导，赢得了更大的市场“话语权”。

打造鱼支付平台。进入多宝鱼养殖领域不久，于华平就通过网上推介做成了一单业务，当日照客户慕名前来提货时，人们才领略了“足不出户”也能销售产品的神奇。为实现行业抱团发展，于华平独辟蹊径，通过资本、技术等综合运作打造了鱼支付平台。他利用自己所拥有的技术、产品和市场优势，与同行业尤其是资金势力小、技术力量弱、客户资源少的小业户联结成利益共同体，以鱼苗支付的方式以大带小、以强扶弱，在整合资源、市场中实现集约经营，既让大家平等竞争，又实现业界合作，实现了行业利益的最大化。目前，鱼支付平台推介已经取得了阶段性成果。

拓展生物技术新领域。走出“禁药风波”阴影的于华平，吸取行业用药的教训，一直致力推动产学研合作，运用微生物技术取代药物育苗。在驻威、驻荣高校的支持下，他探索开发了拌料王、调水宝两个以益生菌为主体的新产品，并取得生产资质，实现了经营领域的延伸和产品的衍生。自 2016 年起，于华平将价值 200 多万元的产品免费分发到 5000 家养殖户手中试用，当年就收到了良好的推广效果。2017 年，于华平抓住荣成市推行“河长制”、建设美丽乡村等诸多机会，将调水宝产品推向河道治理领域，先后在十里河、沽河、菜园河及公园、农村河沟进行广泛试验，治理效果显著。受此影响，在市政协十届二次会议上，于华平提交了用新技术科学治理河道的提案。

坚持在生态环境等公益事业上牢记责任，有所担当，竭尽所能，奉献自我。2017 年和 2018 年，于华平两次参加了海洋生物放流增殖活动，共放流鱼苗 200 多万尾。前不久，于华平获得了“荣成市诚信建设先进个人”荣誉称号。

青春正能量，梦想正起航。处于而立之年，年轻是于华平最大的优势，而他还跋涉在创业路上。

置身新时代，谈及未来，于华平深知，随着人民生活水平不断提高，随着“健康中国”战略逐步实施，“南石斑，北多宝”的消费趋势会越来越明显，为多宝鱼养殖增添了巨大的潜力。他也知道，随着绿色发展理念的深入人心，伴随着“美丽中国”建设的强势推进，环保产业将成为最强劲的产业增长极。为此，他将尽其所能，在这两个领域精心布局，除了创建多宝鱼青少年科普基地外，还将在河道治理中引入蚯蚓等进行生物治理，让蚯蚓摇身一变成为“肥料生产工人”，将污水污泥变废为宝转化为生物肥料，打造绿色生活、绿色发展的循环模式。

前瞻未来，于华平激情在心，底气十足，他将用智慧、汗水和青春努力实现自己致力打造“隐形冠军”的“多宝鱼梦”，让荣成多宝鱼成为品牌，端上全国、全世界的餐桌，展示“金鳞岂是池中物，一遇风云便化龙”的风采，奏响人生交响曲中最华丽的乐章。

（采访时间：2018 年 3 月）

建业海阔时 威成山青间

——记荣成市龙山湖生态园总经理张建威

□ 赵世喜 张世松 于佳佳

18 岁时，张建威是急流勇进、高唱“风雨中这点痛算什么”的勇敢水手；38 岁时，他激情澎湃，离船上岸另辟天地，续写创业劲歌；50 岁时，他还在创业路上稳扎稳打，将搏风斗浪的闯劲和历经磨难后的理性融为一体，精心打造他梦中的“桃花源”。于筚路蓝缕的人生轨迹间，写满了他山风海韵的创业传奇。

采访张建威时，还是春寒料峭时节。来到荣成市龙山湖生态园，却恰似置身万花盛开、耳畔鸟语的胜地，徜徉细水潺流、鱼群攒动的仙境。这样一处“品一杯清茶，守一树花开”的清闲雅居，便是张建威近年来建业山海、跨界经营的得力之作。

求变，励志从来是基石

龙山湖生态园，位于荣成市东山街道北部，这里前有青山（荣成境内有三座山命名为“青山”），毗邻龙山湖，与大海近在咫尺。2014 年 6 月，张建威与妻子一道着手在此创业，出乎预料的是，原来只想投资 70 万元盖间花房，却因心中有梦，想法一变再变，投资一增再增，规模越来越大，功能越增越多，田园创业之路越走越有些“歪”。

2014 年，朋友在东山街道八河港南岸流转了一片土地，询问张建威有没有想法在陆地上干一番事业。此时，耕海牧渔27年的张建威已创业有成，但要在陆地上搞点名堂，他心里还真的没有一点谱。想到妻子平时就喜欢养些花花草草，看到当时花卉市场形势火爆，妻子建议盖间花房，张建威便决定与朋友一道创业——盖几间花房。

打定主意的张建威来到此地一看，这里并不是想象中的青山碧湖蓝海那般富有诗意。有人曾经在这里洗过铁砂，而且为取土加固龙山湖大坝留下了38亩乃至更大面积的废墟，有的地方还堆满了建筑垃圾。无论要开发建设什么，都要重新平整土地。开弓没有回头箭。从不轻诺于人的张建威捡起了这块“烫手的山芋”，就不轻易放手。一直与大海为伍的他，周身永远澎湃着创业的激情。

张建威，人和镇朱口村人。1987年初中毕业时，因为家里穷，张建威萌生了上船打鱼的念头，这一想法起初遭到了家里人的反对。张建威在家中排行老小，父母疼爱，不忍心让他出海冒险。张建威却始终坚定靠勤奋劳动改变命运的念头。就这样，18岁的张建威成为朱口渔业公司的一名船员，开启了铺水盖浪、以海为家的渔民生涯。

抽痛脸庞的海风，带着咸味的空气，广袤无垠的大海，令人不安的风浪……枯燥无味且惊险劳累的海上生活最容易消磨人的意志，张建威却乐在其中，越干越出色。26岁，他担任了二船船长，29岁又担任头船船长，30岁入了党。苦干、实干、巧干让张建威拥有了更多改变命运的资本，在公司捕捞产量排行榜上，张建威的船队总是排在前几名，因为收入水涨船高，越来越多的人愿意跟着他干。

创业，张建威始终保持着愈挫愈奋、不达目的誓不罢休的韧劲。面对不毛之地，张建威铆足了劲，加紧整地改土和设施建设。为了整地，他学会并施展“十八般武艺”。现在，他不仅会驾船，而且连开铲车、开挖掘机都样样拿手。烈日炎炎，张建威全然不顾，热了就光着膀子干，毒辣的阳光让他晒脱了好几层皮。终于，妻子梦想中的大型玻璃花房在龙山湖畔拔地而起。

求优，要做就做得更好

创业，从来不只是为了荣誉和享受，而是筚路蓝缕。在跋涉于艰苦创业的路途中，张建威始终是高起点、高标准，无论是下海还是上山，没有丝毫的含糊。

2002年，朱口渔业公司改制，张建威决定买下一对渔船，自己当老板！那对渔船时价125万元，张建威就算搭上自己15年赚下的身家，依然相差一大截。有道是“一分钱难倒英雄汉”，张建威也尝到了筹款的酸甜苦辣：“那个年代也没法儿贷款，拿出自己的40万元积蓄，借遍了父母、亲戚、朋友等，终于凑齐了125万元。”拥有了自己的渔船，张建威闯海兴业的劲头更足了……2004年，张建威聘请了船长，自己跟船出海将多年积累的海洋捕捞作业经验倾囊相授。两年后，张建威告别了踏浪远航的一线作业生涯。如今，几经更新换代，张建威拥有了大功率的冷冻渔船。

回顾20年的海上作业经历，张建威感慨良多：“是海的辽阔开阔了我的眼界，海的深邃提升了我的境界，海的浩瀚拓展了我的发展疆域，海的柔情成就了我的人格魅力。”

2014年，当张建威山海统筹开发龙山湖生态园时，这种由职业历练成就的无形财富，让他的事业如虎添翼。

当妻子梦想的大型玻璃花房矗立于龙山湖畔时，张建威特地邀请朋友参观，午后的阳光照进花房，让人享受到生活的浪漫。朋友建议：“既然要在里面种满鲜花，如此浪漫的场景，向社会开放承办婚宴岂不更好？”

“那大约需投资多少？”张建威问道。修建这个花房的投入，已超过预想的一倍多。

“300多万元。”这与张建威预想的70万元投资相差悬殊，但朋友的一番话也让他有些动心。

快刀斩乱麻，犹豫不决成不了大事，也不是渔民的干事风格。张建威与妻子当即前往济南等地的生态园考察了5次，济南万福大院大气的木质结构设计风格让他们怦然心动，张建威创新性地借鉴了这一模式，将亭台楼阁、小桥流水、花鸟鱼虫的景观与雅趣巧妙地统一在一座硕大的玻璃房中。同时，在东侧建设5座大棚种植草莓。“我们按照古代木建筑风格打造餐饮包间，棚内铺设石子路，路边种满了花草树木，还打造了一湾小池塘，中间大部分地方承接婚宴，最东边的隔间打造了一处品茶屋。”其间，经过反反复复改造，投资早就远远超过了300万元。几十种的花木、数种鱼鸟、12个包间、7座大棚，可同时容纳800人就餐的2000平方米餐厅，总投资达到了1500万元。

令张建威欣喜的是，在婚宴大厅还未投入运行时，就有客户找上门来，执意要在此地为孩子举办婚礼。生态园承接的第一场婚宴引发了口碑效应，客人越来越多。谁能料到，为了这场婚礼，张建威他们连续奋战了 10 多天。

“做就要做到最好！”张建威说。“没有最好，只有更好”也被写进了企业的“宣言”中。

求进，业无止境天酬诚

2016 年 3 月 19 日，龙山湖生态园正式开业。

万事开头难，投资能换来怎样的回报，张建威心里没底，但他刻意以特色求生存，除营销胶东地方菜外，还专门引进地道的重庆老火锅，甚至原材料都从重庆采购空运回荣成，用最好的食材，聘请最专业的火锅师傅，可就是货好无人识。开业头一个月，只有张建威自掏腰包请了 3 桌朋友，不仅没有赚到一分钱，反而赔进去了数十万元。

每天张建威都要查看生态餐厅绿植生长情况

乱云飞渡能否仍从容，考量的是一个人的悟性与定力。于张建威的人生履历中，也有过这样一段大悲大喜、否极泰来的经历……

张建威清楚地记得，在女儿快满周岁时，他带着船队航行了三天三夜没捕到一条鱼，到第四天却鱼货满舱，连船尾都放了一网鱼，可以满载而归了。就在这时，二船有船员作业时受伤。为了尽快将人送回陆地抢救，二船将鱼货转移到头船便提前返航，张建威稍后也驾驶着超载的头船驶向港口。却不料，行驶到95海区时突遇特大风浪，船被大风刮得失去了平衡，倾斜45度！在这关乎12个人生死的紧要关头，张建威打开所有通信设备发出紧急呼救信号，同时，指挥全体船员卸鱼自救。“12条人命就是12个家庭啊，能救一个是一个，宁愿我死了，也不能让其他人丧命，我当时心里就这一个念头。”说起往事，张建威眼睛泛红，几度哽咽。

那一次，张建威拼死一搏，在伙伴的配合下，凭着过硬的技术，硬是将在风浪中濒临倾覆的渔船奇迹般地扶正，回归正常航行状态，在“鬼门关”前走了一遭，12名铁骨铮铮的汉子抱头痛哭。情绪稳定后，张建威擦干眼泪，与大副一起夜不敢寐，驾船归来。

那一次捕获运回的鱼货重量高得惊人，虽是高产，但年轻气盛、贪大求多、心存侥幸的教训，也让张建威刻骨铭心。

创业舞台由海到陆，张建威懂得心急吃不了热豆腐和事在人为、功到自然成的道理。君子爱财，取之有道。“刚开始，还有一位合伙人投资50万元，年底要撤资，虽然有自愿投资、风险共担的约定，但我还是如数奉还了人家的本金……”

天道酬勤也酬诚，就在张建威的经营信心被消磨时，石岛管理区给予生态园以大力支持，为其修通了宽敞的水泥路，并安装路灯进行了亮化、绿化和美化，还在此专场举办过两场《荣成大明星》演出，生态园的知名度不胫而走。随着“金九银十”婚庆的火爆，“龙山湖”声名鹊起。

民以食为天，食以安为先。为保障生态园餐饮食品安全，张建威精心打理自己的采摘园。起初种植的5座草莓大棚品种单一，不能满足顾客需求。他通过流转土地，共建起了7座冬暖式大棚，种植了草莓、无花果、葡萄、早油桃、网纹瓜、猕猴桃、树莓等水果，全部采用水肥一体化绿色无公害种植技术，聘请4名有经验的老农精心管理。其中13亩树莓，与北京林科院合作打造，试验性引进先进且适宜荣成栽种的树莓品种，培育成功后，将在荣成范围内进行推广。现在，生态园部分原材料，如水果和新鲜果汁等均实现自给自足，自家渔船则保证经常提供新鲜鱼类。一招鲜，吃遍天，龙山湖生态园在业界影响力不断提升，甚至连周边的采摘园也分享了龙山湖生态园的市场开发成果。

建业山青海阔间。几年下来，张建威多了经营的理智与沉稳，懂得了人才的可贵与知识的力量。在打造阅湖观海景区的过程中，他确立并致力彰显

“地为灵，水为魂，木为秀，人为杰”的文化理念，坚持与员工、与社会共创、共赢、共享，以管理的柔性拉近了与员工的心理距离。由己推人，他为员工提供一切力所能及的支持和帮助，制定了结构合理的薪酬制度，给职工以保障。聘请专业人才参与日常管理，建立了每日点评例会制度，饭菜质量、服务质量都通过公平公正的评价，让员工改有方向、学有目标，使这个年轻的团队洋溢着忠诚、团结与激情，员工的流失率几乎为零。

采摘游玩、餐饮会客、婚宴酒席，在龙山湖生态园一应俱全，但在张建威看来，还存在住宿难的缺陷。很多来荣游玩的客人因龙山湖生态园的美景而流连忘返，却找不到称心的住宿之地。下一步，张建威决定把北面的一片空地整修，打造成花园式住宿酒店，为游客提供采摘、餐饮、住宿“一条龙”服务。

“一花一世界，一木一浮生，一草一天堂……一方一净土，一笑一尘缘，一念一清静。”在海边出生、成长，已届知天命之年的张建威，带着从大海中历练的意志，寻得一方净土，默默耕耘，创新图强，缔造着自己的传奇，书写着自己的精彩。

（采访时间：2018 年 4 月）

后 记

《“双创”者的脚步》一书收录了59位典型人物的创新创业故事，旨在为荣成市“大众创业、万众创新”工作鼓劲加油。

《“双创”者的脚步》为读者讲述了一批我们身边的“草根”通过创新创业从而创造财富的真实故事。他们是一群怀揣梦想、不懈努力、矢志追求的人，虽历经坎坷、跌宕起伏、悬念丛生，但他们不畏艰难、砥砺前行，终有所成。我们真诚地希望本书能激励那些正在创新创业路上的追梦人，能够从中汲取“营养”，添加动能，更加坚定信心，更好更快更坚决地投身到创新创业的时代大潮中去，实现自己的人生理想。

本书在编辑时，经原作者同意，对原稿进行了部分增删。由于水平有限，本书无论是在人物事迹的挖掘上、精神内涵的把握上，还是在文字的表述上，肯定存在诸多不足，恳请广大读者提出宝贵意见。

本书在编辑的过程中，得到了荣成市政协、荣成市委宣传部、荣成市广播电视台、荣成市新闻中心、荣成市公安局、荣成市信用办、荣成市妇联、荣成市工商联、荣成市农业局、荣成市中小企业局等部门和各界人士的大力支持，在此一并表示衷心感谢！

编 者

2018年9月

图书在版编目(CIP)数据

“双创”者的脚步/张世松主编. —济南:山东大学出版社,2018.8

ISBN 978-7-5607-6151-0

Ⅰ.①双… Ⅱ.①张… Ⅲ.①创业-研究-中国 Ⅳ.①F249.214

中国版本图书馆 CIP 数据核字(2018)第 215271 号

责任策划:武迎新
责任编辑:武迎新
封面设计:张 荔

出版发行:山东大学出版社
社 址 山东省济南市山大南路 20 号
邮 编 250100
电 话 市场部(0531)88363008
经 销:山东省新华书店
印 刷:荣成三星印刷有限公司
规 格:720 毫米×1000 毫米 1/16
20 印张 327 千字
版 次:2018 年 9 月第 1 版
印 次:2018 年 9 月第 1 次印刷
定 价:47.00 元